主编／ 陈惠新
副主编／ 陆荣华　陈士俊
／ 张　臻　苏　戟　周晓斌

UNDERWRITING
核保原理和技术
以美国为例

中国金融出版社

责任编辑：王雪珂
责任校对：孙　蕊
责任印制：丁淮宾

图书在版编目（CIP）数据

核保原理和技术/陈惠新主编；陆荣华等副主编. —北京：中国金融出版社，2024.1

ISBN 978-7-5220-2301-4

Ⅰ.①核… Ⅱ.①陈…②陆… Ⅲ.①保险核保 Ⅳ.①F840.47

中国国家版本馆 CIP 数据核字（2024）第 007764 号

核保原理和技术
HEBAO YUANLI HE JISHU

出版
发行　中国金融出版社

社址　北京市丰台区益泽路 2 号
市场开发部　（010）66024766，63805472，63439533（传真）
网上书店　www.cfph.cn
　　　　　（010）66024766，63372837（传真）
读者服务部　（010）66070833，62568380
邮编　100071
经销　新华书店
印刷　保利达印务有限公司
尺寸　169 毫米×239 毫米
印张　22.25
字数　317 千
版次　2024 年 1 月第 1 版
印次　2024 年 1 月第 1 次印刷
定价　89.00 元
ISBN 978-7-5220-2301-4
如出现印装错误本社负责调换　联系电话（010）63263947

编委会

主　　编　陈惠新
副 主 编　陆荣华　陈士俊　张　臻　苏　戟
　　　　　　周晓斌
编　　委　蔡爱明　王　申　陆青青　邵春燕
责任编辑　吴　航　陈筱英

序　　言

保险业本质上经营的是风险，其经营成功与否的关键在于风险控制。核保，作为保险风险管理的首要环节，对承保业务的质量起到决定性作用，同时，也对保险经营的稳定性和持续性有重要意义。因此，近年来，整个行业普遍加强了对从事核保岗位人员的业务培训和规范要求。

上海全顺保险经纪有限公司是最早获得全国性、综合性保险经纪业务资格的公司之一。公司秉承"专业、诚信、创新、发展"的服务理念，专注于为客户提供保险以及相关风险管理的专业服务。在风险识别、风险评估、投保方案设计、索赔支持和防灾减损等方面，上海全顺保险经纪有限公司积累了丰富的实践经验。

在成立二十周年之际，上海全顺保险经纪有限公司编写了《核保原理和技术》一书，旨在深入探讨保险核保的原理和技术。本书从多个方面展开阐述，包括核保原则、核保政策执行、核保定价策略和再保险安排等。

随着数字化时代的来临，保险公司也将很快迎来智能核保时代，无论是风险选择还是风险评估都有了更多维度的参考和依据，风险标的的审核、筛选、分类等将发生革命性的颠覆。未来也可能对核保原理和技术产生深远影响。

中国保险业经过多年的发展，当前已然是从保费规模排名上的全球第二大国，其中也积累了许多独特并且先进的核保技术与原理。除了学习美国等发达国家核保的原理与方法以外，未来探索中国特色保险核保原理与技术也显得非常重要。

中国保险业正在高质量转型发展的道路上积极迈进，风险减量管理、服务实体经济发展、助力国计民生等是保险业新的历史时期的使命与征程。保险业的高质量发展离不开核保、承保、理赔、风控等各个环节的高质量发展，强调保险从"险后"补偿转向"险中"响应、险前"预警"，为国家、社会和个人创造价值财富。

复旦大学风险管理与保险学系主任
中国保险与社会安全研究中心主任
教授　博导

2024 年 1 月

前　　言

《核保原理和技术》一书分为两部分，共10章。第一部分介绍核保原则，共6章；第二部分主要讨论美国核保技术问题，共4章。

本书第一章为核保原理，其详细介绍了保险公司的一线核保人和决策核保人的工作。核保人通过对风险的选择来执行保险公司的核保政策。由于核保人还从事除风险选择外的其他工作，因此，通常可以将这些工作分为一线核保人工作和决策核保人工作。本章还简述了核保政策的主要内容、如何执行核保政策及如何衡量核保业绩，并详细叙述了核保的五个步骤。

第二章介绍了商业企业的组织结构，承保商业企业时的一般核保事项，以及如何正确标明被保险人的名称，企业所有权类型、管理水平、雇员情况或独立承包商的使用都是保险人必须评估的项目。本章还介绍了一种广泛使用的业务分类系统，核保人通过该系统为投保企业确定合适的基础费率。

第三章指出了核保人可用于客户选择决策的信息来源。保险人通常根据投保书以及代理人或经纪人提供的客户信息来决定是否承保该客户。有时，核保人需要额外信息，如从损失控制报告、保险人档案、其他保险人、财产估值报告以及财务报告服务机构获得的信息。核保人必须从成本效益的角度考虑需要哪些信息及如何使用这些信息。

第四章介绍了相关的财务报表以及保险人如何通过分析财务报表

来评估客户。客户的财务状况通常用作反映客户管理质量的主观因素的衡量指标。核保人可以使用比率分析来确定客户的表现好于或差于客户各自的行业标准。本章讨论的比率分为4个基本组，共12种。

第五章叙述了核保人在保险产品定价中的作用。核保人往往面临增加市场份额的压力，在保留现有客户的同时，争取为更多的客户提供保险。保险公司在必要时应合理修改保险费率，既不能过高，也不能存在不公平的歧视，从而使其整体业务不存在定价不合理的现象。如果保险公司整体业务定价偏低，其长期偿付能力可能会受到威胁。本章还介绍了一般定费过程以及几种常见的个别定费计划。

第六章举例说明了第五章提及的四种定费方式，它们分别是：《商用机动车责任保险经验定费和表定定费计划》《商用机动车追溯性定费计划》和《商用机动车综合定费计划》。其中，表定定费计划与经验定费计划合并列出，追溯性和综合定费计划分别单独列出。经验定费计划、追溯性定费计划和综合定费计划的采用须以大量的基本数据为基础，目前，国内核保人对这些定费计划尚不熟悉，并且因缺乏数据而无法使用。本章在此作出介绍，从而在创建必要数据库的基础上，灵活地使用这些定费计划。

第七章介绍了如何使用再保险来支持保险人发展一个不断增长、盈利的整体业务。保险公司管理层使用再保险为保费增长融资，提供稳定的核保业绩，抵御灾难性损失的后果，退出无利可图的险类和区域业务。每个核保人通过再保险为客户提供保险，这些客户所需要的保障超出了保险人审慎承保的范围。再保险对原核保人的业务实践很重要，核保人应熟悉再保险术语以及再保险协议的结构和表述。

第八章解释了在制定费率时所使用的程序和注意事项。费率制定主要是精算师的职责，旨在制定足以弥补所有损失和费用（包括合理金额的利润和或有事件备付金）的费率。然而，核保人应该了解费率的组成。商业保险人在竞争激烈的市场中运营，通常需要精算师和核保人密切合作，以发展和保持不断增长的盈利业务。

第九章展示了定量方法在核保中的应用。我们不期望核保人像精算师或统计师那样对定量方法有同样的理解。然而，核保人会定期收到汇总的定量数据，这些数据可以用来更好地决策。本章提供的信息对评估大客户和整体业务的盈利能力很有价值。

第十章描述了保险公司在设计核保政策时可能考虑的因素以及制定核保政策的环境。对于许多保险人来说，核保政策是保险公司关于保险市场的理念，来源于保险公司的使命宣言。核保人依靠核保政策对特定客户作出接受或拒绝承保的决定。由于商业核保是在动态的市场中进行的，核保政策必须根据不断变化的市场情况进行重新评估。本章简单分析核保周期各个阶段的特点、影响核保周期的要素以及核保周期对保险市场的影响。

保险核保是核保人对投保申请进行审查、选择和决策的过程。核保成功与否对保险公司的生存和发展至关重要。

保险核保具有科学性和艺术性。科学性体现在其必须遵循一定的规则、程序，以概率论、大数法则和数理计算为基础；艺术性体现在核保人在缺乏历史数据或历史数据不足的情况下，用经验判断是否投保人可接受、承保条件如何。

综观国内保险业界，尽管保险公司使用的是监管部门批准的费率，但是这些费率是在公司自己的数据基础上制定的，不如美国ISO或其他咨询机构从成员公司广泛征集的数据那样有代表性，国内保险公司制定的费率科学性不足。此外，核保人在为复杂的业务定费时，主观性和随意性较大，价格合理性不足。本书对美国保险业核保相关内容进行了较为详细的介绍，以帮助读者更好地理解核保业务。

本书除了论述核保原理和一般性核保活动，如投保机构的所有权、核保机构管理、核保信息收集、财务报表分析、保险产品定价，还介绍了核保人通用的定费计划、再保险应用、费率制定精算知识、核保人的量化技术以及核保政策的设计等这些专业性和技术性较强的知识和实际操作。

作为一个合格的核保人，除了要知道如何从事一般性的核保实践，还要对核保原理和技术有较为深刻的了解，善于举一反三，熟悉多险类的核保工作，在所核保的业务上体现出专业性和不俗的业绩。

上海全顺保险经纪有限公司董事长

2024 年 1 月

目　　录

第一章　核保原理 1
一、核保目的 2
二、核保活动 3
（一）决策核保人的活动 3
（二）一线核保人的活动 9
（三）核保权限 13
三、制定核保政策 14
（一）承保能力 15
（二）监管 16
（三）人员 17
（四）再保险 17
四、执行核保政策 18
（一）核保指引 18
（二）核保审计 19
（三）衡量核保结果 20
（四）业绩标准 24
五、核保流程 26
（一）收集信息 27
（二）识别、开发和评估备选方案 29
（三）选择承保方案 29
（四）执行决策 31

（五）监控客户 ……………………………………………… 32
小结 …………………………………………………………… 32

第二章　核保商业机构 ……………………………………… 34

一、企业所有权类型 …………………………………………… 34
　（一）独资企业 ……………………………………………… 35
　（二）合伙关系 ……………………………………………… 36
　（三）公司 …………………………………………………… 38
　（四）其他所有权形式 ……………………………………… 40

二、谁应该是被保险人 ………………………………………… 42
　（一）承保所有权利益 ……………………………………… 43
　（二）承保多重利益 ………………………………………… 47
　（三）承保除了指名被保险人之外的实体 ………………… 50

三、核保机构的管理 …………………………………………… 54
　（一）能力与经验 …………………………………………… 54
　（二）声誉 …………………………………………………… 55
　（三）工作质量 ……………………………………………… 55
　（四）谨慎的操作 …………………………………………… 55
　（五）员工 …………………………………………………… 55
　（六）风险管理 ……………………………………………… 56
　（七）运营权限 ……………………………………………… 57

四、核保雇佣关系 ……………………………………………… 58
　（一）雇佣 …………………………………………………… 59
　（二）独立承包商 …………………………………………… 60
　（三）法律环境下检验雇主与雇员的关系 ………………… 63

五、核保被保险人的业务种类 ………………………………… 64
小结 …………………………………………………………… 67

第三章 核保信息 ... 69
一、确定需要收集多少信息 ... 69
（一）分类信息 ... 70
（二）平衡客户特定信息与一般信息 ... 71
二、核保信息的最初来源 ... 71
（一）代理人或经纪人 ... 72
（二）投保申请书 ... 73
三、核保信息的其他来源 ... 77
（一）损失控制报告 ... 78
（二）保险咨询组织的出版物 ... 79
（三）以前的保险人 ... 80
（四）为同一保险公司工作的其他人 ... 81
（五）保险公司的档案 ... 86
（六）财务报告服务机构 ... 87
（七）政府记录 ... 90
小结 ... 93

第四章 财务分析 ... 95
一、财务报表 ... 95
（一）资产负债表 ... 96
（二）损益表 ... 102
二、财务报表分析 ... 105
（一）其他来源的会计信息 ... 109
（二）会计数据的不足之处 ... 110
（三）有保留意见报表和无保留意见报表 ... 112
三、比率分析 ... 113
（一）流动性比率 ... 114
（二）杠杆比率 ... 116

（三）活动比率 ·· 119
　　（四）盈利能力指标 ·· 121
　小结 ·· 123

第五章　保险产品定价 ·· 125
　一、大数法则 ·· 126
　　（一）同质性 ·· 127
　　（二）独立性 ·· 129
　二、保险定价上的限制 ·· 130
　　（一）监管目标 ·· 131
　　（二）社会标准 ·· 134
　　（三）其他标准 ·· 136
　三、定价过程 ·· 137
　　（一）费率手册 ·· 138
　　（二）分类 ·· 138
　　（三）不包括在费率中的因子 ···································· 140
　四、个别定费计划 ·· 140
　　（一）经验定费计划 ·· 141
　　（二）追溯性定费 ·· 143
　　（三）表定定费和个别风险保费修改计划 ·························· 145
　　（四）费用修改 ·· 146
　　（五）参与式计划 ·· 147
　五、综合定费 ·· 148
　小结 ·· 149

第六章　商用机动车责任保险经验定费、表定定费、
　　　　　追溯性定费和综合定费计划 ·································· 151
　一、商用机动车责任保险经验定费和表定定费计划 ···················· 151
　　（一）资格 ·· 151

（二）保险公司费率调整 ·········· 153
（三）所使用的经验 ·········· 154
（四）经验调整因子的确定 ·········· 154
（五）定费案例 ·········· 158
（六）公司费用变化因子 ·········· 163
（七）表定定费 ·········· 163
（八）在无法得到基本限额保费的情况下的计算程序 ·········· 164
（九）由于承保人变更导致与未到期损失处理的相关补充 ·········· 165

二、追溯性定费计划 ·········· 167
（一）介绍 ·········· 167
（二）一般解释 ·········· 167
（三）定义 ·········· 168
（四）资格性 ·········· 172
（五）保费的确定 ·········· 172
（六）追溯性定费程序 ·········· 176
（七）保险合同的解除 ·········· 177
（八）被保险人选择采用追溯定费计划 ·········· 181
（九）追溯性保费的计算 ·········· 182
（十）预计损失范围表及保险费率表 ·········· 183
（十一）预期损失率 ·········· 183
（十二）确定风险的费用预算（不包括已分配的损失理算
　　　　费用和税收乘数） ·········· 184
（十三）预期损失范围例子表 ·········· 184
（十四）超额损失保费因子表 ·········· 186
（十五）普通责任保险和医院职业责任保险的追溯性发展因子表 ·········· 188
（十六）机动车责任保障追溯性发展因子表 ·········· 188
（十七）商用机动车责任、普通责任和医院职业责任协会咨询
　　　　转换因子 ·········· 191

（十八）追溯性定费操作说明 …………………………… 192

　　（十九）追溯性定费因子的确定 …………………………… 192

　　（二十）确定基本保费因子示例 …………………………… 195

三、综合定费计划 ……………………………………………… 200

　　（一）介绍 …………………………………………………… 200

　　（二）资格要求 ……………………………………………… 200

　　（三）综合费率的计算 ……………………………………… 201

　　（四）增加限额 ……………………………………………… 202

　　（五）经验费率 ……………………………………………… 203

　　（六）"提交公司"和（a）定费分类 …………………… 203

　　（七）综合费率的修订 ……………………………………… 203

　　（八）保险期间内新增的保险责任 ………………………… 203

　　（九）按损失定费的风险 …………………………………… 204

　　（十）计划的管理 …………………………………………… 213

小结 ……………………………………………………………… 213

第七章　再保险 …………………………………………… 214

一、再保险术语 ………………………………………………… 214

二、再保险用途 ………………………………………………… 215

　　（一）大额承保能力 ………………………………………… 216

　　（二）巨灾保护 ……………………………………………… 216

　　（三）稳定 …………………………………………………… 217

　　（四）退出 …………………………………………………… 219

　　（五）盈余缓释 ……………………………………………… 219

　　（六）核保指引 ……………………………………………… 220

三、再保险方式 ………………………………………………… 220

　　（一）临分再保险 …………………………………………… 221

　　（二）合约再保险 …………………………………………… 222

四、再保险合同的类型 ………………………………………… 223

（一）比例再保险 ……………………………………………… 224
　　（二）超赔再保险 ……………………………………………… 231
　五、再保险案例研究 ……………………………………………… 239
　　（一）财产再保险计划 ………………………………………… 239
　　（二）责任险再保险计划 ……………………………………… 242
　六、再保险的来源 ………………………………………………… 243
　　（一）专业再保险人 …………………………………………… 243
　　（二）原保险人的再保险部门 ………………………………… 245
　　（三）保险池、辛迪加和协会 ………………………………… 245
　小结 ………………………………………………………………… 246

第八章　费率制定 ………………………………………… 248
　一、费率制定基础 ………………………………………………… 249
　　（一）损失 ……………………………………………………… 251
　　（二）损失发展 ………………………………………………… 253
　　（三）费用 ……………………………………………………… 256
　　（四）可信度 …………………………………………………… 257
　　（五）费率相关性因子 ………………………………………… 259
　二、制定费率的方法 ……………………………………………… 259
　　（一）纯保费法 ………………………………………………… 259
　　（二）损失率法 ………………………………………………… 262
　　（三）判断法 …………………………………………………… 264
　三、开发制定费率的统计数据 …………………………………… 265
　　（一）保单年度法 ……………………………………………… 266
　　（二）日历年度法 ……………………………………………… 267
　　（三）事故年度法 ……………………………………………… 268
　四、精算服务 ……………………………………………………… 271
　　（一）保险服务局 ……………………………………………… 272
　　（二）美国保险服务协会 ……………………………………… 274

7

（三）国家赔偿保险委员会 ·· 275
　　（四）美国保证协会 ·· 276
　　（五）全国独立保险人协会 ·· 276
　　（六）国家独立统计服务处 ·· 277
　　（七）机动车保险计划服务局 ··· 277
　小结 ·· 278

第九章　核保人的量化技术 ·· 280
　一、数据的组织 ··· 280
　　（一）数据阵列 ··· 280
　　（二）频率表 ·· 281
　　（三）图形表示 ··· 283
　二、描述性统计数据 ·· 286
　　（一）集中趋势的度量 ·· 286
　　（二）离散度度量 ·· 289
　　（三）理论分布 ··· 291
　三、概率 ··· 293
　　（一）已知概率 ··· 293
　　（二）经验概率 ··· 293
　　（三）判断性概率 ·· 294
　　（四）概率的应用 ·· 295
　四、统计方法 ··· 296
　　（一）相关性分析 ·· 296
　　（二）散点图分析 ·· 299
　　（三）回归分析 ··· 301
　　（四）因子分析 ··· 303
　　（五）多变量判别分析法 ··· 304
　　（六）风险评分模型 ··· 305
　小结 ·· 306

第十章　设计核保政策 ... 307

一、核保政策 ... 307

二、核保指引 ... 310

（一）风险选择指引 ... 310

（二）线数授权指引 ... 315

（三）核保授权 ... 316

（四）核保审计 ... 317

三、核保周期 ... 318

（一）核保周期的各个阶段 ... 321

（二）影响核保周期的因素 ... 322

（三）核保周期与定价——供给与需求 ... 327

四、核保周期的影响 ... 330

（一）保险人 ... 331

（二）代理人和经纪人 ... 331

（三）非准入市场 ... 332

小结 ... 332

参考文献 ... 334

第一章　核保原理

核保（Underwriting）是指保险人决定哪些客户可以接受核保、决定收取的保费与保险条款和条件，以及监控每一项决定执行的过程。然而，核保也有更广义的理解：核保是保险公司为财务上获得成功所做的工作。从组织角度来看，核保不仅是核保人个人进行的风险选择，还包括决定保险公司向谁销售产品以及销售哪些产品。

核保对保险公司的成功至关重要。良好的核保结果对于保险公司的盈利增长乃至生存都是必要的。尽管大多数保险公司还从事其他专业领域的工作，如精算、理赔和市场营销，但所有保险公司的活动都遵循公司的核保决策。

本章探讨的主要内容为，核保的目的以及大多数财产和责任保险公司是如何组织开展核保活动的。此外，本章还描述了核保人在作出合理决策时可以遵循的核保流程。

核保人是如何获得这一名称的

17世纪末，对出港航海或对投资海上商业冒险感兴趣的人经常聚集在伦敦罗瓦尔交易所附近伦巴第街的爱德华·劳埃德咖啡屋。对聚集在那里的人来说，安排共同保险合同，以防范他们的商业活动遭遇海上危险，已经成为一种习惯。当描述船只、货物、船员和目的地的预期航行通知发布时，上述人员在通知项下写下他们的名字以及在该航行中愿意承担的责任金额。基于此，那些为航行提供保险的人就被称为核保人（Underwriters）。

注释：本书探讨核保原理与技术，均以美国为例，书中不再一一赘述。

核保原理和技术

一、核保目的

保险（Insurance）被定义为"一种将风险由个人、企业或组织转移给保险公司的制度，后者为所承保的损失向被保险人补偿，并在所有被保险人之间分担损失成本。"核保的目的是确保风险的转移是公平的，保险公司能够发展和维持一个不断增长、可盈利的业务。

> **整体业务**
>
> 整体业务（Book of business）是保险行业术语，指的是保险公司所承保的所有保单的集合。这个术语也用来指保险公司保单的一个子集。例如，保险公司可能会指其"商业普通责任险业务"或"亚拉巴马州业务"。同样，保险公司可能把代理人提供的保险称为该代理人的"整体业务"。由于该术语可以有不同的含义，本书用它来指保险公司的所有保单，除非它的用法另有限定。

经验表明，保险公司不可能接受每一位投保人。那些有较大损失风险的人通常比损失风险相对小的人更想要保险。保险公司把这种现象称为逆向选择（Adverse selection）。如果保险公司接受太多这样的高风险投保人，收取的保费就可能不够，保险费率就不得不提高。那些风险不那么高的投保人不愿意支付更高的保险费，他们会转移到其他保险人那里投保。最终，向高风险投保人收取的保险费会高到连他们自己都无法忍受。在这种情况下，保险公司将无法快速提高费率，以收取更多的保险费来支付所发生的损失。保险公司不仅无法实现盈利目标，而且还可能资不抵债，甚至倒闭。

反之，过于挑剔的保险公司也无法实现其增长目标。因此，保险公司必须在增长目标和盈利目标之间取得平衡。保险公司雇用核保人，即专业的风险承担者，来选择满足保险公司管理层设定目标的客户。

在今天的保险机构中，核保责任由高级管理人员委托给其他人。下一节描述了一种常见的二分法——决策核保人与一线核保人——用于区分管理层的核保活动和日常风险选择人员的核保活动。对于许多保险公司来说，决策核保活动不一定由归类为"决策核保人"的保险公司员工执行。

二、核保活动

保险公司的核保活动没有统一的组织方式。不过，如前文所述，许多保险公司对一线核保活动和决策核保活动进行了区分。决策核保活动（Staff underwriting activities）是核保管理活动，旨在管理风险选择过程，通常委托给核保部门内的专家。一线核保活动（Line underwriting activities）针对的是评估新提交的投保申请和续保活动。然而，在一些公司中，一个核保人可能同时承担一线核保责任和决策核保责任。

保险公司的核保活动是如何组织的，往往反映了对核保人的决策授权。核保人的所在地，不管是总部还是分支机构，曾经要求在无法向他人请示决策意见的情况下被授予决策自主权。对许多保险公司来说，信息系统的建立使得核保意见的提交能够从远程办公室转到家庭办公室。核保授权这个重要问题将在本节结束时予以讨论。

（一）决策核保人的活动

虽然决策核保人的活动通常在总部进行，但在一些区域核保经理有自己的决策核保助手。决策核保人的主要活动如下：
- 制定核保政策；
- 帮助其他人处理复杂的投保案件；
- 评估损失经验；
- 设计保障附表；
- 审核和修改定价计划；
- 准备核保指引；
- 安排合约再保险；

- 进行核保审计；
- 参加行业协会；
- 提供教育和培训。

以下详细描述这些活动。

1. 制定核保政策。核保政策（Underwriting policy），有时被称为保险公司的核保理念（Underwriting philosophy），指导个人和集体的核保决策。核保政策应支持保险公司的使命宣言（Mission statement）。使命宣言通常是一个实体目标的概括表达。对于大多数保险公司来说，核保政策将这些目标转化为具体的策略，进而决定保险公司业务的构成。核保政策通过书面手册进行转达，通常称为核保指引或核保指南（Underwriting guideline or Underwriting guide）。

核保人员负责制定和执行核保政策。制定核保政策可能需要决策核保人评估和再评估与市场相关的问题，例如：

- 应该销售哪些保险产品？
- 应该接受什么类型的客户？
- 哪些地区扩大业务或退出业务？
- 保险产品的理想组合是什么？
- 保费目标是多少？

对于大多数保险公司来说，决策核保人与其他部门的工作人员一起制定核保政策。精算、理赔、损失控制和营销部门各自的职责与核保部门的职责密切相关，因此，在大多数核保政策的变更中都需要他们的参与。保险公司部门之间的合作和协调是制定最佳核保政策的必要条件。

保险公司的功能

理赔（Claim）。理赔部门的主要功能是调查赔案，并履行保险公司在保险单中约定的、对保单持有人的义务。如果保险公司要实现其盈利目标，理赔部门的明智运作是必不可少的。

保险精算（Actuarial）。精算师接受过将数学技术应用于保险业务的培训。精算部门制定以下内容：（1）费率；（2）核定赔款准备金；（3）收集和分析保险公司的损失数据，以评估保险公司的盈利能力；(4) 分析其他来源的数据，以确定保险公司的竞争地位；(5) 为管理层和监管部门编制统计报告。

市场营销（Marketing）。市场部负责发现新的市场机会，开发新产品，并衡量进入这些市场的成功程度。传统上，这些职能都是由决策核保人与其他部门合作完成的。对于许多保险公司来说，与保险公司代理人的直接联系是通过代理部门进行的，代理部门执行保险公司的许多营销职能。保险公司的营销工作通常与它使用的分销系统相关。

损失控制（Loss control）。损失控制部门通常是保险公司核保部门的一部分，负责检查投保人的经营场所和经营情况。损失控制代表，即亲自访问客户的个人，向核保人提供信息，帮助他们作出更好的决策。对于许多客户来说，损失控制代表可以提出提高该客户的核保利润的建议。

保费审计（Premium auditing）。保费审计部门负责审查保费以可变风险暴露为基础的被保险人的财务记录，如工资单或收据。保费审计人员经常进行实地审计（也称为实物审计），但对于某些客户，审计人员使用的是被保险人提供的信息，称为自愿报告。

再保险（Reinsurance）。再保险部门与再保险人协商和管理再保险协议和个别交易。有时，决策核保人负责这些工作。

没有一个核保政策适用于所有的保险公司。许多保险公司寻求它们认为好于平均水平的保险项目，这样保费收入就绰绰有余。这些保险公司通常认为自己服务的是"标准市场"。其他保险公司向高风险投保人推销它们的产品（保险保障），它们可以收取高于平均水平的保费。一些术语被用来指称风险低于平均客户的保险市场，本书将其称为"非标准市场"。还有一些客户有独特的保障需求，而这些需求在标准市场中没有得到充分的满足。这些保障，比如职业责任险，往往在"专业市场"上提供。保险公司通常会在所服务的市场背景下审视自己，制定核保政策。

核保政策对控制保险公司的客户选择活动至关重要。本章结束对核保活动的讨论后，将讨论影响核保政策的参数和实施核保政策的方法。此外，在本书"核保技术"（Underwriting techniques）部分将更详细地讨论核保政策是如何制定的。

2. 帮助其他人处理复杂的投保案件。决策核保人通常担任其他核保人的顾问。一般来说，决策核保人都有丰富的一线核保经验。此外，作为"咨询核保人"，他们经常接触复杂和非一般性的客户，而大多数一线核保人只是偶尔遇到。

3. 评估损失经验。决策核保人评估保险公司的损失经验，以确定是否应该对核保指引进行修改。当然，保险人会预测损失，而核保管理人通常会预估损失水平。损失过大的保险产品——大于预期损失——通常是分析的目标。决策核保人研究损失数据，以确定超额损失的具体原因。该研究包括，对可能揭示影响保险公司产品趋势的保险业损失经验进行分析。根据他们的评估，通常在其他关键部门的同意下，决策核保人对保险公司的核保指引进行调整。

4. 设计保障附表（Coverage forms）。决策核保人通常与精算和法务部门合作开发新险种。与其他行业一样，保险公司开发新险种以满足不断变化的消费需求。此外，保险公司修改现有的保险保障，使其提供的保障符合预期。例如，不利的法院判决可能会导致保险公司重新设计保障附表，以限制其责任范围。采用责任范围更广的保障附表的保险公司往往会推动保险产品的发展。

保险咨询机构在开发常用的"标准"保障附表方面发挥着重要作用。保险咨询机构制定的保障附表通常是由保险专家制定的，他们考虑了保障附表所提供的保障，被保险人的其他保单所提供的保障，以及适用于保障附表制定的法律限制。由于保险咨询机构的保障附表被广泛使用，法院通常会查明哪些保险单语言含糊不清或保障附表存在其他问题。

作为咨询机构成员的保险公司的决策核保人，可能会被要求在保险咨询机构委员会中任职，该委员会负责审查保险责任表述并提出更改建议。然而，目前对商业保险业务放松管制的趋势，可能会减少对保险咨询机构制定保障附表的需求和重要性，并增加使用保险公司制定的保障附表。

> **商业保险业务放松管制**
>
> 美国一些州颁布了法律，放松对商业保险业务的管制，取消了除劳工补偿保险之外，适用于大型商业被保险人的费率和保障附表的备案要求。在大多数州，保险公司都必须向州保险监管机构申报它们的费率、规则和保障附表以获得批准。保险公司将从备案要求降低中受益，因为这样做使它们能够灵活地承保大型客户，而这些客户经常会将保险需求转移到海外和其他市场。

5. 审核和修订定价计划。定价计划和保障附表通常是一起制定的。就像制定保障附表一样，决策核保人通常与精算部门的同行合作，以确保保险人能够为其提供的保险保障获得合适的补偿。展业效率或良好的客户选择过程可以为保险公司提供具有竞争优势的定价计划。

现在许多保险人都是保险咨询机构（一度称为定费局）的成员，该机构收集保险业数据，使每个保险公司都能自己定价。保险咨询机构的角色在20世纪80年代因反竞争行为而饱受诟病，计算"最终费率"的做法被停止了。现在，保险咨询机构收集历史数据并计算预期损失成本。预期损失成本（Prospective loss cost）只是经过必要的损失发展、趋势化和可信度过程修正的损失数据，不包括保险公司的利润和费用。保险公司将预期损失成本与其制定的利润和费用增加值（Loading）相结合，以形成用于保单定价的最终费率。

> **美国保险咨询机构**
>
> 保险咨询机构（Insurance advisory organization）是为帮助其成员和订户收集计算费率所需的数据而成立的组织。保险咨询机构的作用不断发展，以应对监管和消费者团体的压力。美国主要的保险咨询机构是保险服务局、国家赔偿保险委员会和美国保险服务协会。

> 保险服务局（Insurance Services Office，ISO）是为财产责任保险行业提供统计、精算和核保信息的主要供应商。ISO为1500多家保险公司及其代理人提供咨询服务。ISO被授权在美国各地包括波多黎各提供这些服务。ISO的核心产品包括索赔预测、标准化保险合同语言、核保规则和财产检验。ISO每季度和每年报告行业财务运营结果，并从事影响行业问题的研究。
>
> 国家赔偿保险委员会（National Council on Compensation Insurance，NCCI）对劳工补偿保险的管理具有重大影响。NCCI是一个服务共享的非营利性公司，为保险公司提供产品和服务。在32个州和哥伦比亚特区，NCCI是在州法律项下运作的注册定费局。其他州有独立定费局，依靠NCCI提供的精算和统计服务，或者密切遵循NCCI的定费方法。即使在拥有垄断性国家工伤保险基金的州，NCCI也可以提供咨询服务。NCCI为其成员公司提供费率制定和监管服务、经验定费和其他风险服务，以及剩余市场的管理。此外，NCCI还监测社会、经济和监管趋势，以分析它们对劳工补偿体系的潜在影响。
>
> 美国保险服务协会（AAIS）是一个保险公司的法人协会。AAIS在各州既是定费机构又是统计代理。作为一个有执照的咨询机构，AAIS为14个财产和意外伤害保险项目制定、维护和申报费率、规则和保单格式。

6. 准备核保指引。决策核保人通常负责修订核保指引，使其准确地反映核保政策的变化。核保指引一般用于区分保险人认为可接受和不可接受的客户，本章后面将对此进行更详细的介绍。

7. 安排合约再保险。再保险的一个非技术定义是，"为保险公司提供的保险"。再保险是保险公司将风险转移给其他保险公司的一种方式。合约再保险是保险公司之间的一种合同安排，旨在持续转移特定保险产品的风险。相比之下，临分再保险是一种适用于单个客户的风险转移协议。当客户的特点——所要求的限额或客户分类——不适合纳入保险公司的合约再保险计划时，由一线核保人安排临分再保险。

合约再保险是核保管理中不可缺少的一个方面。获得和维护合约再保险通常由决策核保人负责。他们的责任包括确定保险人对再保险的需求，选择再保险公司，谈判再保险协议的条款和条件，以及维护保险人与合约再保险公司的关系。合约再保险的可获得性对保险公司的风险偏好产生重大影响，这可以通过所承保的险种业务的波动性和保险公司所提供的保障限额来衡量。对许多保险公司来说，合约再保险的限额直接反映在其核保指引中。例如，可能会因为没有购买到更高限额的合约再保险，核保指引规定了可以提供的最大核保限额。此外，某些类型的客户不能承保，因为保险公司的合约再保险协议明确排除了这些客户。对于商业财产险客户，许多保险公司都有一个险类授权指引（Line authorization guide），作为对可接受的财产限额的控制。

8. 进行核保审计。决策核保人通常负责监督一线核保人的活动，并通过核保审计来做到这一点。核保审计（Underwriting audit）是对选择的核保档案进行现场检查，以确保一线核保人遵守核保指引中规定的做法和程序。核保审计通常侧重于检查从投保到保单签发过程中的保险交易书面记录。

9. 参加行业协会。许多保险公司是解决保险行业问题的国家和州协会的成员。此外，保险公司经常参与车险剩余市场机制的运作，如汽车联合核保协会和风暴池。决策核保人通常代表保险公司作为这些协会的成员。

10. 提供教育和培训。决策核保人通常负责确定一线核保人的教育和培训需求。有时，这些培训需要通过正式的培训项目来解决，所有新聘的核保人都必须完成培训项目。在其他时候，培训需求是暂时的，通过解决特定核保问题或程序的课程提供。虽然一些培训需求是通过保险公司人力资源部提供的项目来满足，但决策核保人通常会提供保险技术教育。

（二）一线核保人的活动

一线核保人（Line underwriters），通常被称为前台核保人（Desk underwriters），负责评估每个客户的可接受性。一线核保人通过遵循核保指引中描述的做法和程序来执行核保政策。一线核保人执行的具体任务可能因保险公司而异，但是，大多数一线核保人负责以下活动：

核保原理和技术

- 选择被保险人；
- 客户分类；
- 提供所要求的保障；
- 确定合适的价格；
- 对中介人和投保人提供服务；
- 整体业务管理；
- 提供营销支持。

除了上述活动外，一线核保人还分析保险需求，设计保障范围和制定费率。以下概述了一线核保人的部分主要活动。

1. 选择被保险人。一线核保人选择符合保险公司制定的标准的被保险人。如前所述，主动选择被保险人对于保险公司避免投保人逆向选择至关重要。保险在商业上获得成功，部分要归功于大数法则的运作。大数法则理想运行标准之一是随机选择被保险人。然而，在现实中，如果没有一线核保人的选择，赔付率高于平均水平的客户收取的保费就会不足。此外，一线核保人通常会选择优质客户——那些比平均水平更好的客户——向其收取的保费比较充足。

大数法则

被保险人将风险转移给保险公司。例如，建筑物的所有人不知道他们的建筑物在哪一年会遭受损失。保险公司从成千上万的被保险人那里汇集了风险，并且肯定会发生一些损失。保险公司损失预测的准确性会随着保险池规模的扩大而提高。这就是大数法则使风险转移在商业上可行的运作方式。本书第五章将更详细地讨论大数法则，并描述增加其成功运作可能性的条件。

一线核保人的客户选择活动持续进行。他们监控客户，以确保它们能一直被接受。如果在保单开始时核保人提出的损失控制建议没有得到执行，或者被保险人未能采取纠正措施来控制损失频率，保险公司可能会解除合同或不再续保该客户。

"客户选择"带有负面含义,因为它涉及对客户的歧视。然而,一线核保人应该认识到这项任务的重要性。有效的客户选择使保险在商业上可行。客户选择使保险公司能够根据地点、类别、风险大小和业务范围对其承保能力进行定量分配,以获得损失风险的最佳分布。

2. 客户分类。客户分类是将具有相似属性的客户分组的过程,以便对其进行适当定价。一线核保人负责确保获得分类所需的所有信息。

在许多保险公司中,一线核保人既不亲自执行分类任务,也不亲自执行定价任务。然而,一线核保人对这些活动的正确完成负有责任。由于客户分类和定价过程涉及许多细微差别,一线核保人不能完全把这项任务交给他人完成。

错误分类的一个后果是,收取的保费与转移的风险不相称。分类错误和定价过低的客户得到了便宜,但代价是保险公司的损失。一旦被保险人发现一个更好的价格,他们就可能会将由于分类错误而收取过高费用的业务转移到另一家保险公司。保险公司向州保险监管机构提交分类计划以及费率和保障附表。保险公司如果没有按照规定执行分类计划,将可能面临罚款。

3. 提供所要求的保障。保险公司有责任确保客户获得他们所要求的保障。确定被保险人的保障需求通常是保险代理人、经纪人或被保险人的风险经理的责任。被保险人的复杂程度各不相同,一些被保险人选择用保险以外的风险管理技术来处理他们的部分损失风险,采取保险来处理其他损失风险。一线核保人通常会询问被保险人的风险管理计划,以确保他们正在使用其他风险管理技术来解决保险保障中的缺漏风险。

提供所要求的保障这项任务通常涉及中介人和保险公司的合作。因为每个客户都是独一无二的,所以保险公司和风险经理通常想知道保险保障将如何应对特定类型的损失。保险公司可以通过解释保障附表所承保的损失类型和必须添加的批单来回应保障要求。对于一些复杂或独特的客户,如果接受了足够的培训,一线保险人可以起草手工保单(Manuscript policy)或批单,以解决被保险人的具体保障需求问题。然而,对于大多数客户,一线核保人只是确保所签发的保单有合适的保障附表和批单。

4. 确定合适的价格。一线核保人有责任确保对客户定价合理。保险公司的定价手册包含了如何为大多数保险项目制定保费的程序的详细说明。核保技术人员（Underwriting technicians），即保单定价方面的专家，通常执行定价机制。由于大多数保险仅根据保单价格出售，因此，一线核保人在某种程度上参与了定价过程。

收取的合适的价格不仅应满足让保险公司继续核保有利可图的业务，而且要能与其他保险公司的价格竞争。在某些州，一线核保人在某些险类的保单定价方面可能没有任何自由裁量的余地。在其他险类中，一线核保人可以使用个别定费计划对客户调高或调低费率，通过调整客户的保险费来反映其风险特征。一线核保人必须确保针对客户特征调整的保费是合理的，并且必须证明这与保险公司向监管部门提交的个别定费计划是一致的。个别定费计划允许一定的定价灵活性，这将在第五章中讨论。

5. 对中介人和投保人提供服务。保险公司向中介人和被保险人提供的服务因保险公司而异。一些保险公司依靠客户服务部门来回应日常的询问和要求。通过独立代理人运营的保险公司通常依靠其销售人员来执行许多保单服务职能。由于客户服务活动和核保通常是交织在一起的，一线核保人在确保中介人和被保险人的需求得到满足方面具有积极的利益。

一线核保人通常直接参与中介人准备保单报价工作，代理人和经纪人则投入大量的时间和费用来开拓新客户。如果保险公司的报价不能"赢得"客户，那么这些努力就白费了。在当今竞争激烈的市场中，中介人希望与反应迅速、表现灵活、果断的一线核保人打交道。

6. 整体业务管理。一线核保人通常被期望管理他们的整体业务。核保管理人通常会将部门目标传递给每个一线核保人。例如，保险公司可能希望限制其所销售的、没有附带其他保险的劳工补偿保单的数量。同样，一线核保人也会被期望在选择承保非支持性劳工补偿业务上帮助实现这一目标。

有些保险公司还让一线核保人负责从中介人那里接管整体业务。在这些情况下，不仅一线核保人的整体业务应该反映保险公司的经营目标，而且他们的每个中介人的整体业务也应该反映这一目标。

7. 提供营销支持。保险公司的营销努力应与其核保政策一致。例如，不应鼓励中介人提交明显超出保险公司核保指引规定的客户。同样，一线核保人也不应仅因为核保人对某一特定业务类别的偏见而拒绝接受符合核保指引规定的投保申请。

支持保险公司的营销目标也会对一线核保人产生更广泛的影响。有些保险公司依靠特别代理人（Special agents）或现场代表（Field representatives）向代理人和经纪人推销保险公司及其产品。一些保险公司将特别代理人和一线核保人的职责混合在中介核保人（Production underwriter）的位置上。中介核保人通常亲自与中介人沟通，并协助他们发展保险公司可以接受的客户。

（三）核保权限

核保权限是指授予核保人的决策自由度。授予一线核保人的核保权限通常因职位、等级水平和经验而异。

核保授权要求通过保险公司的核保指引传达给核保人。例如，在核保指引中特定类别旁边的符号可能表明，高级核保人必须在进一步处理该类投保业务之前审查并批准该类业务的投保申请。根据核保管理部门对某一类业务的关注程度，核保审批可能需要由一线核保人的经理或总部决策核保人进行。控制核保权限的另一种方法是在核保指引中明确规定必须提交给上级机构审核的客户保单限额。

许多保险公司使用信息系统来管理核保权限。保险公司的信息系统不是实际提交客户给其他人审核，而是能够向负责审批的人员提供足够的信息来批准或拒绝被推荐的客户。信息系统还可以识别出保险公司在核保指引限制之外允许承保的业务类别，以及是谁提出了这样的要求。

有些险种是如此的专业，以至于承保这些险种的保险公司更倾向于集中他们的一线核保人，从而集中控制他们的核保权限。例如，一家保险公司可能会将所有保证保函、航空保险和海洋保险的投保申请提交给总部专门负责这些业务的一线核保人。

一些保险公司将核保权限授予中介人。这些保险公司发现，在规定的范围内，授权中介人行使核保权以及支付赔偿金会更迅速。通常情况下，并非所有保险公司的中介人都被授予核保权,但那些被授予核保权的中介人通常会获得额外佣金,以补偿其所支付的额外费用。

> **前端核保人(Front-line underwriters)**
>
> 中介人的首要责任是销售保险。然而,许多保险公司依靠他们的中介人来"前端核保"客户。这意味着中介人知道保险公司有兴趣承保的客户类型,并提交那些保险公司通常愿意接受的有质量的业务。能够向保险公司提交客户之前进行客户选择的中介人通常被称为前端核保人。这些中介人使保险公司不必评估其核保人最终会拒绝的客户。

即使是那些没有核保权限的中介人也知道保险公司正在积极寻求的客户类型。特别代理人或中介核保人,除了与保险公司定期沟通以外,还让中介人了解保险公司想要销售的产品。一些保险公司向中介人提供核保指引,以便在提交投保申请之前确定有关客户的可接受性问题。

三、制定核保政策

如前所述,核保政策将保险公司高级管理层的目标转化为指导个别和整体核保决策的规则和程序。核保政策决定了保险公司整体业务的构成。

整体业务的构成既包括保险公司提供的特定类型保险产品,也包括保险公司愿意承保的业务数量,以责任限额和保单数量表示。在保险业务中,将保险产品称为"险类业务"(Lines of business)是一种常用的说法。

> **险类业务(Lines of business)**
>
> NAIC年度报表是所有州规定的财务报告,将财产和责任保险划分为38个独立的险类业务。这些法定的业务范围例子是火险、关联险、劳工补偿、商业多风险和海洋险。完整的清单出现在NAIC年度报表中。保险公司必须按险类业务报告保费、损失和费用,但将相关的险类业务合并以

创建保险产品。例如，销售商业机动车保险的保险公司必须提供以下 NAIC 年度险类业务报表：商业机动车无过错（人身伤害保护）、其他商业机动车责任和商业机动车物质损坏。当他们使用术语"险类业务"时，核保人在心理上将几个相关的 NAIC 年报险类合并为一个参考号，例如"商用机动车"。

大多数保险公司希望扩大承保保费，增加市场份额，并获得利润。然而，制定核保政策需要作出妥协。保险公司核保政策的主要内容有：（1）要核保的险类业务和险种；（2）要开发的地域；（3）保障附表、费率和定费计划。核保政策的主要制约因素有：（1）承保能力；（2）监管；（3）人员；（4）再保险。

保险公司的核保政策一旦制定，就必须执行并监控其有效性。讨论了影响核保政策的因素后，再讨论如何制定核保政策。

（一）承保能力

保险公司的承保能力是指保费与保单持有人的盈余规模之间的关系，它是保险公司的资产净值。这种关系对于评估保险公司的偿付能力至关重要。NAIC 制定了一系列财务比率，并结合分析评估来明确，应该接受监管机构额外偿付能力监督的保险人。保费与盈余（净保费除以投保人的盈余）是其中一个关键比率，当它超过 300% 或 3:1 时被认为是过高。

法定会计准则

自从国家开始对保险进行监管以来，保险监管机构主要关注的是保险公司的偿付能力。NAIC 成立于 1801 年，旨在减少多个州对财务报告要求不一致造成的混乱。为满足保险法规要求而发展的会计制度被称为法定会计原则（Statutory Accounting Principles，SAP）。SAP 是保守的会计准则，旨在确定保险公司是否能够履行其对保单持有人的义务。大多数其他企业使用公认会计准则（GAAP），其重点是将组织作为一个持续经营企业进行财务报告。

保险公司超过保费与盈余比率的一种方法是通过承保保费的快速增长。由于保险行业采用保守的会计准则，保费的快速增长导致用于支付保费增长所产生的费用的投保人盈余减少。这种限制通常会阻碍保费增长，除非保险公司购买再保险或获得更多的资本。

保险公司通常认识到自身承保能力的局限性，并寻求承保那些能使其资产收益率最大化的业务或客户。保险公司通常会建立一个资本收益率门槛，以此来评估保险公司的承保能力分配方案。例如，如果保险公司希望获得10%的资产收益率，而在特定州销售劳工补偿保险预计将产生12%的资产收益率，那么如果没有更好的机会，保险公司应该将该业务向该区域扩张。

（二）监管

各州颁布的保险法规在某种程度上是在NAIC的主持下进行协调的。州法规以州立法机关制定的法规和州保险部门通过的法规形式实施。保险监管直接或间接地影响大多数保险公司的活动。

资产收益率

资产收益率不仅是衡量承保能力的基准，也是衡量保险公司盈利能力的指标。这一财务比率将净营业收益（税后）作为上年资产和盈余的百分比联系起来。SAP和GAAP计算资产收益率的方法不同，如下所示：

$$资产收益率（SAP基础）= \frac{净收入}{保单持有人平均盈余}$$

$$资产收益率（GAAP基础）= \frac{净收入}{所有人平均资产净值}$$

股份制保险公司计算这两种比率，因为它们同时使用SAP和GAAP报告财务业绩。互助保险公司仅使用SAP基础来计算资产收益率。资产收益率也是保险监管机构用于偿付能力监管的关键财务比率。资产收益率的可接受值在5%~15%。

监管在几个方面影响着核保政策。保险公司必须在每个州获得承保许可。费率、规则和保障附表必须向州监管机构备案。有些州，如佛罗里达州，特别要求提交核保指引。除了财务审计外，州监管机构还会进行市场行为检查，以确保保险公司遵守它们提交的分类和定费计划。

保险监管在各州之间的适用并不相同。在一些司法管辖区，保险公司可能无法让费率申请获得批准，或者批准的速度很慢，以至于与不断上升的索赔成本相比，费率水平不足。一些保险公司选择退出那些它们认为监管过于严格的州。

（三）人员

保险公司需要专业人才来有效地推销他们的产品，核保特定的业务，通过控制损失来服务他们的客户，并为所发生的损失支付赔偿。保险公司必须有足够数量的经过适当培训的核保人来执行其核保政策。例如，任何谨慎的保险公司都不会在缺乏足够有经验核保专业人员的情况下，追求类似航空、保证、海洋保险这些高技术性险种的业务。

除了有熟练的人员来完成核保工作，保险公司还必须在需要他们的地方安排人员。在所有条件都相同的情况下，保险理论认为，保险费应该从更多的被保险人那里收取，尽可能广泛地分散损失风险。作为一个实际问题，与监管要求相关的对保单持有人的服务要求，以及大量的费用支出，都不允许资金有限的保险公司在全国范围内从事保险业务。保险公司必须有足够的保费量才能在一个地区有效地经营。

（四）再保险

在制定核保政策时，是否有合适的再保险及再保险成本支出都是重要的考虑因素。再保险合约可能排除某些险类或险种，或者再保险的成本可能令人望而却步。

再保险公司还关注保险公司提供的基本保单形式和保障范围。再保险人可能对保险人使用保险咨询机构制定的保障附表没有任何保留意见，但可能明确排除为特定被保险人制定的手写保单或非保险咨询机构制定的保障附表的再保险责任。

四、执行核保政策

核保管理层必须宣传核保政策，使其得以实施。大多数保险公司通过其核保指引来传达核保政策，并进行核保审计以确定核保政策得到遵守。用核保结果来衡量核保政策的有效性。

（一）核保指引

由于核保指引通常会详细说明保险公司愿意承保的客户属性，因此，保险公司将其视为商业秘密。披露这些专有信息可能会导致保险公司失去相对于其他公司的竞争优势。美国保险协会在核保项目中使用的教材并不提倡任何特定的核保政策，或规定保险公司的核保指引应包含哪些内容。该协会核保项目的目的是使读者意识到，在商业保险市场上可以采用多种成功的核保方式。

有些保险公司制定了广泛的核保指引，并一步步指导如何处理特定类别的被保险人。这些核保指引可能会指出要评估的特定风险因素、可以考虑的替代方案、作出最终决定时采用的标准、执行决定的措施以及监控所作决定的结果。该指导方针还可能提供与再保险计划相关的定价说明和信息。

一些保险公司对核保指引采取不太全面的方法。例如，一些核保指引可能列出所有商业险类业务的分类，并按险类业务指出其可接受性（参阅附件10-1风险选择指引例子）。

核保指引服务于以下目的：

- 提供结构性决策；
- 确保统一性和一致性；
- 综合见解和经验；
- 区分常规决策和非常规决策；

- 避免重复工作。

1. 提供结构性决策。核保指引通过确定核保人在评估所承保的每种类型的业务时的主要考虑因素，为核保决策提供了架构。例如，保险公司核保指引中涉及承包商设备部分可能表明，设备的使用在确定业务可接受性和定价方面至关重要。在山区使用承包商设备更有可能受到破坏和倾覆，因此，比在平坦地区使用承包商设备需要更多的审查和保费。通过确定与特定业务类别相关的主要风险因素，核保指引可以确保核保人会考虑到他们所评估的风险暴露的主要风险特征。

2. 确保统一性和一致性。核保指引有助于确保所有保险公司的核保人始终作出统一的客户选择决定。实际上，在各方面都相同的投保申请应该获得相同的核保反应。

3. 综合见解和经验。核保指引综合了明智的核保人的见解和经验。决策核保人在推荐的基础上协助处理保险人的独特或具有挑战性的客户，通常包括他们在核保特定险类或险种业务时所采取的方法。对于许多保险公司来说，核保指引是保险公司累积专业知识的储存库。

4. 区分常规和非常规决策。核保指引帮助核保人区分常规决策和非常规决策。常规决策是指根据核保指引，一线核保人明确拥有决策权的决策。非常规决策涉及不属于核保人权限的业务提交。核保指引通常指出，必须拒绝承保或由更高一级机构批准的险类和险种业务。

5. 避免重复工作。许多核保情况会反复出现。如果已经发现并解决了某一特定情况所固有的问题，那么该解决方案应适用于未来可能出现的所有类似情况。核保指引包含了必要的信息，以避免代价高昂的重复工作。

（二）核保审计

如前所述，保险公司使用核保审计来确定核保决策是否符合保险公司的核保指引。此外，核保审计提供了有关核保指引有效性的有价值的信息。

如果核保准则要在动态的保险市场中为保险公司服务，就不能让它们停滞不前。核保审计通过识别由于过时或被认为不现实而未被遵循的情况，帮助确保核保指引的适用性。

决策核保人也可能会发现，遵守保险公司的核保指引并没有达到预期结果。在上述情况下，这些信息对于制定有用的核保指引是有价值的。

核保审计通常在被审计的分支机构或地区办事处现场进行。核保人员审查客户案件以了解核保人是否遵循了核保准则，以及核保人是否妥善记录了档案。就像核保审核为核保人提供关于核保指引有效性的反馈一样，单个文件的审核可以为一线核保人提供改进未来核保决定的策略。

（三）衡量核保结果

许多保险公司使用综合损失和费用率（Combined loss and expenses ratio）或综合赔付率（Combined ratio）来衡量核保活动的成功程度。综合赔付率是保险公司的损失率和费用率的总和，如下所示：

$$综合赔付率 = 损失率 + 费用率$$

综合赔付率的计算方法有几种。最常用的方法是以交易为基础的综合赔付率，如下所示：

$$以交易为基础的综合赔付率 = 损失率 + 费用率$$

$$以交易为基础的综合赔付率 = \frac{已发生损失和损失理算费用}{已赚保费} + \frac{已发生核保费用}{承保保费}$$

以交易为基础的综合赔付率使用的分母彼此不同。损失率是用已赚保费计算，而费用率是用承保保费计算。保险公司分析师更喜欢这种方法，因为它反映了保险监管机构对确认收入和费用的要求。

法定会计采用保守的方法来确认收入和费用。收入仅在赚取时确认，而发生的费用则立即确认。将损失与已赚保费而不是承保保费相匹配是合适的，因为保险公司的会计准则要求为保费已支付但未到达（Has been paid but not delivered）的保险建立未赚保费准备金（Unearned premium reserve）。将已发生核保费用与承保保费而非已赚保费配对，承认大多数核保费用——主要是代理人的佣金和保单签发费用——是在每份保单开始时发生的。

虽然综合赔付率最常用来衡量核保是否成功，但其产生的结果通常取决于对其组成部分的综合分析。例如，保险公司费用的各个类别与其他保险公司或行业标准相比如何？哪些具体业务超出了预期损失？再进一步深入分析，允许保险公司对其核保指引进行相应修改，以便将来达到预期结果。附件1－1展示了1989—1998年所有保险业务的以交易为基础的综合赔付率。保险行业在这一时期的所有年份都遭受了核保损失，综合赔付率在1992年达到115.6%的峰值。

保费量的变化和损失报告的延迟可能会扭曲综合赔付率的结果。此外，任何关于保险公司核保盈利能力的讨论都需要在核保周期的背景下考虑。

附件1－1　美国1989—1998年财产和损害保险以交易为基础的所有险种综合赔付率

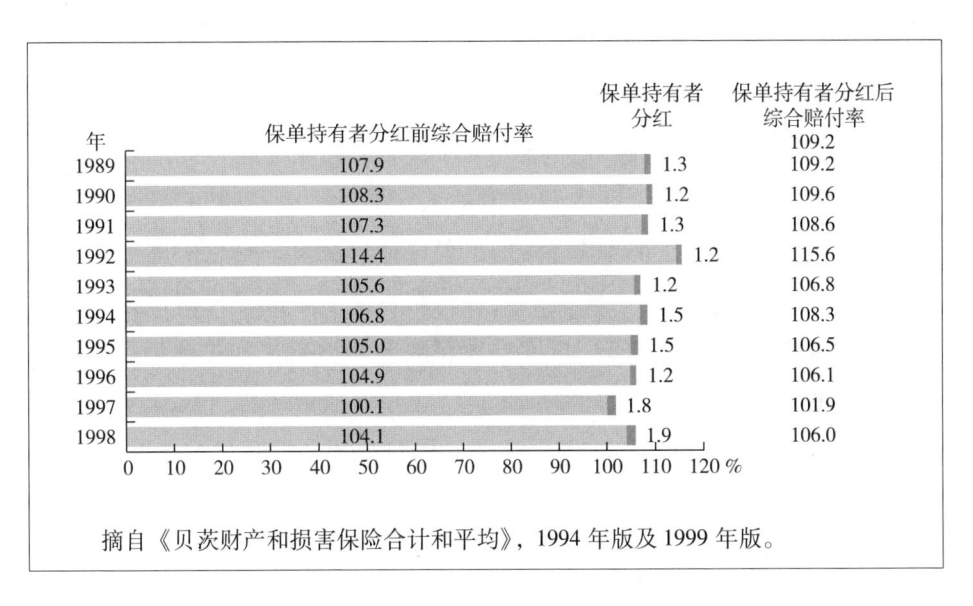

年	保单持有者分红前综合赔付率	保单持有者分红	保单持有者分红后综合赔付率
1989	107.9	1.3	109.2
1990	108.3	1.2	109.6
1991	107.3	1.3	108.6
1992	114.4	1.2	115.6
1993	105.6	1.2	106.8
1994	106.8	1.5	108.3
1995	105.0	1.5	106.5
1996	104.9	1.2	106.1
1997	100.1	1.8	101.9
1998	104.1	1.9	106.0

摘自《贝茨财产和损害保险合计和平均》，1994年版及1999年版。

1. 保费量的变化。保费量和核保政策密切相关。限制性核保政策通常意味着保费量减少。同样，限制性较弱的核保政策通常意味着保费量增加。然而，核保政策的变化通常不会产生预期的立竿见影的效果。例如，一家保险公司在其核保标准上变得更加挑剔，通常会看到保费的减少。由于之前核保政策宽松时期发生的损失仍然未偿付，综合赔付率的损失率部分可能会恶化。随着保费的减少，即使保险公司的核保费用保持相对不变，损失率也会增加。同样，大幅放宽核保标准，至少在短期内，可以使保险公司在其业务定价过低的情况下显得有利可图。综上所述，必须对保险公司的综合赔付率进行评估，并考虑保费量的波动情况。

2. 损失报告延迟。损失报告延迟降低了综合赔付率所提供的信息价值。如果保费和损失可以很容易地匹配，保险公司就可以确定其整体业务是否定价过低，并对其定价结构进行修正。这一信息对保险监管机构也很重要，因为业务定价不合理对保险公司的偿付能力构成重大威胁。

保险人在报告索赔时建立赔款准备金。赔款损失金包括在已发生损失中，从而反映在损失率中。损失的类型通常决定了保险公司多快收到索赔通知，以及准备金多快被赔付金额所取代。

由轻微交通事故引起的索赔就是能够很快得到解决的一个很好的例子。虽然财产和一些责任索赔可以在几天或几周内处理，但许多责任索赔可能需要数年才能完全解决。例如，产科医生可能在婴儿分娩过程中伤害到孩子。伤害本身可能在一段时间内不明显，因此父母没有意识到已经发生了医疗过失事故。不管医生和父母之间达成了什么法律和解，当孩子成年（通常是18岁）时，他可以提起诉讼。在这种情况下，医生的医疗事故保险公司将无法在数年内完全确定该索赔的最终价值。具有长期损失发展的索赔（通常被称为长尾索赔）可能导致保险公司的损失率被低估，其整体业务定价过低。

除了针对已知损失的赔款准备金外，保险公司还为已发生未报告（Incurred but not reported，IBNR）损失建立准备金。IBNR损失有几个组成部分：报告损失增加准备金、重新索赔准备金、报告但未记录损失准备金和IBNR损失总额。IBNR总额（Gross IBNR）是一个准备金金额，它反映了保险公司对损失的最佳估计，该损失已经发生但它可能在几年内都不会发现。准确地估计总IBNR是保险公司必须面对的挑战之一。如前所述，较低的IBNR总额可能意味着业务定价过低；较高的IBNR总额可能使保险公司看起来无利可图，即使它并非如此。准备金提留错误也会反映在未来保单定价中。

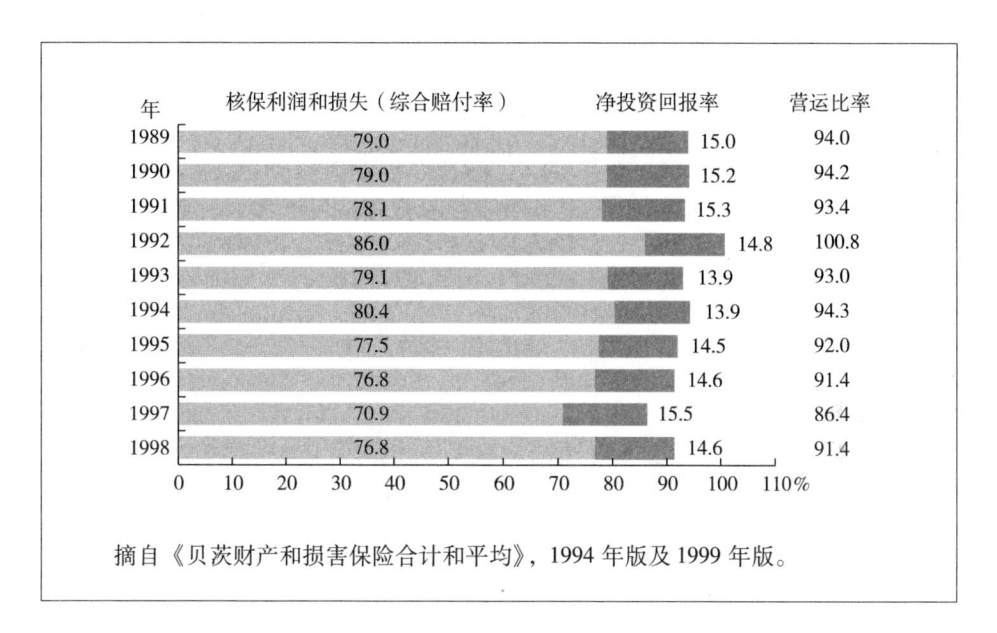

附件1-2　1989—1998年美国所有险类财产——责任保险营运利润或损失

年	核保利润和损失（综合赔付率）	净投资回报率	营运比率
1989	79.0	15.0	94.0
1990	79.0	15.2	94.2
1991	78.1	15.3	93.4
1992	86.0	14.8	100.8
1993	79.1	13.9	93.0
1994	80.4	13.9	94.3
1995	77.5	14.5	92.0
1996	76.8	14.6	91.4
1997	70.9	15.5	86.4
1998	76.8	14.6	91.4

摘自《贝茨财产和损害保险合计和平均》，1994年版及1999年版。

从历史上看，保险业的核保业绩是周期性的：在一段时间的核保盈利之后，就会出现一段时间的核保亏损。当保险公司获得核保利润时，它们会降低费率，并提供更宽泛的保险责任，以扩大市场份额。当核保亏损时，保险公司就会提高费率，限制保险责任的可用性。保险公司将这些市场状态的变化称为核保周期（Underwriting Cycle）。

由于保险价格和保险公司的盈利能力在这一市场现象中是交织在一起的，保险公司和其他人试图更好地理解是什么原因导致了该周期的发生。无论处于何种周期阶段，保险公司一般都希望保持自己的竞争优势和市场份额。此外，保险监管机构担心该周期对保险可获得性和可承担性的影响。尽管影响核保周期的大多数因素已经通过对过去周期的检查而确定，但保险市场的变化已经影响了这些因素在确定下一个周期阶段何时开始时的预测价值。

个别保险公司及其核保经理无法改变影响整个财产责任保险行业的核保周期。然而，有效的核保管理可以使保险公司通过改变其核保准则来定期重新定位自己，从而在周期阶段实现利润最大化和市场份额的增长（关于核保周期的论述，参阅核保技术部分第十章）。

（四）业绩标准

可以用来评估核保部门业绩的一种非财务技术，即就核保的几个关键领域制定业绩标准或衡量标准。这些核保业绩标准包括以下几个领域：

- 选择；
- 产品或险类业务组合；
- 定价；
- 通融客户；
- 续保率；
- 成功率；
- 对中介人的服务；
- 核保人保费。

所承保的险类和核保管理目标决定了上述业绩标准哪个比较重要。

1. 选择。保险公司通常会为核保人制定客户选择目标，以确保核保人的整体业务质量不恶化。例如，核保人可能会被要求将其整体业务的特定百分比视为"非常理想""平均""低于平均"。为了使这种绩效标准有效，保险公司的核保指引需要清楚地描述不同的客户类别。个别核保人的选择标准通常需要支持总体核保目标，并在核保审计期间进行评估。

2. 产品或险类业务组合。这种绩效衡量标准要求保险公司在核保指引中说明新业务和续保业务所需的产品组合。例如，如果产品责任损失对保险公司的整体业务造成不利影响，产品组合标准可能需要减少制造类产品责任险的业务量，并努力增加承包商、服务和商业类客户的承保。将实际承保和期望承保的业务量对比，可以直接评估产品责任险业务的开展情况。

3. 定价。保险公司通常会跟踪其核保人在多大程度上偏离保险公司对特定类别的定价标准。保险公司的核保信息系统经常被用来监控核保人的整体业务。这些信息可能有助于确定核保人的整体业务定价过低或过高的程度，以及在市场情况发生变化时可能在哪些地方进行价格调整。

4. 通融客户。核保通融通常意味着接受不合格的风险暴露，以换取其他更有利可图的业务。这一绩效标准评估核保人是否作出了过度的让步，以及代理或经纪人是否确实按照承诺提交了优质客户。许多核保人都有一个通融记录，记录了所有的通融客户，以及偏离保险公司核保准则的原因。

5. 续保率。续保率是指保险公司续保到期保单的百分比。续保率可以通过保单数量、保费量或两者相结合来衡量。由于大多数（如果不是全部的话）核保调查工作都是针对现有保单进行的，因此，续保这些保单比获得新业务提供了更大的利润潜力。续保率低可能表明保险公司在经营方式上存在严重缺陷，包括对中介人服务差、定价无竞争力或索赔服务不到位。这种绩效标准要求仔细监测续保率，并对所发现的任何趋势进行评估。

6. 成功率。成功率是所报价的新业务与所承保的新业务的比率。与其他绩效标准相比，核保管理层通常更密切监控这一绩效指标，因为成功率提供了有关保险公司在当前保险市场上竞争力的信息。如果成功率过高或过低，则可能需要进一步调查。高成功率可能表明以下任何一种市场状况：

- 放宽竞争；
- 费率不合适或低于其他保险公司的费率；
- 保障比其他保险公司更宽泛；
- 业务选择标准恶化；
- 保险公司与代理人或经纪人之间的关系非常良好。

低成功率可能表明以下一种或多种市场情况：

- 日益激烈的竞争；
- 费率过高；
- 保险责任或保障附表选择标准过于严格；
- 服务差；
- 保险公司与代理人或经纪人的关系不佳。

7. 对中介人的服务。中介人与配合密切的保险公司的合作最为频繁。由于中介人通常根据所接受的服务对保险公司进行排名，保险公司必须能够评估自己的表现。保险公司应为中介人提供的某些类型的服务建立一套最低可接受标准，然后将被评估的每个核保人、分支机构或地区分部的实际业绩与规定的业绩水平进行比较。附件1-3提供了一个这样的标准例子。

附件1-3　"对中介人的服务"核保标准范例

种类	最低可接受标准
1. 报价	3个工作日
2. 新保单	3个工作日
3. 函电答复	2个工作日
4. 解除合同、签发批单、出具保险证书	5个工作日
5. 直接解除通知	当天
6. 续保	不迟于保单终止日期前10天

8. 核保人保费。核保人能够处理的保费量是一种常用的业绩衡量标准。核保管理部门用这一指标来确定核保人是否完成了自己的工作。

五、核保流程

核保人需要成为优秀的决策者。核保不是一件容易的事，因此，成为核保的行家里手是需要时间的。随着核保人经验的积累，作出核保决策变得越来越常规化，复杂的客户对经验丰富的核保人来说也是一种挑战。在核保人有足够经验能自信地处理大多数客户之前，应遵循一个特定的流程作为决策指引。

核保过程由以下五个步骤组成：

1. 收集信息；
2. 识别、开发和评估备选方案；
3. 选择承保方案；
4. 执行决策；
5. 监控客户。

本节将描述这些步骤。

> **核保直觉的神话**
>
> 传统上，核保人一直不愿承认，他们的"核保直觉"实际上是一种内在化的决策过程，可以适用于各种损失暴露。对这种不情愿的合理解释是，核保人认识到很难定义一个概括其思维的过程。也许被描述为核保直觉的技能，更应该被描述为对核保过程的创造性应用。

（一）收集信息

了解一个客户的信息对于作出一个好的核保决定至关重要。核保人从投保书中获得他们需要的大部分信息。通常，这些信息要么是不充分的，要么会引起保险人的关注。核保人可能会从几个来源查找这些信息。

由于涉及成本问题，收集客户信息必须谨慎。核保人必须考虑他们想要的信息是否适合正在评估的客户。比如，客户申请开一家餐厅，是否有理由对餐饮服务行业进行研究？如果缺乏此类信息，会对核保决定产生什么影响？核保人必须在客户所呈现的风险和核保所需的信息之间保持平衡，这种平衡通常被称为信息效率（Information efficiency）。核保信息的使用是第三章的重点内容。

风险因素（Hazard）是增加预期损失频率或严重程度的任何情况。风险因素可能有许多来源，通常分为物质风险因素、道德风险因素和道义风险因素这三个层面。许多核保信息是为了使核保人能够识别和评估风险因素而开发的。核保人想知道与特定客户相关的风险是否属于类似分类客户的典型风险。

（1）物质风险因素。物质风险因素（Physical hazards）是指被保险财产、人员或业务的有形特征，这些特征会影响一个或多个损失原因造成的预期损失频率和严重程度。物质风险因素可以是投保人、被保险财产或财产所在环境的属性。未受过训练的司机、易受损坏的货物运输，以及糟糕的内部管理都是物质风险因素的例子。

（2）道德风险因素。道德风险因素（Moral hazards）是指投保人试图造成损失或夸大已经发生的损失。虽然大多数关于道德风险的信息都是主观的，但也有可用的客观数据，例如过去的财务困难历史、犯罪记录或其他公共记录。不可接受的行为一旦被公开，往往会成为当地报纸的新闻。代理人和经纪人通常有当地的联系人，可以让他们将这些信息传递给核保人。潜在的道德风险因素包括财务状况不佳、不良伙伴和道德品质差。

①财务状况不佳。财务状况不佳的商业企业所有者可能故意造成损失，以获得急需的现金。例如，1991年的海湾战争和对美国恐怖主义的恐惧为美国保险欺诈企图提供了背景。储存在诺福克海军基地附近的200万加仑氢硫酸钠的所有者在加倍投保财产保险后，在他们的工厂里埋下了管状炸弹。如果业主的欺诈性索赔成功了，他们就能还清欠下的债务，赚取100万美元的利润。海洋保险核保人特别清楚，在市场运力过剩的时期，闲置或报废船只的船主可能会故意造成损失，试图"把破船卖给保险公司"。

由于企业的财务状况瞬息万变，要发现财务状况不佳所造成的危害，就需要经常监测。消费者口味的变化或竞争对手的创新可能会给企业留下大量过时的库存。被保险人的财务困难可能会推迟对电力、管道和供暖系统等重要服务设施的必要维护。

②不良伙伴。保单持有者与罪犯为伴是潜在道德风险的另一个例子。黑社会成员或其他不良分子经常光顾企业的事实不可能在经营者的特征上反映出来。

③道德品质差。道德风险因素产生于保单持有者的不良道德品质，即使在财务状况良好的情况下。以前可疑的损失、犯罪记录或道德败坏的证据都可能表明存在道德风险。不道德或非法商业行为的名声也表明存在道德风险。

（3）道义风险因素。道义风险因素（Morale hazards）表现在，由于有了保险，被保险人缺乏应当具有的小心谨慎。该风险因素产生于对损失抱有无所谓或漠不关心的态度，而且比道德风险因素更加难以察觉。道义风险因素也可以定义为"缺乏动机风险因素"，因为它存在于那些缺乏避免和减少损失的动机的投保人身上。道德风险因素可能表现为人格差、管理不善或财务状况不佳。

管理不善或效率低下也可能预示着士气危机。马虎的仓库管理和混乱的记账是这种情况的明显表现。对损失漠不关心会导致忽视灭火器和其他安全装置的维护。不存在内部控制系统或系统欠完善会导致员工盗窃和挪用公款。不遵守损失控制人员的建议或不与损失控制人员合作是道义风险因素的进一步表现。

(二) 识别、开发和评估备选方案

在收集了特定投保人的所有必要信息并对风险暴露进行了评估之后,核保人就可以准备作出承保决定了。核保人还必须确定和开发该客户投保申请的备选方案,并在仔细评估每种备选方案后,根据具体情况选择最佳方案。

有两种可供选择的方案:核保人可以接受提交的投保申请,也可以拒绝它。此外,核保人可以在作出某些修改的情况下接受投保申请。确定能满足保险公司、中介人和投保申请人需求的修改可能是一种挑战。

可以进行的典型修改如下:

- 采用损失控制程序或设施;
- 改变费率、定费计划或保单限额;
- 修改保单条款和条件;
- 使用临分再保险。

(三) 选择承保方案

选择承保方案包括权衡投保申请的正面和负面特点。核保人必须识别和评估风险暴露,评估相对于费率标准中预期的平均风险暴露的风险程度,审查现有的控制和保护措施,并评估管理层对预防损失的态度。在保险人作出决定之前,需要考虑的其他因素如下:

- 所要求的核保权限;
- 存在支持性业务;

核保原理和技术

- 业务组合状况；
- 与中介人的关系；
- 监管约束。

1. 所要求的核保权限。在接受投保申请之前，保险人必须确定其是否具有作出承保决定所需的核保权限。保险人的任务根据其是否有足够的核保权限，或是否必须准备提交给上一级核保人而有所区别。核保人应当在向中介人就所提交的业务作出快速答复之前检查核保指引，因为提交至上一级核保人是很费时的。

2. 存在支持性业务。保险公司通常不鼓励核保人在没有支持性业务的情况下为被保险人承保某一险种业务。通常，有时有的保险公司已经接受了客户的相关业务，但又不愿意提供某些特定的保障，或者不愿意按照可接受的价格向客户提供所需保障。其他保险公司抓住这个机会为该被保险人承保一些业务，期望在续保时他们有机会为该客户的其他保障需求报价。一般来说，保险公司更喜欢进行客户核保（Account underwriting），即对特定投保人的所有业务进行整体风险评估。如果该客户的业务总体上是盈利的，核保人更有可能接受被保险人的边缘业务。

3. 业务组合状况。业务组合是指保险公司所承保的保单分布情况，这些保单是保险人的各类业务在不同的中介人、地区、州整体业务中的构成。由管理层确定并在承保指南中载明的核保政策，通常会指出保险公司的业务组合目标。特定的分类，如普通责任险中的承包商或财产险中的餐馆，可能在保险人目前的业务占比中份额过大。为了实现业务平衡，保险公司可能决定提高上述两类业务的核保标准或完全禁止此类新业务的承保。

4. 与中介人的关系。中介人和保险人之间的关系应该建立在相互信任和尊重的基础上。出现意见分歧是很常见的，特别是因为中介人的目标与保险人的目标可能存在冲突。尽管如此，中介人和保险公司的长期目标都是增长和利润。相互迁就和理解，对于建立令人满意的工作关系至关重要。

5. 监管约束。美国大多数州的保险法规对保险公司在该州解除保险合同或不续保的行为进行限制。这些限制通常在该州的不公平贸易实践法中予以规定。一张保单生效后,保险公司通常有一个自由审查期,在此期间它们可以调查客户,并且在取消保险方面几乎没有限制。核保人必须及时作出核保决定,以避免被强制接受或强制续保本不可接受的客户。

(四) 执行决策

执行核保决策一般分为三个步骤。第一步是将决定传达给中介人和其他保险人员。如果决定拟接受的客户要作一定的改进,则必须将改进的内容和理由清楚地传达给中介人或投保人,并且投保人必须同意修改。保险人必须建立程序,以核实所要求的改进是否得到执行,特别是损失控制建议。如果核保人决定拒绝投保申请,他应该尽量以积极的方式将这个决定传达给中介人,以避免损害他们的长期关系。保险人必须就特定投保人为何不符合核保人的核保标准作出合乎逻辑的理由说明。有效的沟通不管是积极还是消极的决定,可以显示保险人的核保标准随着市场条件的变化所作出的调整。

第二步是制定合适的文件。核保人通常依靠核保技术人员出具承保承诺书或签发保险单。在某些业务领域,保险人可能会要求核保技术人员准备保险证书,并将证书提交给有关当局,如负责汽车运输承运人的美国运输部。

承保承诺书

大多数保险客户需要保险立即生效。保险公司授权中介人,在等待核保人明确表示接受或拒绝投保申请之前,签订临时保障合同(Binding coverage)。临时保障的书面证据被称为临时合同(Binder)。临时合同可以是口头的,通过电话投保,但通常口头临时合同被书面合同所取代。所有的保单条款从临时合同出具那一刻起生效。临时合同有效期直至被保险人收到实际解除通知或保险单签发为止。临时合同应详细说明所要求的保障类型和保障限额。因为保险公司在进行核保评估之前要负责临时合同项下发生的损失,所以通常要求核保人了解中介人是否会滥用其授权,并事先作出防范。

第三步是记录有关保单和投保人的信息，用于会计、统计和监控的目的。数据录入人员提取必要信息，因此，信息系统需包含每份保单的详细信息。例如，客户必须支付保险费，以便保险人向中介人开账单。与投保人相关的信息包括地点、限额、保障范围、价格修改、风险类别和特征。保险人必须收集这些数据，以便保险公司和保险行业能够积累所有客户的信息，用于费率制定、财务会计、整体业务评估和编写法定报告。

（五）监控客户

保险公司必须对客户进行监控，以确保它们始终为其所接受。保险公司可以预料到客户情况会随着时间的推移而变化。被保险人可能会增加一个新的营业地点，购买另一家公司，或进入另一个经营领域。虽然与保险有关的后果可能是这些业务决策的一个次要方面，但核保人在意可能影响损失发生的风险因素的变化。

客户监控可以在保单签订后立即开始。损失索赔、保障变更要求和其他保单活动通常是导致保险公司实施客户监控的事件。例如，大额保险损失可能会触发保险公司的信息系统通知核保人。然后，保险人可以审查索赔信息，以确定所发生的损失是否与预期损失类型一致。对于较大的损失，如之前未确认的运作造成的损失以及频繁的损失，大多数保险人都会向中介人了解情况。类似的核保监控活动可能会根据损失控制报告或保费审计报告启动。

小结

核保是通过风险识别、评估、定价以及确定保单条款和条件来选择投保人的过程。保单核保的做法始于保险作为一种商业企业出现之时。在现代实践中，核保人力求在有利可图的业务中占有较大的市场份额。逆向选择是这一目标的天然对手，当投保人的损失概率高于所有投保人真正随机抽样的预期时，就会发生逆向选择。核保活动通常被区分为日常风险选择活动（一线核保人职能）和管理活动（决策核保人职能）。

制定核保政策是高级管理层的一项重要目标。有效执行核保政策是任何保险公司成功的标准。保险公司的核保政策可以促进业务的增长和盈利。尽管可以对任何可接受的业务进行限制，但核保政策所能包含的限制因素还是有限的。执行核保政策意味着告知一线核保人，哪类业务是保险公司所希望承保的。保险公司使用书面手册或核保指引作为推广核保政策的主要工具。决策核保人进行核保审计，以确定一线核保人是否遵守保险公司的核保指引的规定。

大多数保险公司使用以贸易为基础的综合赔付率来衡量核保是否成功。综合赔付率低于100%意味着保险公司有盈利的核保结果，而综合比率大于100%则表明出现核保亏损。综合赔付率不考虑投资收益，而投资收益在过去几十年里一直是保险公司整体盈利能力和财务稳定性的重要组成部分。衡量个别核保人的业绩还有其他非财务指标，比如选择和定价标准。

核保过程可以看作一个五步决策过程：

1. 收集信息；
2. 识别、开发和评估备选方案；
3. 选择承保方案；
4. 执行决策；
5. 监控客户。

本章以一种适用于任何特定业务或保险产品的方式讨论了这些步骤。

第二章　核保商业机构

成功的风险选择要求核保人知道客户的损失风险暴露是什么，以便对其进行评估。在分析被保险人的具体活动和业务时，这种知识在一定程度上是通过逐个分析客户的特定活动和运作获得的。本书所描述的核保方法表明，每个客户必须与保险公司定价中所预期的"平均"客户标准进行比较和评估。这种风险选择方法的前提是，核保人对潜在被保险人有全面的了解。

核保人需要了解企业的基本情况，以便评估所投保的客户的运作和行为。被保险人以所有权形式向核保人展示被保险人的运营和组织的受限程度，这些限制对客户的可承保性产生影响，如企业依靠其他人如雇员和独立承包商工作。核保人通常想知道客户对其运营的控制情况，并需要从广义上了解企业的业务范围。第三章描述的核保工具提供了许多特定类型企业的信息。本章提供了一种了解行业和被保险人在其中的位置的方法。

一、企业所有权类型

核保人需要了解企业所有权形式，这样他们就会知道谁是被保险人，他们所提供的保障范围在多大程度上满足被保险人的需求，以及在保险单中应该如何命名被保险人。虽然企业所有权有很多种类型，但美国最常见的企业所有权类型如下：

- 独资企业；
- 合伙关系；
- 公司。

客户的所有权形式反映了它的管理结构。对于商业客户而言，一个关键但往往难以捉摸的核保属性是被保险人的管理质量。如下所述，客户所有权的形式通常会影响对其管理的要求。例如，正在经历快速扩张的被保险人可能没有指导其增长所需的管理资源。对于这些客户来说，与保险相关的问题，如内部管理和财产维护，可能受关注程度较弱。此外，每个客户的所有权形式可以有助于或妨碍其财务的稳定性，并影响其获得财务资源的机会。

（一）独资企业

独资企业（Sole proprietorship）是由个人拥有的非法人企业。独资企业包括有许多雇员和雇用管理人员的大型企业，以及所有人是个人的兼职经营活动。个人独资企业约占美国所有商业实体的70%。

1. 独资企业的优势。独资企业易成立和资本金要求有限是其受欢迎的两个主要原因。除了获得州和地方要求的执照和许可证外，独资企业通常只受州和联邦政府最低限度的管制。独资企业的利润包括在业主的个人收入中，不单独征税。虽然有些企业需要更多的财务资源来启动和运营，但大多数独资经营者以有限的投资开始运营。

也许人们想要成立独资企业的最令人信服的原因是他们想成为自己的老板，为自己工作。独资经营者完全控制企业，并对企业的经营负全部责任。拥有所有权的自豪感——一个重要的核保特征——意味着企业所有者愿意努力工作以使企业获得成功。

2. 独资企业的缺点。无限责任是独资企业最大的缺点。无限责任意味着：如果企业破产，债权人可以扣押企业甚至个人资产来满足索赔。业主不仅可能失去他的生意，还可能失去他的房子和其他财产。由于难以获得所需资金，独资企业往往资金匮乏，而且一直如此。

经营企业给独资经营者带来的压力有时是无法克服的。独资经营者通常自己创业，因为他们有特殊的技能、特定的专业或独特的知识。随着企业的发展，业主的角色往往必须改变。例如，业主工匠可能不得不雇用其他人来开发产品或提供服务，而业主则负责企业的管理。有时，经营一家企业——

拥有高质量的员工、支付工资、筹集资金偿还债权人以及满足客户的需求——的担子对个人来说过于繁重，无法轻松承担。有些独资企业之所以失败，是因为这种形式的企业所有权不能为所有者提供足够的灵活性，以适应业务的增长和变化。

商业风险

独资企业往往有商业风险，这些风险比单纯的损失风险更需要所有者的关注。因为商业资产对独资企业来说必不可少，而且不容易被取代，所以一个以保险为基础的全面风险管理方案是必不可少的。

商业风险（Business risks）是指企业在经营过程中承担的风险。例如，一种新药未能获得FDA批准，对制药公司来说就是一种商业风险。商业风险通常会吸引企业管理层的注意力。保险通常将商业风险归类为投机风险，这种风险既有盈利的可能，也有亏损的可能。保险核保人主要关心的是纯风险，这种风险只有赔钱的可能性。纯风险的例子有火灾、盗窃和暴风雨造成的损失。

（二）合伙关系

合伙企业是由两个或两个以上的人组成的非法人企业，每个人在企业中都有经济利益。合伙企业中的"人"可以是个人、地产、信托、其他合伙关系或公司。合伙人对企业的债务承担连带责任。与独资企业不同，合伙企业因某些目的被认为是有别于其个人成员的实体。例如，合伙企业可以起诉和被起诉，也可以拥有和转让房地产。合伙企业和独资企业一样，在美国不用纳税。合伙企业的利润交给合伙人，由合伙人为企业的盈利纳税。

合伙企业有两种：普通合伙企业和有限合伙企业。普通合伙制（General partnerships）是合伙企业的一种形式，其中每个合伙人通常在业务中发挥积极作用，并承担无限责任。相比之下，有限合伙制（Limited partnerships）中的有限合伙人避免承担无限责任。有限合伙企业至少有一名普通合伙人，必须对所有商业债务承担无限责任。有限合伙人可以对合伙企业进行投资，但法律禁止其参与企业的积极管理。

普通合伙人和有限合伙人可以是秘密的、沉默的、不活动的或名义上的。秘密合伙人（Secret partners）是指在企业中活跃但不为公众所知的普通合伙人。沉默合伙人（Dormant partners）为公众所知，但在业务中不活跃。休眠合伙人既不为公众所知，也不活跃于业务中。想要将自己在合伙企业中的参与限制在投资者的范围内，合伙人往往会选择成为休眠合伙人或有限合伙人。名义合伙人（Nominal partners）通常不是真正的合伙人，因为他们对合伙企业没有投资。名义合伙人经常把他们的专业知识或经验传授给合伙企业，甚至可能在实际上不是合伙人的时候把自己当作合伙人。

合伙章程（Article of partnership）是一份法律文件，规定了每个合伙人彼此的财务和管理责任。合伙协议包括所有类型的合伙人，通常规定如下：

- 每个合伙人的姓名；
- 每个合伙人的投资额；
- 每个合伙人的利润份额；
- 每个合伙人的义务；
- 每个合伙人的工资（如果有）；
- 退出合伙企业的方法；
- 解散合伙企业的方法。

合伙人通常平均分配收益和损失。有时，合伙协议规定对合伙企业贡献更大的合伙人享有更大的利润份额。一些合伙人除了分得利润外，还可能获得工资。合伙企业必须偿还每个合伙人在公司经营过程中支付的任何款项和产生的任何个人责任。

除非合伙协议另有约定，否则每个合伙人在合伙企业的管理中都有平等的发言权。例如，合伙协议可以将管理责任交给一个合伙人或一个非合伙人。通常，所有合伙人都参与企业的管理。

合伙企业在任何合伙人死亡时解散。已故合伙人的继承人有权获得各自的企业股份。剩余合伙人可以选择组建新的合伙企业，但原有的合伙安排终止。为了解决合伙企业有限且不确定的寿命问题，许多合伙企业为每个合伙人购买人寿保险，以支付给继承人，并避免将清算资产作为继续经营的正式计划的一部分。

当合伙企业解散时——除了合伙人死亡以外，合伙企业也可以由于其他原因解散——合伙人代表合伙企业行使的权利就终止了，除非是为了结束合伙企业的商业事务所必须做的事。解散包括将合伙企业的资产转换为现金支付债权人，并将剩余的资产分配给合伙人。

1. 合伙关系的优势。除了税收优惠外，合伙企业通常还可以通过合伙人的共同财富获得更多的资金。每个合伙人也经常为合伙企业带来需要的人才。合伙企业的管理责任可以在合伙人之间分配。与独资企业一样，合伙企业很容易成立，政府对其成立的限制也很少。

2. 合伙企业的缺点。个人合伙人对合伙企业的债务负有无限责任，因此，为了满足债权人的要求，富有的合伙人可能要比其他合伙人作出更多的贡献。如上所述，有限合伙人是无限合伙义务的例外，因为他们的责任仅限于他们对合伙企业的投资。合伙企业的存在是有限的，因为许多事件——尤其是合伙人的死亡——可能导致合伙企业解散。合伙人对合伙企业投资的非流动资金只能通过合伙企业解散或找到一个愿意购买的人（通常是其他合伙人）来收回。合伙制管理在很多方面都有优势，但也会导致合伙人之间的冲突。与独资企业一样，合伙企业的财务资源仅限于所有者的个人财富和可以借入的金额。

（三）公司

公司是人造的，看不见，摸不着，只存在于法律想象之中。公司可以是公共的也可以是私人的。公共公司归公众所有。上市公司的股票通常在证券交易所销售，如纽约证券交易所（NYSE）和全国证券交易商协会授权报价系统（NASDAQ）。私人公司只有少数股东拥有，其股票所有权通常不对公众开放。许多私人公司是家族所有，对股票的控制——从而对公司的控制——通常被描述为"由少数人持有"。股份有限公司有其独特之处，这使它们非常适合满足商业需求。

公司由董事会（Board of Directors）控制。公司董事会雇用管理人员经营公司。股东，即公司所有者，对所拥有的每一股股票有一票表决权。股东选举董事会。此外，股东可能会被要求为修改公司的章程、合并、一般政策的变更或其他需要股东同意的事项进行投票。

公司董事对公司和股东负有责任。董事在法律上有义务忠于公司和股东，并为他们的最大利益行事。这一义务意味着董事必须避免利益冲突，不得利用职务之便谋取私利。董事必须作出正确的商业判断，避免出现重大过失。公司董事可能会犯错误，但人们期望他们作出明智、理性的决定，即使决定产生的结果不利或出乎意料，也要谨慎地履行义务。董事被期望遵守证券法。美国1933年颁布的《证券法》规定，公司董事有义务提供有关公司证券的完整可靠的财务信息。当社会对公司运作提出质疑时，董事会通常被要求作出回应。

1. 公司的优势。公司被认为是法律上与其所有者分离的实体。股东对公司债务承担有限责任。股东可能失去他们在公司的投资价值，但他们不需要交出个人资产来偿还公司债务。

大多数公司章程赋予公司无限的生命。因此，不像独资企业和合伙企业那样，公司是独立于其所有者而存在的永久组织。

公司所有权可以很容易地获得和转让。上市公司通常有成千上万的股东，活跃的市场使人们能够买卖他们的公司股份。与其他形式的企业所有权不同，股份有限公司使股东能够拥有相对流动的投资。

公司经常雇用专家和顾问来完成任务。相比之下，独资企业和合伙企业往往管理深度有限，可能没有财务资源来获得所需的技能。

也许公司最重要的属性是它筹集资金的能力。公司通过出售股票和发行债券来筹集资金。此外，公司通常拥有可观的资产，在向贷款机构借款时可以用作抵押品。独资企业和合伙企业的扩张计划受限于其所有者的个人财务资源。

2. 公司的缺点。公司很难创建。公司注册通常既复杂又昂贵。公司的组织者必须获得国家签发的公司章程，其中规定了公司的目的。公司章程约束公司实现其既定目标，并授予公司实现这些目标的权力。公司的活动受到限制和监督。公司章程通常包含广泛的授权，但有时需要对其进行修改，以允许进行在授权章程时没有考虑到的特定活动。公司受州和联邦法律的约束，遵守这些法律通常需要大量的活动记录。公司的盈利需要缴纳两次税，即公司要为利润缴纳州税和联邦税。利润以股息的形式返还给股东，作为个人收入再次征税。避免双重征税是独资企业和合伙企业的一个优势。

（四）其他所有权形式

除了已经描述的企业所有权的主要形式之外，还存在满足特定需求的替代形式。如独资企业和合伙企业，其中一些是非法人实体。最常见的有以下几种：

- 专业公司；
- 有限责任公司；
- S 分章公司；
- 非公司协会；
- 合资企业。

1. 专业公司。专业公司提供专业服务，例如由建筑师、会计师、医生或兽医提供的服务。由于这些服务通常涉及提供专家意见，立法者历来不愿完全免除个人责任，类似公司所发生的情况那样，专业公司不限制其股东对其自身专业行为的责任。这种限制是与公共政策相违背的。

由于美国国税局（Internal Revenue Service）不断变化的规定和法院判决，近年来许多州修改了法律，允许专业公司成立。在这些州，从事同一职业的个人或一群人可以成立公司。例如，一个州可以允许一名律师或一群律师组成专业公司从事法律工作，但是，这个公司可能不会允许医生作为股东。许多州允许类似领域的公司合并，如医疗和牙科公司。大多数专业公司法只包含与专业公司有关的条款，其他所有细节请参考有关普通商业公司的法律。

2. 有限责任公司。有限责任公司（Limited liability company）是一种结合合伙企业和股份有限公司特点的较新的组织形式。顾名思义，有限责任公司的所有者或成员对有限责任公司的义务和债务负有有限责任。有限责任公司的有限责任类似于授予公司股东的有限责任。此外，有限责任公司具有合伙企业的税收优势，因为有限责任公司的所有者和成员只对利润纳税。有限责任公司对那些本来要合伙经营业务的人特别有吸引力，否则他们只能成立合伙企业来从事业务活动。

3. S分章公司。S分章公司是指拥有35个或更少股东的小型商业公司。与有限责任公司一样，S分章公司对其所有者承担有限责任，并提供与合伙企业类似的税收待遇。

4. 非公司协会。非公司协会或非法人社团（Unincorporated associations）是指为达到合法目的而以共同名义共同行动的个人自愿组成的社团。非法人社团是根据普通法合同权利而成立的，它们没有独立的法律存在，技术上也没有永久的存续。非法人社团的成员一般不对社团的行为负责，除非他们批准了社团的行为或参与了社团的侵权行为。

非法人社团可能有正式的组织章程。一个社团的费用和利润的分摊通常不是按人均来计算的。非法人社团的个人会员无权直接参与社团的日常管理。选举产生的董事会或受托人通常拥有这种权力。如果一个协会更像合伙企业而不是公司，那么美国联邦税法将其视为合伙企业。

5. 合资企业是核保人可能遇到的一种常见的非法人组织。其他非法人协会包括行业协会、工会、有限合伙协会、俱乐部和共管公寓协会。

（1）合资企业。合资企业（Joint ventures）是由两个或两个以上实体组成的非法人协会，从事特定的交易或活动，通常有一定的期限。公司、合伙企业和独资企业都可以成为合资企业的成员。合伙企业的许多一般规则也适用于合资企业。例如，合资企业的成员在合资企业存续期间负有无限责任。大型建筑工程通常由承包商组成的合资企业负责施工。

（2）其他非公司协会。行业协会（Trade associations）是其他非法人协会中最大的团体之一。美国有1万多个行业协会，包括地方和地区贸易委员会、商会和其他商业组织。协会活动包括：编写行业协会汇编、交换信息、游说立法者，并采取行动促进其成员的利益。公司也可以成为会员。

工会（Labor unions）是代表集体与雇主就工资、福利和工作条件进行谈判的协会。

（3）有限合伙协会（Limited partnership association）是一种混合型组织形式。像公司一样，它限制其成员的责任，并允许他们出售股份。像合伙企业那样，其成员保留选择合伙人的权利。当一个成员出售他的股份时，其他成员可以拒绝新成员并买断其权益。有限合伙协会通常拥有房地产和职业体育特许经营权。

俱乐部（Club）是为了满足人们社会目的或其他一些共同目标（如文学、科学或政治）而成立的协会。大多数俱乐部以非法人协会的形式运作。与协会会员一样，俱乐部会员只对明示或默示授权合同负责。

共管公寓协会（Condominium associations）关心拥有共管公寓所有权的个人的共同利益。虽然共管公寓协会可以成立公司，但大多数共管公寓都以非法人协会的形式运作。

二、谁应该是被保险人

保险人在决定是否提供保险保障时必须经常考虑投保人的法律利益。通常，投保人具有易于识别和评估的可保利益。然而，在其他情况下，投保人或寻求被保险人身份的另一方具有不太明确的法律利益，必须仔细考虑。

根据保险单上的条款，被保险人有相应的权利，有时也有责任。指名被保险人（Named insureds）是明确向其提供保险的个人和组织。指名被保险人列在保险单的声明页上。此外，作为保险责任的一部分，保险单通常会将被保险人的身份扩展到其他人。雇员、房地产经理、法律代表和新收购的组织，在某些情况下会被扩展拥有被保险人身份。核保人还会收到投保人的申请，要求在保单中添加其他当事人作为附加被保险人。关于被保险人的核保问题将在以下讨论。

> **第一指名被保险人**
>
> 第一指名被保险人是其名字首先出现在声明页上的被保险人。有些保险单要求保险人只通知第一个被保险人取消和不再续保。这些保险单还明确规定了被保险人的某些义务,如要求取消保单,仅适用于第一个被保险人。第一位被保险人有权获得任何保费退款,并有权要求对保单进行更改。
>
> 随着与所有被保险人个人和实体保持联系变得不切实际,许多保险公司转向了指定并专门与第一个被保险人沟通的做法。在使用第一个被保险人之前,保险公司有义务与保单中列出的每个被保险人沟通。保险公司未向被保险人提供保单解除通知的,意味着保险公司在法律上未解除保单。

(一) 承保所有权利益

核保人可以根据企业所有权形式得出关于投保申请人的结论。代理人或经纪人填写 ACORD 商业保险投保申请书,以及许多保险公司特制的投保书时,必须勾选一个方框,表明投保人的所有权形式。投保人的所有权形式应让保险人对客户的规模、范围和复杂程度有大致了解。

> **ACORD**
>
> 代理公司运营研究与发展(ACORD)是一家成立于1970年的非营利组织,旨在开发和维护标准的投保和索赔单证。ACORD 扩大了其对保险交易的影响,制定了包括代理人、销售商和保险公司之间电子信息交换的标准格式。ACORD 标准帮助消除了重复的文书工作和低效率的工作流程,从而降低了保险成本,使保险公司能够改善客户服务。

1. 独资企业。在法律上,独资企业与其所有者并没有区别,企业主的名字可以单独列出。然而,更常见的是,所有者的名字和公司的名字一起列在保单声明页上。美国通常的做法是下列三种方式之一，或核保指引规定的其他方式列出独资经营者及其业务：

- "约翰·琼斯，d/b/a 西城管道公司"（John Jones d/b/a Westtown Plumbing）。字母 d/b/a 的意思是"从事……生意"，这个缩写表示该企业似乎与其所有者是分离的。

- "约翰·琼斯，t/a 西城管道公司"（John Jones t/a Westtown Plumbing）。缩写 t/a 的意思是"作为……进行交易"。这个缩写最初是为了识别个人所采用的贸易名称。

- "约翰·琼斯，a/k/a 西城管道公司"（John Jones a/k/a Westtown Plumbing）。缩写 a/k/a 的意思是"也称为"，它跟在人名之后。在保单中加入一个已经在该州注册的假名，是一种合法的做法，它只不过表明被保险人的真实姓名不适合该业务。例如，如果托马斯·潘恩是一名牙医，他可能想用另一个名字来经营他的生意。

使用假名经营的企业

美国许多州都有假名法，它要求以假名开展业务的个人、合伙企业和公司在该州注册该名称。

假名是使用该名称的实体，该实体可使用其合适名称之外的任何假名。个人的姓，单独或加上描述企业的词语，都不是虚构的企业名称。包含暗示其他所有者的单词，如"公司"（Company）、"和公司"（& Company）、"和儿子"（& Sons）、"和合伙人"（& Associates），使该名称成为假名或虚构名称。对于合伙企业，必须列出所有合伙人的姓氏，否则应适用假名规则。

保险公司将公司所有者的名字和公司名称一起列出有一定好处。被保险独资经营者除了被保险企业外，还可能是其他企业的所有者。在声明页上同时列出企业主和企业名称，可以清楚地表明保险公司向谁提供保险。

被保险人有时会错误地认为，当财产被出售时，他们的财产保险也随之转移。转让保险单的所有权是可能的，但必须得到保险人的同意。在大多数情况下，保险公司倾向于为新的所有者签发一份新的保险单。保险公司对业主的素质和对被保险财产的质量一样感兴趣。将企业主的名字和公司名称列在一起，可能会使转让被保险财产的所有人意识到，保险单不能直接转让给买方。

如果满足某些条件，商业保险通常会将保险责任扩展到新增加或新建的地点和新获得的机构。将企业的名称与所有者一起列出，可能会提醒企业主在增加新财产、新建筑和新企业时联系他的保险公司，以免在发生索赔时被排除在外。

2. 合伙企业。合伙企业一度不被视为与其所有者分离的法律实体。合伙企业的利益是通过列出所有合伙人的名单来保证的。合伙企业现在被视为独立的法人实体，从事包括购买保险在内的许多活动。许多代理人和经纪人，以及他们所代表的保险公司，继续在保单声明页面上载明合伙企业及其合伙人。核保人有时会发现，在小型合伙企业中，知道个人合伙人是谁和在独资企业中知道所有者是谁一样重要，每个合伙人都可能在合伙企业的管理中发挥着重要作用。小型合伙企业的成员变更可能会改变被保险组织的性质。合伙人和他们的合伙关系可以用三种常见方式中的任何一种在保险单中命名。如果约翰·琼斯和哈利·史密斯合伙经营"史密斯和琼斯百货"，被保险人可按以下方式之一列出：

● "约翰·琼斯和哈利·史密斯 d/b/a 史密斯和琼斯百货"（John Jones and Harry Smith d/b/a Smith and Jones General Merchandise）；

● "史密斯琼斯百货公司，由约翰·琼斯和哈利·史密斯合伙经营"（Smith and Jones General Merchandise, a partnership consisting of John Jones and Harry Smith）；

● "史密斯琼斯百货公司，约翰·琼斯和哈利·史密斯为合伙人"（Smith and Jones General Merchandise, John Jones and Harry Smith as partners）。

虽然在声明页上标明个人合伙人是可选的，但指明合伙关系是必要的。将合伙企业的名称与个别合伙人一起列出，可以澄清被保险人是哪个企业。

例如，个人合伙人不应该能够从一家企业获得责任保障，以保护自己不因为所拥有的另一家企业的过失而遭受损害。保险人应在声明中明确指出保险人所承保的合伙企业名称。

3. 非公司协会。非公司协会在保单声明中通常只以其名称列出。如果非公司协会有子公司，那么声明中可能会明确指出所有实体都被指定为被保险人。对于合资企业，通常在声明中确定每个参与者的身份，可以采用以下方法：

- "琼斯混凝土公司和史密斯建筑公司，主街发展协会"（Jones Street Corp. And Smith Construction, Inc., d/b/a Main Street Development Associates）；
- "主街发展协会，一家由琼斯混凝土公司和史密斯建筑公司组成的合资企业"（Main Street Development Associates, a joint venture of Jones Concrete Corp. And Smith Construction, Inc.）；
- "主街发展协会，琼斯混凝土公司和史密斯建筑公司，作为合资企业"（Main Street Development Associates, Jones Concrete Corp. And Smith Construction, Inc. as joint adventurers）。

这些名称标明了合资企业及其成员。在大多数情况下，合资企业的成员是比合伙企业成员更为重要的核保因素。合资项目的可行性取决于他们的综合专业知识和财政资源。用一个成员替代另一个成员对合伙企业的影响通常小于对合资企业的影响。

4. 公司。因为公司的身份与其所有者的身份是分开的，所以公司的名称应该出现在声明页上。承保公司有时会变得更加复杂，因为一家公司可以拥有其他公司。除非子公司另外投保，否则公司应在保险单声明页上标明其所有子公司。

保险人通常想知道在其他地方投保的子公司的情况，因为被保险公司有可能被卷入针对子公司的诉讼。公司风险管理人员有时会发现，向不同的保险公司投保企业是有利的，核保人应明确所承保的实体，使保险保障不会扩展到在其他地方投保的子公司。

（二）承保多重利益

保险人有时被要求考虑在一份保单中为个人或实体的多重利益提供保障。在其他情况下，保险人可能会被要求在一份保单中为多个个人或实体提供保障。以下各节重点介绍了保险人在评估这些要求时应考虑的因素。

1. 个人或实体的多重利益。在其他实体中拥有控股权的个人或实体可能希望在一份保单中投保其所有利益。此类要求应在个案基础上进行评估，并参考保险公司的核保指引。保险公司的核保指引可能会确定可接受的所有权关系，并具体规定被保险人的控制权益必须在何种广泛程度下才能纳入单一保单。一个个人或实体拥有多重所有权利益的情形包括：

- 个人可能拥有几家公司的多数股权。公司可能包括一种以上的组织形式。企业的独资经营者可能是合伙企业或合资企业的大股东。同一个人可能拥有一家公司的全部或大部分股份。

- 一家企业可能拥有其他企业的全部或大部分股份，这种做法在公司中很常见。合伙企业或合资企业也可能拥有另一家公司。

- 一家企业可能根据与其所有者签订的合同经营另一家企业。这在房地产管理中是常见的做法。一个房地产经纪人可能会承担一些物业的管理工作，一家独立公司可能拥有每一栋楼，而房地产经理控制这些物业，作为一揽子保险计划的一部分。

在某些情况下，被保险人可能没有意识到其简化保险计划的努力已经导致几个实体共享保险限额，除非购买更高的保险限额，否则被保险人拥有的保险限额比单独购买保单时的限额要小。

2. 承保不同的控股权益。没有共同所有者的企业有时需要为合资企业等共同经营提供保险。当一家企业与另一家企业签订合同执行某些业务，并希望将另一方作为附加被保险人加入其保险单时，也存在类似的需求。在财产保险中识别和处理不同的利益比在责任保险中要容易得多。财产保险单描述了保险责任所适用的财产。这些保单将赔偿限制在每一方的可保利益范围内。另外，责任保险的保障附表并不试图衡量可保利益，而是为每一个被保险人提供完整的保护。虽然责任保险的目的是提供必要的保障，但它们也可能提供重复保障。

设计合适的保险计划需要了解被保险人与他人共同开展和单独开展的业务。许多与他人联合经营的当事人选择用一份联合保险单为他们的联合经营承保，该保险单与各当事人的个人保险单是分开的。

3. 综合责任保单。综合责任保单（Wrap-ups）是专门为大型建设项目设计的风险管理计划。项目发起人——通常是业主或总承包商——为所有从事该项目的承包商和分包商购买选定的保险。参与承包商（Participating contractors）可以减少他们的合同投标保费，该保费金额相当于他们为项目发起人在综合责任保险单中提供的保障应支付的保费金额。综合责任保单有各种各样的名称，包括业主控制保险计划、控制施工保险计划和综合保险计划。事实证明，对于项目发起人来说，综合责任保单有效且具有成本效益，是一种为项目发起人处理与建筑相关的保险需求的方法。

综合责任保单可以包括各种保障。通常，它包括劳工补偿和普通责任保险。可选择的保障范围可能包括建筑商风险、环境责任、石棉消除、建筑师和工程师的错误和遗漏。综合责任保单通常不包括商业汽车责任，也不将供应商和销售商作为被保险人。

投保综合责任保险的承包商可能为他们的其他运作投保，而该保障应排除综合责任保单所承保的活动。名为"由合并保险项目承保的指定运作除外条款"［Exclusion – Designated Operations Covered By A Consolidated (Wrap-up) Insurance Program（CG21 54）］的 ISO 批单，剔除了批单所列的承包商 CGL 保单所承保的指定运作和地点。名为"指定工作场所除外批单"（WC 00 03 02）的 NCCT 批单具有排除标准劳工补偿和雇主责任保单的类似作用。

综合责任保单通常是为大型建设项目设计，并由保险公司的核保指引规定它如何使用。尽管该保单可用于涉及多个承包商的任何建筑项目，但与该保单相关的管理成本导致大多数保险公司确定了一个重要的最低保费要求。

第二章 核保商业机构

（1）综合责任保单的优点。综合责任保单使保险公司能够经济有效地提供损失控制服务。建筑项目涉及危险活动，如爆破和挖掘。在工地上需要协调几个承包商的工作，这增加了危险活动对工人或公众造成人身伤害和财产损失的可能性。损失控制在涉及与建筑有关的损失方面非常有效，但这些服务是有成本的。综合责任保单允许对损失控制采用合作方式，如果参与承包商的保费支付给几家保险公司而不是仅提供综合责任保障的一家，损失控制费用将无力支付。

综合责任保单能使项目发起人就建筑项目的综合保险费用进行批量折扣谈判。大型建设项目通常会产生一笔可观的保险费，保险公司通常愿意对保费进行折扣。大型客户值得保险公司为其作出损失控制的努力，因为这些努力所减少的损失通常是显而易见的。保费折扣的合理性也是基于从损失控制的努力中节省下来的费用可以补偿保险费的减少。

综合责任保单可以减少当事人之间的纠纷。当发生损失时，通常很难确定哪一个承包商对造成损失负全部责任。因为同一家保险公司为所有参与项目建设的承包商提供保险，所以无须像不使用综合保障时那样，归罪给特定的承包商。当把错误归咎给一个承包商时，综合责任保单可以消除承包商之间可能产生的敌意，即使许多承包商都对损失负有责任。

综合责任保单为项目发起人和参与的承包商提供了统一保险计划。如果没有该保险，一些小承包商可能难以获得业主或总承包商所要求的责任限额。此外，综合责任保单免除了从每个承包商那里获得保险证书，以及需要确保每个承包商和分包商的累计责任限额足以应对责任索赔的管理麻烦。

（2）综合责任保单的缺点。综合责任保单减少了承包商实施安全计划的动力。由于良好的损失经验仅反映在项目发起人的损失报告中，其他参与承包商只能从他们损失控制的努力中获得间接利益。同样，参与承包商的综合定费使那些损失经历比平均水平差的承包商免于根据他们的损失历史支付较高的保险费。

综合保单责任限额应该足够高，以保护项目发起人和参与承包商。如果保单限额过低，它们可能会很快耗尽。这种可能性随着参与承包商的数量和在建筑工地进行的工作的危险程度增加而提高。如果保单限额被证明不足，参与承包商将几乎没有机会从过错承包商那里追偿，因为承包商们在其他保单上附加了综合责任除外条款。

由于参与承包商的大部分保险需求都在综合责任保单中得到解决，参与承包商可能难以获得其他额外保障。综合责任保单要求参与承包商中断或改变他们与代理人或经纪人建立的关系。

（三）承保除了指名被保险人之外的实体

将保险责任扩大到指名被保险人以外的其他方是一种常见做法。责任险通常通过出具批单承保额外被保险人，财产险保单通常被安排承保抵押权人和赔款受益人的利益。然而，任何操作上的粗枝大叶都可能造成保险人未预料到的风险。

1. 责任保险的附加被保险人。保险人经常被要求在被保险人的责任保险单上增加额外被保险人。附加被保险人在被保险人的责任保险单下享有保险保障，但他们不具有与指定被保险人相同的权利和义务。在大多数情况下，被保险人要么被要求增加另一方作为额外被保险人，要么在合同义务的要求下行动。ISO 为这些特殊关系开发了额外被保险人批单。例如，附加额外被保险人——教会成员、官员和志愿者（CG 2022），将保险责任扩展到任何教会成员，但仅限于他们代表教会的活动。这一批单也将责任范围扩大到教会的领袖和神职人员，但仅限于他们与教会有关的职责。其他 ISO 开发的额外保险人批单列在附件 2-1 中。核保人可能会发现有必要手写额外被保险人批单，以满足客户的特定需求。如果这样做，保险人应将责任范围仅限制在因被保险人的经营活动而引起的索赔。在被保险人和拟议的额外被保险人之间的关系尚未通过批单解决的情况下，保险人通常会进行深入的分析。对于这些要求，保险人应当了解当事人之间的关系和提出这种要求的理由，以及增加额外被保险人对保险人可能造成的后果。

附件 2-1 ISO 制定的额外被保险人批单

额外被保险人——俱乐部成员

额外被保险人——以被保险人的名义进行交易的特许经销商

额外被保险人——公寓单元业主

额外被保险人——控股权

额外被保险人——工程师、建筑师或检验师

额外被保险人——高尔夫手机用户

额外被保险人——所有人、承租人或承包商——明细表上的个人或机构
（当该保单未向您提供合同责任保障时使用）

额外被保险人——所有人、承租人或承包商（附表 A 和附表 B）

额外被保险人——所有人、承租人或承包商——明细表上的个人或机构

额外被保险人——场所管理人或出租人

额外被保险人——州或政治分部——许可证

额外被保险人——州或政治分部——与场所相关的许可证

额外被保险人——赶联畜、役畜或马鞍动物使用者

额外被保险人——经销商

额外被保险人——联排别墅协会

额外被保险人——抵押人、受让人或接收人

额外被保险人——慈善机构

额外被保险人——自愿工人

额外被保险人——志愿者

额外被保险人——执行人、管理人、受托人或受益人

额外被保险人——出租土地的所有者或其他利益方

额外被保险人——公共企业的选拔或委任的行政人员

额外被保险人——指定的个人或机构

额外被保险人——被保险场所的共同拥有人

> 额外被保险人——租赁设备的出租者
>
> 额外被保险人——特许经营权授予人
>
> 额外被保险人——未受雇于指名被保险人的工程师、建筑师或测量师
>
> 额外被保险人——业主，承租人或承包商——与您签订的租赁协议中要求的自动身份
>
> 额外被保险人——租赁设备出租人——与您签订的租赁协议中要求的自动身份

有时，要求附加作为额外被保险人的特定方的存在会改变客户的核保可接受性。除了解被保险人和附加被保险人之间的关系外，保险人通常对附加被保险人所带来的责任损失风险知之甚少。如果核保人能够发现存在可纠正的责任损失风险，则通常也很难使额外被保险人采取纠正措施。

指名被保险人可能对他人的行为承担替代责任。例如，一个独立承包商可能被雇用为被保险人工作，并在工作中伤害某人。受伤的人很可能会同时向独立承包人和被保险人提出索赔。如果独立承包商作为额外被保险人加入保险单，保险人至少会知道独立承包人的活动，并提前收到索赔通知。

大多数普通责任保险单的设计是为了承保由独立承包商造成的被保险人的损失。然而，被保险人有时坚持要求独立承包商通过购买业主和承包商保护（OCP）责任保险来承担这一保险费用，这是一种特殊形式的运作责任保险，它用于保护雇用独立承包商的委托人利益。委托人（OCP保单的指名被保险人）既可以是要求总承包商购买OCP保单的财产所有人，也可以是要求分包商购买OCP保单的总承包商。

> ## 业主及承包商保护责任保险
>
> ISO的业主及承包商保护责任保障附表（CG00 09）为以下两种情况引起的人身伤害或财产损失提供保险：（1）指定承包商在保单指定地点为指名被保险人施工；（2）指名被保险人在"一般性监督"指定承包商施工时的作为或不作为。

> OCP 保单的其他保险条款规定，它是基础保单，不会从其他保单项下寻求追偿。如果 OCP 的每次事故或累计责任限额被用尽，指名被保险人的 CGL 保障附表将作出赔偿。

许多保险公司对增加额外被保险人收取附加保费。这笔保费抵消了一些管理费用，并可能使一些被保险人在没有义务要求增加额外被保险人时，不愿要求增加额外被保险人。

额外被保险人有时会向保险人提出咄咄逼人的要求。在某些情况下，额外被保险人要求按照他们的想法修改保险条款，或者要求在被保险人的保障范围内发生重大变化，以及在不续保或取消保险合同时通知他们。许多保险公司都有信息系统和程序来满足这类要求，以便在指名被保险人的保单被解除后，对附加被保险人的合同义务不会错误地延长。

2. 财产保险中的赔款收受人和抵押人。核保人通常会满足被保险人的要求，在财产保险单中增加赔款收受人和抵押人作为额外被保险人。出借人对用作抵押物的财产拥有可保利益，其利益范围与指名被保险人贷款未付余额相当。贷款人的利益在借款人的保单中得到确认，而不是自己购买保单或让财产所有人代表他们购买保单。

对个人财产有担保利益的出借人、租赁给被保险人的财产的所有人以及买卖合同下的买方或卖方都可以通过应付损失批单来保护他们的利益。ISO 题为"应付损失条款"（CP12 18）的批单有空格来描述财产，以及三套条款——应付损失、出借人应付损失和销售合同。批单中的应付损失条款仅规定，赔款收受人有权要求从支付给赔款收受人和被保险人的共同赔款中获得属于自己的份额。贷款人在批单中的应付损失条款为损失收受人提供了类似于下文所述的抵押权人的权利。批单或声明中的录入内容指出适用的条款。

抵押权人对不动产有担保权益。大多数财产险保单通过保单条款赋予抵押权人与被保险人不同的权利。抵押权人条款的设计旨在通过为抵押权人提供独立于被保险人的权利来排除抵押权人购买单独保单的需要。ISO 商业和个人财产保障附表包括保护保单声明中列出的抵押权人利益的条款。

将赔款收受人和抵押权人添加到财产保险单中，并不会引起与责任保险单中指定额外被保险人时相同的核保问题。因为财产险只允许在各方的可保利益范围内进行赔偿，所以保险人不太可能支付超过损失金额的赔款。但是，如果保险人错误地将损失赔款直接支付给被保险人，而没有履行抵押人的权利，则保险人将在抵押权人的利益范围内对后者承担责任。

三、核保机构的管理

被保险人的管理是其最重要的承保特征之一，也是保险人最难评估的风险之一。管理良好的企业不仅为其所有者赚取利润，还以一种有组织和可预测的方式经营，从而避免或控制可能导致的损失。例如，有经验的管理者知道哪些任务是危险的，应该采取哪些预防措施来确保员工和公众的安全。而对被保险人的管理是否令人满意，往往是保险人仅从投保书上难以确定的。

也许衡量管理质量的最切实的标准是企业的财务指标。财务业绩的衡量标准将在第四章讨论。然而，核保人可以通过损失控制报告、保费审计报告、索赔档案、中介人提供的信息以及核保人对该客户的第一手资料，来评估客户管理的定性特征。以这种方式合并信息并不太完美，但对于核保人来说，这往往是了解客户管理能力并对其进行评估的最现实的方法。

（一）能力与经验

管理能力包括对特定业务的管理方法的知识和应用。它包括计划、组织、激励员工和控制业务运作。按时完成工作、将工作成本控制在预算范围内、按时交货，并在同行业中获得与其他公司相当的利润，这些都是有效管理企业的标志。

当评估管理者是否有效开展工作时，经验是另一个要考虑的因素。管理人员在企业工作的时间长短和他们的经验类型是衡量竞争力的良好指标。例如，为他人工作可以培养基本技术和专业知识、经营自己的企业可以培养管理能力等。

（二）声誉

商业信誉是衡量被保险人行为的标准。管理良好的客户对公众和同行对企业的看法非常重要，因为他们的声誉可能会影响其未来业务的发展。声誉是否良好可以通过其工作需要纠正的频率（召回）或向商业改善局业务投诉的次数来表明。

（三）工作质量

工作质量直接影响到所提供的产品或服务。任何合法的商业组织都应该提供高质量产品和精心服务。劣质的工作或服务可能是被保险人监督、管理和整体能力不良的证据。已发生的索赔可以表明，有缺陷的产品或劣质的工作可能导致身体伤害和财产损失索赔。

（四）谨慎的操作

谨慎的操作指组织在其能力范围内开展业务。扩张过快或进入新领域可能会造成资源、能力以及人才管理的不足。对于被保险人来说，不寻常的业务类别可能会提醒保险人，被保险人已经从事了一项新的冒险，可能会占用被保险人的资源。

（五）员工

优质的客户通常拥有优质的员工。业主和经理不在时，通常依靠他们的员工来从事业务操作。高质量的员工经验丰富、训练有素、报酬充足，通常是全职员工。

1. 经验。有经验的员工知道如何完成期望他们完成的任务。一般来说，有经验的员工比没有经验的员工需要更少的监督，有经验的员工生产的产品或提供的服务不仅会使客户满意，而且产品或服务也不太可能导致保险索赔。员工经验可以通过员工在企业工作的平均时长来衡量。企业的寿命是衡量员工经验的另一个标准，它还有一个好处，即表明该客户可能拥有员工忠诚度。

2. 培训。受过培训的员工知道老板或经理希望他们如何开展业务。经验和培训是相关联的，有效的培训通常可以缩短需要从事某项工作的学习时间。对员工进行新流程和程序培训的公司，更有可能使他们减少损失频率或降低工作损失的严重程度。公司通常通过定期召开安全会议来展示他们对培训的重视和责任。在这些会议上，管理人员的代表强调安全程序的重要性，描述工作中可能增加危险性的变化，并审查导致风险的错误行为。受过培训的员工已准备好应对工作场所的挑战，无论这些挑战是否与安全有关。

3. 合适的薪酬。企业能够吸引并留住优秀员工，优厚的工资是一个主要因素。薪酬包括员工福利，如医疗保险、人寿保险、退休计划、假期、病假工资以及工资。雇主的补偿计划可以提高员工的士气和忠诚度。在紧张的劳动力市场上，对熟练工人的竞争非常激烈，核保人更喜欢雇用拥有平均水平或高于平均水平的员工。因为一些保险项目用工资作为确定保费的基础，比平均标准低的工资可能意味着，与承担的风险暴露相比，保险公司收到的保费相对更低。

许多企业雇用有工会的工人，他们的工资由合同规定。许多工会都有学徒培训计划，通常可以确保员工能够有优异的表现。然而，在某些行业，当地工会可以分配工人，而雇主无法选择雇用谁。核保人应该知道，客户是否要依赖工会提供劳务工，因为过去不良的劳资关系曾导致盗窃和故意破坏造成的损失。

4. 全职。大量使用兼职员工而不是全职员工曾经被认为是一个负面表现，因为全职员工通常受过更好的培训。目前雇佣惯例已经改变，许多雇主广泛地使用兼职雇员。许多企业存在季节性或者每天工作的高峰期，这种情况下，雇用全职员工是不现实的。对于全职员工和兼职雇员比例不合适的企业，核保人应考虑大量地依靠兼职雇员是否会增加客户的损失风险。

(六) 风险管理

风险管理（Risk management）是制定和实施决策的过程，这些决策将使意外损失和业务损失对组织的不利影响降到最低。风险管理决策过程中的步骤与第一章中描述的承保决策过程类似。实施这些决策需要风险管理者在管理过程中履行四项职能：规划、组织、领导和控制资源。

风险管理决策过程

1. 识别和分析可能影响组织基本目标的风险和业务损失。
2. 研究可行的风险管理技术来处理这些风险。
3. 选择明显最好的风险管理技术。
4. 实施选定的风险管理技术。
5. 监控所选技术的结果，以确保风险管理程序保持有效。

许多商业机构进行风险管理。企业规模越大，风险管理职能就越有可能正规化，于是指派一名或多名员工负责这项任务。美国许多大公司都有大型的风险管理部门，这些部门涉及保险以外的风险管理技术，如自留、非保险转移和损失控制。在独资企业中，业主通常根据保险代理人或经纪人的建议履行风险管理职能。许多企业依靠提供风险管理服务或风险管理顾问的公司履行相应职能。

核保人普遍认识到，风险管理项目的实施程度不同。在一些组织中，风险经理拥有广泛的权力，是最高管理层的一部分，或直接向最高管理层报告。在另一些组织中，风险管理程序名存实亡，风险经理的角色仅限于为组织购买保险。建立合适的风险管理程序可以表明客户在风险管理上的积极态度。然而，核保人通常需要确定，风险经理是否有权作出能够控制损失频率和严重程度的改变。

（七）运营权限

一些客户对其下属经营单位行使广泛的经营权限，而另一些客户则允许经营单位独立经营。通过分公司或地区办事处运营的客户，或运营独立工厂的客户，既可以规定日常操作方法和程序，也可以允许业务单位自主运营。

同样，特许加盟商可自由变更其经营方式，或受特许加盟协议限制仅使用特定做法和材料。核保人关注的是，对损失控制建议作出承诺的实体是否有权实施这些建议。

四、核保雇佣关系

在被保险人的经营中，雇员显然具有至关重要的作用。不管被保险人的法律结构、处理技术、管理技能或财务状况如何，为被保险人工作的人对企业的成败影响最大。在审查被保险人的业务时，保险人应仔细检查业务流程的每个阶段，并注意谁执行这项工作。有时，企业会聘请独立承包商来执行某一阶段的业务。然而，雇员和独立承包人的区别并不总是很清楚。有时，不止一个组织可能被认为是某个人的雇主。仔细分析谁负责被保险人的业务，有助于更好地了解业务性质和内容，提供重要的核保信息，并使核保人能够制定合适的保费。

在确定采用何种保险保障时，核保人必须考虑雇员对最终产品或服务的贡献。被保险人的责任可能取决于事故当事人的身份是雇员还是独立承包商。即使被保险人对损失负有责任，保险公司也只会在被保险人有合适保险保障的情况下赔偿损失。

信息的核保价值取决于所提供的保障范围。例如，如果涉及产品或完工风险，保险人想知道被保险人对从事这项工作的人员有多大的控制权。除非被保险人执行严格的质量控制标准，否则当兼职雇员或独立承包商执行这项工作时，损失的可能性更大。如果保险人提供劳工补偿保障，被保险人的招聘和培训实践环节则尤为重要，损失控制计划的成功与否在一定程度上取决于被保险人是否拥有雇主对工作环境实施控制的权力。

为被保险人工作的个人的地位也可能对保费基础产生重要影响。对劳工补偿保险来说，雇员身份问题至关重要。该险种的保费基础包括，根据劳工补偿法被视为雇员的每个人的报酬，该法律适用于广义的雇员定义。虽然有些被认为是劳工补偿险项下的雇员可能不能被列入其他保险项中，但是能否作为其他保险项下的雇员，则取决于该雇员的报酬是否包括在保费基础中。

（一）雇佣

雇佣（Employment）是指一个人同意为另一个人提供服务，以换取工资或其他形式的报酬。雇员是在另一个人的指导和控制下受雇为另一个人提供服务的人，这个人被称为雇主。雇员与雇主的关系是一种契约关系，有效的雇佣合同与所有具有约束力的合同都具有相同的基本要素。"雇佣"的定义表明存在明示或默示的雇佣合同。每一方都必须同意这种安排，而且每一方都必须对从中获得利益有合理的期望。尽管法律在某些情况下改变了它的效力，但这一原则经常被引用来解决雇员关系模棱两可时的情况。对价这一要素在雇佣合同中尤为重要。雇员提供劳务，雇主提供工资、薪金或其他有价值的东西。某种形式的对价的存在对于保险人确定一个人是否作为雇员至关重要。对有争议的案件进行审查，以确定是否存在有效的雇佣合同。

雇主有义务对雇员所提供的服务给予补偿。解雇雇员的雇主通常必须支付工资，直到最后一个工资期限届满。许多合同甚至规定，在一段额外的期限内支付遣散费或其他补偿。

任何一方可以通知另一方终止雇佣合同，但有些限制。一些州法律和大多数工会合同都明确规定了雇主必须通知雇员的期限。一些雇员，如公立学校教师或公务员，不经过听证会是不能被解雇的。根据联邦或州劳动关系法，被错误解雇的雇员可以对雇主提起诉讼。

关于雇佣的定义和上述相关的法律原则，几乎没有分歧。然而，将这一定义应用于特定的边界不清的情况时，就会成为一个问题。正如一位权威人士所指出的："就替代责任、雇主责任、劳工补偿、劳动立法、失业补偿、社会保障和其他适用于雇员的各种法规而言，'雇员'一词的定义所报道的案例比任何其他身份定义所报道的都多。"

由于以下事实，定义问题变得更加复杂：出于上述目的之一而被视为雇员的人，并不一定出于其他目的而被视为雇员。出于联邦税收目的的雇员可能不是出于保险目的的雇员。一个特定的人是否为雇员取决于问题产生的背景。

许多中小型公司从专业雇主组织（Professional Employer Organizations，PEO）那里租赁员工，以提高它们的福利和降低成本。这些公司可能没有员工，或者它们可能直接雇用它们的高层管理人员。在一个典型的场景中，公司（客户）会将所有或大部分现有员工转移到PEO，然后再将他们租回来。

在这种情况下，所有或大多数工人都是PEO的直接雇员。他们实际为之工作的客户公司是间接雇主。多年来，公司一直使用劳务承包商提供临时和短期雇员服务，它们从第三方租赁公司租赁永久性劳动力。

根据劳工补偿法，租赁雇员通常被认为是PEO及其客户的雇员。直接雇主和间接雇主都有义务向工人提供劳工补偿福利，通过排他性救济原则保护双方雇主。NCCI和州劳工赔偿委员会修订了劳工补偿保险单，以解决双重雇佣的问题。

被保险人租赁大量雇员的事实不容保险人忽视。在大多数情况下，PEO提供劳工补偿保障。如果间接雇主把所有员工都租出去，不提供保险，这可能不会造成问题。即便如此，一家租赁员工的公司通常仍然是所有高管的直接雇主。对于独资企业、合伙企业、有限责任公司和少数人持股公司来说尤其如此。业主和合伙人可能不受劳工补偿法的约束，但他们可以在大多数州选择保险。如果间接雇主购买了劳工补偿保险，且PEO没有保险，其保险人将对租赁雇员的索赔负责。核保人应在保单生效时和每次续保时核实适当的保障是否到位。他们还应该调查被保险人使用的PEO的声誉。大多数PEO都是声誉很高的公司，但在这个行业中也有一些欺诈的例子。

（二）独立承包商

通常情况下，企业只能通过以下两种方式之一来完成一项特定的任务：要么雇用员工，要么与独立承包商签订合同。独立承包商通常为几个不同的客户提供某种服务。然而，独立承包商不需要为一个以上的客户工作。双方关系的性质决定了谁是独立承包商。

正如雇员及其行为是商业核保人关注的问题一样，独立承包商及其行为也是商业核保人关注的问题。根据雇用该承包商的组织的保险条款，对未投保的独立承包商的雇员的伤害可能导致劳工补偿索赔。在某些情况下，同一组织的普通责任保单可能会被要求对任何独立承包商的行为所造成的损害进行赔偿。确定一个人是雇员还是独立承包商并不是确定其责任程度的问题，它涉及的是风险暴露的性质以及保险人在处理该风险时可采用的方案。

1. 独立承包商的特点。独立承包商通常会获得一次性补偿，有时是在提交服务账单后。账单可能会逐项列出人工和材料成本，但如果承包合同只是为完成工作设定一个价格，就不必逐项列出这些成本。尽管双方可以就工程的付款条件和项目明细达成一致，但独立承包商是在普通合同下工作的，在普通合同中，一方承诺支付一定数额款项作为另一方完成工作的回报。

与雇员不同，独立承包商在工作细节方面不受指导和控制。他们同意按照合同约定的规格执行任务，但在执行任务时可以自由使用自己的判断和方法。他们也可以雇用其他人来执行任务，但根据合同，他们仍然要对完成任务负责。

工作不令人满意的员工可能会被解雇。当独立承包商的工作不令人满意时，合同一方的追索权通常是起诉违约。除非违约行为能够被证明，否则合同一方必须向独立承包商支付合同中规定的金额。

独立承包商通常向公众提供服务。大公司通常很容易被认定为独立承包商，但小公司则很难判断。诸如商业电话号码、打印的发票、公司注册、商业保险保障和单独的营业地点等因素都可以作为独立地位的证据。

2. 使用独立承包商的原因。独立承包商通常提供某种程度的专业化服务。有时，这种专业化服务需要高度专业的知识和技能，甚至可能需要专业培训和执照。例如，公共会计师经常为小企业记账，因为企业主不具备必要的会计知识，也雇不起全职的会计人员。同样，律师、建筑师或其他专业人士也可能为特定的案件或项目提供服务。

在其他情况下，独立承包商有专门的设备或设施，以较低的成本执行特定的任务。例如，各种规模的企业都发现，与垃圾清除公司签订合同来捡垃圾，比派员工用公司给客户送货的同一辆货车把垃圾运到垃圾场要划算得多。

企业通常会雇用独立的承包商，将垃圾处理的风险转移给其他人。例如，生产危险废物的制造商可以直接与危险废物处理地点签订合同。然而，大多数组织雇用危险废物搬运工将废物运送到处置地点。运输过程中发生事故的潜在责任是作出这一决定的一个主要因素。许多房地产经纪人能够为客户进行简单的房屋检查。尽管如此，他们还是会聘请专业的房屋检查员。避免错误和遗漏往往是决定使用独立承包商来完成这些功能的主要原因。

专家可以更好地处理其他不常见的情况。例如，如果一家公司举办年度宴会来表彰其优秀的销售人员，它可能会有一个宴会承办人提供食物。

虽然许多工作都涉及独立承包商，但职业本身并不能使个人或公司成为独立承包商。律师可以作为独立承包商代表客户，或者提供与全职雇员完全相同的服务。例如，如果一个家庭与水管工签订了修理浴室管道的合同，那么这个水管工将被视为独立承包商；如果一个房屋建筑商雇用同一个水管工在许多新房子里安装相同类型的浴室，那么这个水管工可能是雇员，特别是如果建筑商按小时付给水管工工资、监督工作，并有权在施工期间随时解雇水管工。

最后，独立承包商经常被用来避免产生与雇员相关的费用。独立承包商不需要工资税或福利，由于这些原因，核保人会遇到这样的情况，即组织将某个工人称为独立承包商，而不是雇员。然而，根据大多数定义和出于保险目的，这个人实际上是雇员。因此，保险人必须能够区分该组织对该人的称呼以及该人与该组织之间的实际关系。通常，后者能真实地反映一个人的就业状况。

3. 总承包商和分包商。当存在这种层级关系时，独立承包商关系就会变得更加混乱。一个人可能把一个项目承包给另一个人，另一个人可能把一部分工作承包给第三个人。在这种情况下，通常使用"总承包商"和"分包商"这两个术语来区分当事人。这种区别可能会澄清某一特定工作的等级制度,但总承包商和分包商都是独立承包商。

总承包商(General contractors)是获得某一项目主合同的独立承包商,他负责完成全部工作,或将某些部分或全部工作分包给专门从事这项工作的其他独立承包商。转包最常见于建筑业,但在制造业和出版业也很常见。将所有工作转包给他人的承包商通常被称为纸面承包商(Paper contractors)。

分包商(Subcontractors),或专业承包商,是专门从事某一特定工作的独立承包商。他们是由总承包商雇用,履行总承包商合同的特定部分。例如,水管工和电工可能是建筑工程分包商。然而,在其他时候,他们可能直接为业主工作,而不是由一个总承包商作为中介。

(三) 法律环境下检验雇主与雇员的关系

当就业问题有争议时,法院或其他在就业关系领域有管辖权的行政机构将对案件作出裁决。然而,在确定雇佣关系是否存在时,某些因素尤为重要。传统的检验标准是被指控的雇主是否有权指导和控制工作。这种决定也以工作的相对性质为基础。核保人应该了解检验每一种就业状况所涉及的推理,尽管只有合适的司法机构才能解决这个问题。以下各节仅对就业状况的检验进行简要讨论。

1. 指导和控制。普通法对雇主与雇员关系的检验是雇主是否有权指导和控制雇员。正如一家法院所言,"一般来说,当接受服务的人有权控制和指导提供服务的人时,不仅在工人要完成的结果上,而且在完成结果的细节和方法上,受指导的个人是雇员"。

2. 工作的相对性质。在普通法就业状况检验中强调的控制要素涉及雇主对第三方的责任,在其他情况下相关性较弱。在适用社会和劳工法时,法院倾向于以这样一种方式定义雇员地位,以便为需要这些法律保护的人提供保护。由于指导和控制这一检验标准可能受到不同意见的影响,法院也审查雇主—雇员关系的经济现实。这种"工作的相对性质"检验在劳工补偿案件中具有特别的重要性。在这种情况下,受伤的工人可能有资格获得补偿，因为他们在经济上依赖于所谓的雇主，尽管他们不受指导和控制。由于他们在经济上的依赖性，除了获得劳工补偿法利益之外，这些人将得不到任何保护。

五、核保被保险人的业务种类

保险人需要确切地知道被保险人从事的工作类型。此外，保险人需要知道被保险人的业务是否与其他相同分类客户一致。本书建议的核保方法要求承保人对客户进行调查和评估。例如，一个经验丰富的核保人知道，当投保书仅仅表明被保险人是一个"承包商"时，要问的问题就更多。诸如《贝茨核保指引》(*Best's Underwriting Guide*)之类的指引，可以帮助核保人更好地了解他们正在承保的客户的业务类别。

对商业客户进行分类的一种方法是 ISO 在《商业险类手册》(*Commercial Lines Manual*，CLM)的普通责任第六节中采用的方法。CLM 按照以下业务分类分组：

- 制造或加工；
- 承包或服务；
- 贸易；
- 建筑物或房屋；
- 其他杂项。

核保人需要了解这些业务分组，才能对普通责任保险进行适当的分类和定价。然而，ISO 的分类系统并没有特别提供每一种分类中可包含的客户范围信息。许多保险公司鼓励其核保人使用北美行业分类系统（North America Industry Classification System，NAICS），以获得对客户更广泛的了解。

由美国、墨西哥和加拿大联合开发的北美行业分类系统（NAICS）是一个全面的商业活动分类法。NAICS 于 1997 年开始取代美国标准工业分类（U.S. Standard Industrial Classification，SIC）系统。NAICS 将所有经济活动分为 20 个部门。NAICS 分类和分类代码列在附件 2–2 中。

附件 2-2　北美行业分类系统

代码	行业
11	农业、林业、渔业和狩猎
21	矿业
22	公共设施
23	建筑
31-33	制造业
41-43	批发贸易
44-46	零售贸易
48-49	运输和仓储
51	信息
52	金融与保险
53	房地产与租赁
54	专业、科学和技术服务
55	公司和企业管理
56	行政与支持、废弃物管理与整治服务
61	教育服务
62	健康护理和社会援助
71	艺术、表演和娱乐
72	住宿和食品服务
81	其他服务（公共行政除外）
91-93	公共行政

NAICS 使用六位数的代码结构对特定的业务运作进行分类：

头两个数字	行业代码
第三个数字	分行业代码
第四个数字	产业集团
第五个数字	产业
第六个数字	美国产业

当一个国家需要进一步对某个行业进行分类时，就会使用第六位数字。如果美国 NAICS 代码的第六个数字是零，则这个数字表示美国工业不需要再进一步分类。

核保人发现，NAICS 代码有助于保险公司了解被保险人的业务活动。例如，商业投保书可能会声明被保险人的业务性质是"面包师"（Baker）。诸如此类的简短信息是保险人在商业投保书中收到的典型回复。如果负责这个客户的核保人在 CLM 分类表中查找"面包师"，他只会找到两个分类："面包店"和"面包房"。此外，NAICS 提供了更详细的信息，如附件 2-3 所示。

附件 2-3　NAICS 面包店分类，突出显示零售面包店

3118　面包房和玉米饼制作

31181　面包和烘焙制品制作

311811　零售面包店

这一美国产业包括主要从事零售面包和其他烘焙产品的企业，这些企业不提供堂食，其产品不是由面粉而是由现成的面团制成的。

交叉引用。这些企业主要从事以下业务。

● 非在其他地方即时消费的零售烘焙产品——在美国行业分类为 445291，烘焙食品商店；

● 准备和销售即食烘焙产品（饼干、椒盐卷饼），行业分类为 722213，零食和非酒精饮料吧台；

● 制作新鲜或冷冻面包和其他新鲜烘焙产品（饼干和薄脆饼干除外）——归类于美国行业 311812，商业面包厂；

● 曲奇和薄脆饼干制作——被分类到行业 31182 中，曲奇、薄脆饼干和意大利面食制作；

311813 冷冻奶酪、馅饼和其他糕点制作。

摘自北美工业分类系统，1997 年。

核保人可以使用 NAICS 来进一步了解被保险人可能进行的活动。通过审查交叉参考，核保人还可以确定被保险人可能避免进行的活动。NAICS 使用的分层方法可能有助于改进核保人对特定行业通常如何从事业务活动的考虑。

ACORD 商业保险投保书不要求提供客户的 NAICS 代码。一些保险公司使用补充投保书来获取这一信息和其他相关信息。即使 NAICS 代码不是由被保险人提供的，保险人也可能会从整理 NAICS 代码清单或 NAICS 的互联网搜索引擎中受益。

小结

核保人需要了解客户的运作，以便评估他们的损失风险。为了确定客户的损失风险是否符合被保险人的分类标准，保险人需要了解其他类型的业务，这些业务也可以同样进行分类。本章为读者提供了一种衡量企业所有权、雇主实践和企业运营的方法。

商业组织的主要类型是独资企业、合伙企业和公司。独资企业是最简单的商业形式，因为它由个人拥有，该个人是它的经理。合伙企业是由两个或两个以上同意合伙经营、分享利润和分担亏损的人组成的联合体。公司是依法设立的从事商业活动或实现其他特定目标的法人。其他形式的企业所有权包括专业公司、有限责任公司、S 分章公司、会员制公司和合资企业。有限责任公司是一种相对较新的企业组织形式，但它们可能比合伙企业更受欢迎，因为它们提供所得税优惠。

核保人必须确保在保险单声明中正确标明被保险人的姓名。核保人通常依靠客户的组织形式和保险公司的核保指引来确保正确地指名被保险人的利益。此外，核保人需要评估在单一保单中载明一个实体的多项业务，或在单一保单中载明具有共同利益的多个实体的要求。综合责任保险是针对大型建设项目的综合保险计划。综合责任保险方案解决了项目发起人和参与承包商的保险需求。

核保人经常收到被保险人在保单中增加其他被保险人的要求。在评估这些要求时，保险人应了解被保险人与拟附加的被保险人之间的关系，要求的理由以及同意被保险人的要求可能造成的后果。

保险人必须了解如何检验雇主—雇员关系，并区分两者。用于确定雇主和雇员关系的两种常见方法是：雇主指导和控制雇员的权利，以及工作的相对性质。核保人需要了解特定组织的雇佣结构。如果一个组织使用独立承包商，保险人必须了解每个承包商（包括总承包商和分包商）以及被保险人使用它们的原因。

为了评估一个组织的管理，保险人必须考虑其能力和经验、声誉、工作质量、操作审慎性和员工状况。被保险客户采用风险管理程序是一个积极的特征。但是，保险人需要评估被保险人的风险管理程序是否真的有助于控制损失。被保险人的管理层可能没有相应的权力作出改变，以控制损失的频率和严重程度，那么核保人需要知道操作程序是否在其他地方受到控制。

经验丰富的核保人通常对企业如何运作以及它们之间的关系有广泛的了解。获得这种专业知识的一种方法是使用行业分类指引，如北美行业分类系统。

第三章 核保信息

如第一章所述，核保决策过程包括以下几类：

1. 接受或拒绝投保申请；
2. 选择保单条款；
3. 制定费率；
4. 是否通过损失控制来降低风险；
5. 是否修改被保险人的自留额。

掌握投保人的正确信息对作出正确的核保决策至关重要。收集和评估核保信息可能会发现，核保人在作出必要决策之前存在需要通过获取额外信息来了解的问题。这并不意味着核保人在作出决定之前应该收集尽可能多的信息，有几个因素限制了核保人能够和应该收集的信息数量。核保人面临的挑战是辨别哪些信息是必要的，以及收集什么信息和多少信息。

本章描述了核保人为了作出决策通常需要的信息类型，以及这些信息如何与核保决策过程相关。核保人有时会通过要求提供额外信息来推迟对某一客户的决策。对核保人来说，应区分哪些信息是必要的，哪些信息不是。核保信息的主要来源是代理人或经纪人和投保书，而获取其他的核保信息则需要付出时间和金钱的代价。

一、确定需要收集多少信息

核保人收集信息的时间有限。他们必须及时作出决定，以便投保人知道保险人是否会提供保险。核保人需要有选择地收集信息。按照核保管理层制定的指导方针，核保人必须确保每条信息都是必要的，每条信息的成本不超过其对决策过程的贡献价值。这一概念在第一章中被定义为"信息效率"。

（一）分类信息

在确定是否应获取额外信息时，核保人有时会直观地或有意识地使用以下类别。

- 必要信息——对作出核保决定绝对必要的信息；
- 值得收集的信息——并非绝对必要的信息，但如果能以可接受的成本获得，且没有任何不当延误，则有助于评估客户的信息；
- 可获得的信息——可能有帮助也可能没有帮助，不值得付出任何特别努力去获取的信息。

核保决策所需的基本信息通常在保险公司的核保指引中详细说明。商业投保书中要求提供的大部分信息都被认为是必要的。然而，正如大多数核保人所知，代理人和经纪人通常不会完整地填写投保书。核保人必须决定，除了分类和定费所需的信息之外，有多少信息是真正必要的，值得花时间去获取。核保审计通常用于确定核保人是否获得了被认为对作出合理的核保决策至关重要的信息。对于一些保险公司来说，必要的核保信息可能是那些一旦缺失将导致核保人在核保审计后受到批评的信息。

什么是理想的、可获得的信息？通常没有明确的答案。对被保险人的实际操作进行查勘中获得的信息可能被认为是必要的信息。但是，如果保险人对被保险人使用的工艺或材料有特殊的关注，实际查勘则被认为是必要的。核保人的信息要求可能会根据其从事的险种、分类、经验水平而有所不同。核保人通常拥有大量可用信息，但并非所有这些信息都与核保决策相关。例如，因特网使核保人能够在万维网上搜索有关被保险人的资料。在许多情况下，客户拥有网站，它提供其业务和工作类型的说明。如果可以获得，这些信息有助于扩大保险人对该客户的了解，并核实其已获得的信息。

将信息分类为必要的、需要的或可用的，这只是一些核保人用来指导他们决定跟进缺失信息或要求额外信息的一种方法。许多保险公司都有一定的客户保费金额门槛，超过该门槛金额，核保人才能向外订购任何查勘报告。例如，在这些限制下运作的保险公司可能只寻求最低保费客户的基本信息，但会试图通过互联网搜索来确认已收到的信息。核保指引通常向核保人提供如何使用保险公司的资源来收集信息的指导。

（二）平衡客户特定信息与一般信息

核保人收集的大部分信息都是关于正在核保的客户信息——风险因素、风险暴露、运营和雇员。有些信息比较笼统，例如，《贝茨核保指引》和政府对各种产品危险性的统计数据，提供了核保人关于投保人行业和产品线的一般信息，而不是关于投保人的具体操作或产品。虽然核保人主要关注的是客户的具体信息，但他们不应忽视更一般性的信息。这有助于将特定客户的信息放在整体信息中分析。

当核保人在一个几乎没有经验的行业中核保客户时，一般性的信息尤其重要。当核保人在客户定价方面有一定的回旋余地时，这些一般性信息可以帮助其确定可能的价格范围，或确定已经定价的可比账户。

核保人需要准备好向代理人、经纪人或投保人解释某类客户的总体可保性。例如，如果中介人打电话给核保人询问塑料制造商的劳工补偿险，核保人应该能够解释这种客户的风险以及保险公司是否愿意核保。一般性资料来源，加上保险公司的核保指引，为核保人提供了回答中介人所必需的背景资料。一旦中介人将投保客户提交给保险人，保险人就会咨询该客户更具体的信息来源。

二、核保信息的最初来源

由于核保人必须有效地收集和处理信息，他们应尽可能充分地利用可立即获得的信息。核保人已收到客户的投保申请，就有两个信息来源：代理人或经纪人和投保书。

（一）代理人或经纪人

核保人在获取客户信息时更多地依赖于代理人或经纪人，而不是其他任何人。代理人或经纪人首先与潜在客户面谈，了解要投保的财产或业务，并评估该客户的损失风险。

代理人或经纪人甚至最初有放弃寻找保险公司提供保险的尝试。在某些情况下，代理人或经纪人可能不愿意为某个客户安排保险，因为他们没有为特定类型客户安排保险的经验，或者不代表可以承保此类客户的保险公司。通过作出不继续安排保险的最初决定，中介人节省了核保人的时间。如第一章所述，代理人或经纪人对投保人的预筛选称为前端核保（Front–line underwriting）。

凭借对客户的第一手资料，代理人或经纪人可以为核保人解答很多问题。经常与核保人合作的代理人和经纪人通常能够预测核保人的信息需求并满足这些需求，从而加快核保进程。

即使代理人或经纪人试图在提交的文件中包含尽可能多的信息，在客户的初始核保期间和客户被承保后，还会出现其他问题。通常，核保人可以通过打电话给代理人或经纪人来获得这些问题的答案。

代理人或经纪人与投保人合作的时间长短很重要。中介人对潜在客户的熟悉程度会影响投保信息的可信度。代理人或经纪人第一次与客户打交道时，可能会严重依赖投保人的陈述。通常，代理人或经纪人记录并传达投保人提供的信息，除了对该客户的第一手了解，他们无须作任何验证。随着代理人或经纪人对客户的熟悉程度越来越高，他们便可以更好地评估被保险人提供的信息的完整性和准确性。

代理人或经纪人对核保人的重要性再怎么强调也不为过。代理人或经纪人是可靠信息的主要来源。代理人或经纪人和保险人应建立密切的工作关系，以便彼此了解对方的期望，并随时向对方寻求帮助。代理人和经纪人应该清楚地了解保险人喜欢承保的客户类型，以及保险人的指导方针。通过与代理人和经纪人的日常合作，核保人可以加强这种工作关系。

（二）投保申请书

投保申请书提供的信息，在代理人或经纪人的协助下直接来自投保人。投保人所提供的信息应真实、完整。投保人在申请书上签字，即表示其承认保险公司将以该等资料作为核保及理赔依据。如果被保险人提供了重大虚假信息或隐瞒了重要信息，被保险人可能会受到刑事和民事处罚。

虽然投保书的风格和格式因保险人而异，但大多数都包括相同的一般性问题。ACORD 通过提供由不同的保险人使用的标准投保书实现了该一致性。ACORD 商业投保书遵循保险人在提供保险保障时使用的相同模块化方法。商业保险投保书——投保信息部分（ACORD 125）由所有客户填写。其他具体保障申请部分填入被保险人想要购买的每一险种的相关内容。

投保书上记录了想要购买保险的个人或组织的姓名和地址，以及所需保险的类型和金额。一份正确填写的投保书还提供了为定费目的对客户进行分类和确定保费所需的信息。投保书还包含核保人需要用来评估风险的其他信息。许多类型的保险还要求补充提供额外投保信息。保险人已经为各种特殊目的开发了补充投保书。这些可能包括特定的险种（如董事和高管人员责任）、险类（如餐馆）或行业（如建筑行业）。"提交"（Submission）一词指的是投保申请书和任何其他支持性文件，如产品手册、财务报表、照片、医疗报告和其他支持投保申请的材料。

ACORD 补充投保书

ACORD 开发了许多补充投保书，可用于某些保险保障或业务类别。这些补充投保书的例子包括：

- 补充财产投保书（ACORD 190）；
- 餐厅/酒店补充投保书（ACORD 185）；
- 承包商补充投保书（ACORD 186）；
- 卡车司机/汽车运输补充投保书，要求州/联邦备案（ACORD 194）。

核保原理和技术

  针对大多数客户，核保人根据投保书中提供的信息足以作出核保决定。然而，出于以下四种原因，核保人可能需要额外的信息：
- 收集缺失的信息；
- 调查有矛盾的信息；
- 核实所提供信息的准确性；
- 承保情况复杂的客户或具有较高风险的客户。

  大多数保险公司都有处理缺失信息的具体规定。核保人是否愿意投入时间和精力将取决于信息的重要性。例如，如果投保书没有显示保险金额，保险人会暂停核保，直到他们收到该信息为止。在其他情况下，如果之前的保险公司的名称和保单编号缺失，保险人可能会在等待该信息的同时继续处理投保申请。

  对于核保人来说，最困难的挑战之一是解释投保书上的信息。投保人的回答是否都准确无误？是否披露了所有相关信息？从整体上看，这些答复全部有意义吗？投保人的回答是否一致，还是有矛盾？

  有些投保人故意隐瞒重要信息或歪曲事实，试图欺骗保险公司。欺诈不仅是保险公司面临的一个严重而代价高昂的问题，也是购买保险的公众面临的一个严重问题。保险费率的假设是每个被保险人都对保险池作出公平的贡献，多数人从保险池中支付少数人的损失。投保书上的误导性陈述可能会导致保险费率低于风险暴露的合理定价。被保险人不能够以牺牲其他投保人的利益为代价获得好处，并因欺骗而获得不公正的奖励。

  投保人尽量使自己对保险人有一定的吸引力，因此投保书的内容可能不完全准确。所以，核保人应使用其他信息来源，以更完整、更准确地了解客户情况。根据其他来源核实投保信息的程序因保险公司而异。本章描述的其他信息来源可以验证和补充投保书上的信息。

  投保人的损失历史和之前的保险经历是投保书上核保信息中最重要的两项。这些信息综合起来，从过去保险人的角度提供了该客户盈利能力的综合记录。

  1. 损失历史。损失历史是过去的索赔清单，包括发生日期、险种业务、索赔类型或描述、索赔日期、支付金额、准备金金额以及赔案的当前状态。ACORD 商业保险投保书的损失历史部分如附件 3-1 所示。

附件 3-1 ACORD 商业保险投保书

损失历史							
输入可以显示前 5 年的索赔情况的所有索赔（不论过错与否）或事故数据				如"无"，请打钩		请看附件概述	
发生日期	险种	事故/索赔类型、描述	索赔日期	赔偿金额	准备金金额	赔案状况	
9/15/××	劳工补偿	雇员在切肉时割了手	9/15/××		$1000	X	未决
							已决
12/1/××	劳工补偿	雇员在圣诞节布置时从梯子上摔下	12/1/××		$5000	X	未决
							已决

损失历史是保险人获取的关于客户最重要的信息之一，因为过去的损失可以说明该客户未来可能发生的损失类型。

几乎每份投保书中都有一章要求投保人描述一段时间内的损失情况。大型客户通常包括单独的损失摘要（或索赔历史），而不仅在投保书上列出损失清单。

核保信息中所要求的损失经验年数因保险公司、险种和业务类别而异。投保书通常要求有五年以上的损失经验。在损失经验比较不稳定的行业，如医疗事故保险，保险公司可能会要求更长期的损失记录。对于这些业务，较长的损失经验期可以更全面地反映投保人的损失历史。在第五章中，特定保险定价要求提供三年的损失经验，且不包括当年。

核保人预计投保人会有一些损失。然而，预计损失程度取决于保险保障和风险暴露情况。一个商用机动车保险的投保人有一辆车和一名司机，可能已经连续五年没有发生过损失。然而，保险公司不会期望拥有大量汽车的投保人有一段"零损失"的历史。因为损失在某种程度上是预料之中的，所以有损失并不一定会使投保人不可接受。核保人面临的挑战是确定该客户是否遭受了过多的损失，或者可疑的或严重的损失，这种损失就其性质而言，导致保险人对该客户的可取性产生质疑。通过经验和参阅核保准则，核保人对可接受的损失程度有一定的认识。

核保人通常会分析损失的趋势。投保人的损失是在增加、减少还是保持稳定？这一趋势通常会使核保人形成一个预期损失的概念。如果只有一次亏损，比如小型商业客户经常发生的那样，则根本没有趋势可言。在这种情况下，保险人会分析损失发生的时间和原因，以及被保险人是否采取了适当的补救措施。

核保人还要检查损失的频率和严重程度。频率是指在特定时期内损失的数量。严重程度是指已经发生的损失的金额大小。虽然两者都很重要，但频率通常是预测未来损失的更好指标。损失的严重程度往往超出被保险人的控制范围，但频率通常是可控的。在评估投保人的损失历史时，保险人应考虑被保险人在先前保险单下购买的保险保障。例如，如果被保险人在之前的保险单上有1000美元的免赔额，那么损失历史可能不会反映被保险人通过免赔额所吸收的损失。在某些情况下，被保险人过去可能没有购买过特定的保险，因此被保险人表示"过去没有损失"，可能对用其过去的损失来评估未来损失的可能性没有帮助。

保险公司通常不得不评估那些损失历史信息空白的投保书，或者那些有损失信息注释的申请。大多数保险人认识到，他们收到的投保书是同时提交给几家保险公司的。在竞争激烈的保险市场中，代理人和经纪人可能会尽可能少地提交信息，特别是如果信息可能是负面的。核保人必须经常根据所提交信息的优劣来审查投保申请。如果该客户在其他方面可以接受，核保人将与代理人或经纪人联系，以确定被保险人的损失历史是否足以改变核保人对该客户的看法。

2. 先前的保险。ACORD投保书特别询问被保险人在过去三年内是否被拒绝、取消或未续保。如果答案为"是"，那么保险人需要确定其原因是否与当前的核保决策有关。例如，一家保险公司可能决定退出某个州，保险公司终止业务的一种方法是对该险类业务的被保险人不提供续保。但是，如果投保人因损失太多、未支付保险费或不愿执行损失控制建议而被取消或未续保，这些情况将影响其当前投保申请的可接受性。一些州不允许保险人询问先前保险的处理情况，还有一些州则禁止保险公司仅仅因为被保险人被另一家保险公司拒绝、取消保险或不续保而拒绝提供保障。

通常在投保书上要求提供每个先前保险公司的名称和保险单编号，以及先前保障内容、保费金额和保单终止日期。如果客户是经验定费的，保险人可能需要联系先前的保险人确认或更新被保险人提供的损失历史。此外，核保人通常知道大多数保险人争取核保的客户类型。如果客户从专业市场的保险公司转到标准市场的保险公司，核保人可能会向代理人或经纪人提出额外的问题，反之亦然。核保人可以审查保障摘要，以确定所要求的保险责任是否与该客户先前的保险责任相似。例如，为什么该客户要求明显更高（或更低）的财产保险金额，或者为什么以前没有对某项风险进行投保，但现在要求了？如果投保显示了支付给前任保险人的保费，保险人就可以确定自己的报价是否与该客户的续保定价更具有竞争力。如果保险人的报价与先前保险人的定价存在显著差异，保险人可能会质疑投保书提供的信息的准确性。

有些投保书提交了一个拟议的保单生效日期，没有给保险人足够的时间来彻底评估客户。代理人和经纪人通常在保单终止日期前 90 天向保险公司提交申请，以便被保险人可以审查可提供的保障和保费报价。临近到期日的投保申请通常表明，代理人或经纪人已经为被保险人绑定了保障，因此，任何调查都必须加快进行。在这种情况下，决定不承保该客户将意味着保险人将不得不向被保险人和其他人发出合同解除通知书，后者已经得到保证，该客户已经通过向其签发保险凭证而被承保。此外，保险公司还要对在保单有效期内但在其合法解除之前发生的保险损失负责。

三、核保信息的其他来源

许多核保决定仅根据投保书内容作出，或者根据投保书以及与代理人或经纪人的电话交谈作出。核保人通常可以根据投保书提供的信息及保险公司的核保指引，确定该客户是否可接受。当核保人对客户的可接受性存疑时，他们可以从以下任何来源获得有关该客户的额外信息：

- 损失控制报告；
- 保险咨询机构的出版物；
- 之前的保险公司；
- 为同一家保险公司工作的其他人；
- 保险公司的档案；
- 客户的财务报告；
- 政府记录；
- 估值指南；
- 背景资料刊物。

由于时间和费用的限制，以及在某些情况下较低的保费水平，核保人通常不能合理地使用每一种信息来源来评估每份投保申请。了解可用的信息来源使核保人能及时掌握那些能够最有效地提供必要信息的渠道。

（一）损失控制报告

当核保人希望委托除提供客户业务的代理人或经纪人以外的人对客户进行查勘时，核保人通常会要求查勘人员出具一份损失控制报告（Loss control report）。损失控制报告包含了核保人特别要求拜访客户以获取的相应信息，以及报告其调查结果的保险公司代表所收集的信息。访问客户并撰写报告的人通常是损失控制代表。

损失控制报告没有标准格式。许多保险公司使用的报告格式随着需要不断添加的必要信息而演变。许多保险公司的损失控制报告是针对其所承保的每一险种业务的单独问卷的集合。除出现在损失控制报告上的标准问题外，损失控制代表通常还会添加一些对客户的描述内容，该描述中包含了改进客户核保利润的具体建议。许多核保人向代理人或经纪人提出建议，并希望被保险人执行。如果损失控制报告确定了重大的损失风险，保险人可能会坚持，但如果要使保障继续有效,则必须执行损失控制建议。

通过损失控制报告获得的信息虽然重要,但通常是昂贵的。核保管理部门通常会为核保人制定指导方针,鼓励他们有选择地订购损失控制报告。一种方法是不要求对保费少于特定金额的客户提交损失控制报告。另一种方法是购买专门从事损失控制工作的独立承包商的服务。这些专家被称为收费服务公司。收费服务公司(Fee for service companies)通常有许多保险公司客户,可以为其提供损失控制报告,与保险公司支付给雇员收集信息的费用相比,这种报告的费用更加合理。由于需要提供的损失控制报告数量庞大,收费服务公司在一些地点设有代表机构可能更加经济。许多收费服务公司对财产查勘委托要求反应迅速,这是使用其服务的保险人所能获得的主要益处。然而,使用收费服务公司的一个缺点是,它们开发的损失控制报告通常以通用格式呈现,可能无法满足保险人的核保需求,因此,收费服务公司通常更愿意使用保险人开发的报告格式,但需要额外收费。

损失控制报告的另一个成本是时间,而核保人可能没有时间。美国许多州的法规限制了保险公司在保单生效后60天内解除保险合同的权利。在此之后,合同解除可能仅限于被保险人欺诈和不支付保险费等原因。然而,在大多数情况下,无论何时发现,保险人都可以根据从损失控制报告中收集的信息,对保单进行批注,以纠正不合适的定费。

由于对新投保申请迅速作出决定的重要性,以及获得损失控制报告需要时间,保险人有时会批准一项投保申请,前提是有一份有利的损失控制报告,并遵守所有的损失控制建议。通过这种方式,核保人可以向代理人或经纪人和投保人澄清,他们期望得到一份有利的报告,并与投保人在纠正任何问题方面形成合作。由于许多州的合同解除法有相关规定,迅速收到损失控制报告仍然很重要。

(二)保险咨询组织的出版物

如第一章所述,许多保险公司是保险咨询组织的成员或订户。除它们提供的其他服务外,保险咨询组织还制作了许多供核保人使用的出版物。这些出版物包括定费手册、通告、附表手册和分类指引。

由于定费手册包含了定费分类和定费规则，它们是核保人为客户合理分类和定费的主要信息来源。由于定费手册中的规则限制了核保人决策的灵活性，因此，核保人经常参考手册中的内容以制订替代方案。

定费手册中的信息很少能帮助核保人作出风险选择决策。然而，定费手册确实载明了影响被保险人定价的因素的信息。核保人通常关注这些属性，因为它们已被证明是影响灭失或损害发生的可能性的因素。例如，商业财产客户定价通常要求核保人确定被保险建筑结构的类别。框架结构比非可燃结构建筑更容易受到损失，因此保险成本更高。

此外，当保险咨询机构改变规则、分类或损失成本时，它们会发布通告解释这些变化。保险咨询机构为每种定费计划设计保险单和批单，并发布如何使用它们的信息。保险公司通常采用保险咨询机构设计的附表。

除了公布费率和发行定费手册外，保险咨询机构还出版了一些指南供核保人使用。这些出版物更详细地解释了具体的定费计划，并提供了这些计划的一些背景信息。它们还详细探讨了当前备受关注的问题。例如，美国国家赔偿保险委员会（NCCI）出版了一本名为《基本手册分类范围》的指南，以帮助核保人对劳工补偿保险的客户进行适当分类。此外，NCCI 还发布了劳工补偿经验定费计划。

保险咨询机构还针对保险业所关注的问题开展研究。例如，ISO 设立了一个保险问题系列栏目，其专题有《巨灾对财产保险的影响》和《巨灾：北岭地震和其他自然灾害的保险问题》。虽然这些研究大多针对核保管理，但通常每个核保人会从了解保险公司面临的广泛问题中受益。

（三）以前的保险人

核保人所需的损失信息通常只能在投保人的帮助下从其先前保险人那里获得。先前的保险人通常愿意向他人提供损失信息，但必须得到被保险人的书面同意。

原保险人提供的损失信息用于确认或补充投保书上提供的信息。投保人提供的损失信息往往只是保险公司对投保人赔偿金额的回忆，而且在许多情况下，投保人可能不知道保险公司实际支付了多少。投保书往往表明损失信息将在以后的日期提供，而并非提供错误的信息。如果被保险人确实在投保书上提供了损失历史信息，但与从前保险人那里获得的信息不符，保险人应向代理人或经纪人咨询，以澄清差异。

过去保险人的损失信息可能并不经常有帮助。许多保险人的信息系统使用代码或简短措辞描述损失。从该系统获取的损失历史信息经常被称为"所有损失记录"（Loss run），如果不看保险人的损失代码，可能无法理解损失的具体内容。

除了 ACORD 商业保险投保书要求提供的客观损失信息外，保险公司通常不会向他人提供太多信息。保险公司的损失档案通常包含有关被保险人的主观或机密信息，这些信息不应与他人分享。

（四）为同一保险公司工作的其他人

除了损失控制人员外，保险公司内部的其他员工也可以在信息收集过程中提供帮助。这一群体包括其他核保人、理赔代表、营销代表和保费审计员。这些员工通常与被保险人直接接触，可以帮助核实现有信息并获取所需信息。

1. 其他核保人。同一公司内的核保人可以成为所有类型保险的宝贵信息来源。即使他们不能提供有关特定客户的信息，他们也可能有处理类似客户的经验，或者他们可以建议在哪里能寻找更多的信息。

2. 理赔代表。在理赔过程中，理赔代表经常了解到很多关于客户的情况，这些情况可能对该客户的保险人很有价值。例如，在应对一起汽车事故时，理赔代表可能会发现，商业机动车投保书上没有显示经常性使用人员。此外，理赔代表能够提供有关被保险人房屋状况的信息，以及被保险人在其他情况下不为人知的经营信息。

即使赔案没有出现客户的负面信息，核保人也经常会审查索赔文件，包括其内容和照片，以了解更多关于该客户的信息。由于事实证明，理赔代表是客户信息的重要来源，许多保险公司已经专门为此制定了表格，将核保人参考流程正式化。通过这种方式，理赔代表更有可能通知核保人他们已经获得的关于客户的第一手信息。赔案信息参考表示例见附件 3-2。

附件 3-2 赔案信息参考表

单位：美元

向核保人员的理赔报告	保密——仅供内部使用 理算人员——当事故频率、损失金额、事故情况、风险类型引起核保人注意时，可以使用该表格。			
事故/损失日期：9/1/2000	已发生赔款准备金：50000		赔案号：CGL 8675309	
提供给：业务分部、核保部 艾略特·阿诺德	事故原因代码： 721	保单号： CGL 1239871	起始日： 7/1/2000	终止日： 7/1/2001
提供人：理赔部 哈里斯堡	责任限额： 2000000	中介代理人： L. 布兰登	公司： IIA	分公司： 莫尔文	代理人代码： 1201
被保险人名称： 格拉韦尔·鲍灵公司	被保险人邮寄地址： 701 糖城路		城市： 马尔文	州： 宾夕法尼亚	地区代码： 19355
所涉及的事故地点/场所（街道地址）： 宾夕法尼亚州兰开斯特以东 30 号高速公路			盖普	宾夕法尼亚	19387
保险车辆驾驶员全名（货运卡车）或受伤雇员（劳工补偿） 被保险驾驶员约翰·詹宁斯追尾一辆停下的校车，车上有 7 个学生，那时校车驾驶员正在车上。				
☑认为需要的任何措施不会影响该赔案的处理。 □认为需要的任何措施可能影响该赔案的处理。				
对理算师的指示：检查以下适用的项目，并在以下备注部分解释所选择的每一项内容。				
A. 机动车	B. 劳工补偿或普通责任			C. 忠诚、盗窃、或挡风板、或火灾、内陆海洋和多险种

		续表
☐ 1. 身体残疾 ☐ 2. 车况差 ☐ 3. 有饮酒证据 ☐ 4. 鲁莽驾驶 ☐ 5. 不合作 ☐ 6. *损失频率高 ☐ 7. 驾驶记录不佳 ☐ 8. 驾驶员年龄小于 25 岁 ☐ 9. 乱借车辆 ☑ 10. 严重过失 ☐ 11. 驾驶员睡着 ☐ 12. 保险车辆全损 ☐ 13. 通知延迟 ☐ 14. 拥有的车辆不在保单上 ☐ 15. 其他 *表示个人机动车保单不按此分类	☐ 1. 危险的物理条件 ☐ 2. 机器 ☐ a. 制造缺陷 ☐ b. 设计问题 ☐ c. 达不到行业标准 ☐ d. 标签不合适 ☐ 3. 位置不好 ☐ 4. 不合作 ☐ 5. 管理或监督不善 ☐ 6. 记录不足 ☐ 7. 损失频率高 ☐ 8. 通知延迟 ☐ 9. 污染损失 ☐ 10. 其他	☐ 1. 安全防范和培训不当 ☐ 2. 记录不足 ☐ 3. 损失频率高 ☐ 4. 可能存在非法行为 ☐ 5. 有问题的损失 ☐ 6. 场所空置 ☐ 7. 不足保险 ☐ 8. 有问题的物理条件 ☐ 9. 通知延迟 ☐ 10. 内务管理差 ☐ 11. 不合作 ☐ 12. 可能存在财务问题 ☐ 13. 暴露于毗邻风险 ☐ 14. 火灾保护/急救受阻 ☐ 15. 粗心大意 ☐ 16. 其他
驾驶员视线受阻,没看到停下的校车。校车闪光灯正常工作。货车驾驶员长时间在采石场工作,可能是其缺乏注意的原因。		
理算师签字:K. 哈林顿		查勘日期:2000 - 09 - 02

3. 营销代表。大多数保险公司都有营销代表人员,其主要职责是维护与代理人和经纪人的关系。这一职责包括任命代理人,培训中介人了解保险公司的政策和程序,并为中介人制定目标。由于通常为营销代表分配特定的业务,他们熟悉该业务和其中的许多客户。当不需要损失控制代表的专业知识时,营销代表会帮助核保小型商业客户。例如,营销代表可以较容易地回答核保人的非技术问题,如投保人大楼附近的建筑类型、停车场的状况、消防栓的位置等。

4. 保费审计员。许多商业保单的保费都要经过审计。这意味着在保单开始时支付的保费是预估保费,最终保费至保险期间结束后才能确定。例如,劳工补偿保费是根据薪酬(工资)计算的,因为没有人能准确预测下一年的实际工资，被保险人需要预估每年的工资额，并在此基础上支付保险费。在保险期间结束时，保费审计员检查被保险人的会计记录，以确定实际工资额。如果实际工资额与估计不符，那么被保险人需支付额外保费，或收到返还保费。

保费审计员还可以观察被保险人的经营场所和业务。因为他们要审核被保险人的财务记录，审计员比理算师更了解被保险人的财务状况。

此外，由于审核被保险人当年到下一年的记录，审计员可以观察到其业务和未来计划的变化。这些都会影响核保人对承保该客户的意愿，并且可能发现核保人所不了解的因素。

审计员的报告指出合理的客户分类和工资额，用来检查在签发保单时所作的初始分类和工资估计是否准确。如果被保险人涉及从事保单上未列明的业务，这种情况将出现在寄给核保人的审计账单副本上。这可能表明需要在现有的保单上加批，以反映额外分类或更高的工资额。

最后，保费审计员还可以在核保人决策过程中为客户选择提供信息。在保单签发前，保费审计员对定费和分类程序的深入了解能在一定程度上防止在保单终止后出现分类（和保费收取）问题。保险人应与保费审计员联系有关分类问题。有些保险公司会在保单年度开始时派一名保费审计员前往被保险人的处所，以确定被保险人是否了解需要哪些记录以及如何保存这些记录。在少数情况下，被保险人的某些业务可能需要单独分类并确定费率。如果被保险人保留适当的记录，保费将能更准确地反映风险，相关审计问题的争议也将减少。附件3-3是审计员用来向核保部门报告重要信息的表格样本。附件3-4是核保人用来报告自己采取措施（如有）时使用的报表。

附件3-3 对核保人的保费审计通知

ALERT	核保保费审计
收件人：商业核保部——莫尔文	日期：2000-09-01
发件人：保费审计部	M. 阿诺德——总公司

第三章 核保信息

> 主题：1. 被保险人：史密斯·巴基 d/b/a 史密斯铺路公司
> 2. 地址：兰帕特路1744，西切斯特，宾夕法尼亚州19382
> 3. 代理人：L. 威尔逊
> 4. 保单号：CPP 7812414
> 5. 终止日期：2000-10-01
> 6. 审计/报告日期：2000-10-31　　　□已附上
>
> 需要对该客户采取核保措施，因为：
> 7. 不良条件
>   a. ☑记录不充分
>   b. □需要核保帮助——以下解释
>   c. □无法获得审计结果——解释所做的努力
> 8. 当前保单审核
>   a. □估计保费
>   b. □分类
>   c. ☑额外州——未在保单上
>   d. □所有权变更
> 9. 其他说明：史密斯铺路公司使用许多分包商，有些分包商有保险证书，有些没有。根据这些记录，我们应该将所有的工程施工（包括分包工程）包括在史密斯铺路公司的保费基础中。
>
> 核保：使用 PA92 表格解释由于该警示的结果而采取的措施。

附件 3-4　对保费审计警示的回应

> **对 ALERT 审计的核保反映**
>
> 收件人：保费审计部　　　　　　　　　　日期：2000-09-01
> 发件人：商业核保＿＿＿＿＿＿＿　E. 奥尔布赖特

85

查阅：1. 被保险人：史密斯·巴基 d/b/a 史密斯铺路公司

　　　2. 保单号：CPP 7812414

　　　3. 终止日期：2000－10－01

☑ 续保保单已经加批，按照审计结果增加保费基础。

　　（只需要盖核保批准章）

```
核保章
E A－U/W
2000－11－03
```

☐ 其他要求的措施已经采取。

　　（只需要盖核保批准章）

☑ 已经采取了以下措施。

　　（只需要盖核保批准章）

已经通知 L. 威尔逊，如果史密斯铺路公司的注册会计师把记录整理好，我们会更改审计结果。

☐ 未采取措施。（只需要总经理盖章）

　　理由：

```
总经理章
```

表 PA 92

（五）保险公司的档案

当保险公司收到新业务投保申请时，保险公司可能已经掌握一些信息，甚至是客户的整个档案，这些信息通常有助于核保评估。核保人获取这些有用信息的途径来源于保险公司的记录和文件保存方式。

1. 被拒绝的客户，或已经报价但未予承保的客户。大多数保险公司都建立了一些系统来保存以前保险公司拒绝核保或申请人不接受报价的申请。这些档案在评估新业务时很有价值，因为它们记录了早期的决策，可以大大减少核保新投保业务所需的工作量。

如果客户之前被拒绝了，核保人可以重点关注其过去被拒绝的原因和可能发生的变化。核保人可以采取措施使该客户变得可保，否则，该账户可能会再次被拒绝。通过只关注上一次拒保的原因，核保人可以花更少的时间来收集决策所需信息。

2. 过去承保的客户。出于一些法律原因，保险公司保留了以前承保的客户记录。然而，核保信息通常会在保单被取消或不再续保之日起的一到两年内从纸质文件中删除。如果在核保信息被删除之前该客户重新投保，保险人还可以利用原来的信息。即使核保信息删去了——太旧的信息可能毫无用处——核保人也可以访问保险公司的信息系统以获取过去保单信息。

3. 其他保险档案。在某些情况下，保险公司可能已经为投保人提供了一些保险。例如，一个在保险公司有汽车保险的客户可能会投保财产保险。汽车保险的档案可能对财产核保人有所帮助。如果汽车核保人最近分析了被保险人的财务状况，财产核保人只需要参考该分析即可。

损失控制报告也会有所帮助，即使它们是为其他保险项目完成的。例如，假设汽车损失控制报告表明被保险人安全意识较强、仔细维护其车辆，并定期更换磨损部件，则财产核保人可以推断，被保险人会以同样的方式保护财产保险的机器和设备。根据保险保障、保险金额和损失控制报告日期，财产核保人可能会决定不需要新的损失控制报告。

最后，已经承保的险种的损失历史记录可能会揭示核保新险种的重要信息。理赔代表也许已经注意到有关被保险人的重要不利风险因素。例如，当前的业务标注不再续保，保险公司可能不打算从被保险人那里获得额外业务。

（六）财务报告服务机构

财务数据是决定客户是否可保的重要信息来源。财务分析包括对财务数据的比较、解释和评价。财务数据的主要来源包括公司的财务报表和来自财务报告服务机构的信息。在财务和信用分析的帮助下，经验丰富的核保人可以对包括以下内容的各种类型数据进行评估：

- 道德和道义风险因素；
- 保单持有人支付保费的能力；
- 公司的财务实力和稳健管理。

财务报表是评估客户财务状况的起点。大多数核保人不具备复杂的财务分析技能。在某些业务领域，尤其是保证保函业务方面，核保人必须是一名熟练的金融分析师。在大多数其他保险业务中，核保人需要了解财务分析的结果，但不需要精通分析本身。财务报告服务公司提供的信息即使不能满足核保人的全部需求，也能满足其大部分需求。

财务报告服务公司进行财务分析并提供报告，以满足保险公司的各种需求。虽然大多数报告不是为财务专家设计的，但核保人确实需要了解财务分析的基础知识，以便有效地使用它们。第四章将讨论财务分析的基础知识。

一些机构收集、分析和发布企业的财务和运营数据。这些公司包括邓白氏（Dun & Bradstreet）、益博睿（Experian）、中央分析局（Central Analysis Bureau）和艾可飞（Equifax）。其中，规模最大的是邓白氏，它提供的报告针对的是需要将信贷提供给其他各种企业的机构。益博睿和艾可飞也提供类似服务。相比之下，中央分析局专注于卡车运输业，并对卡车司机向美国运输部提交的文件进行分析。

邓白氏和类似机构的业务是收集和维护商业企业信息，并将这些数据提供给有相应需求的合法订户，包括核保人。核保人需要持续衡量客户的财务稳定性，利用这些机构提供的相关信息，核保人更可能获得可观的核保利润。因此，核保人需要完全熟悉以上各种来源提供的服务，并能够解释所获取的数据。

借助财务报告机构开展业务的主要因素之一是这些机构的活动范围。这些组织持续调查分析成千上万的商业企业。它们通常掌握以下信息或能力：（1）报告公司的历史及其所有者和管理人员的背景；（2）详细描述公司的经营方法;(3)概述公司的支付记录;(4)分析财务状况、经营成果和趋势。邓白氏还提供综合信用评级。

这些分析性信息大大减少了保险公司分析客户的必要工作量。由于核保成本在很大程度上是由时间决定的,这些外部服务可以帮助核保人尽可能全面、迅速地调查投保申请。外部信息来源也有优势:它们来自中立的第三方,因此往往不存在偏见。然而,报告机构有时必须依赖被调查公司的所有者直接提供的数据。虽然其他来源可以证实这些信息的大部分,但所有者或经理的财务估计显然不如会计师审计的财务报表那么准确。核保人应该认识到,有必要更密切地关注基于所有者陈述的报告和分析。

保险公司的核保指引通常对核保人应如何使用财务报告服务有明确的规定。该指引可能要求核保人使用财务报告服务数据库对每个投保人进行研究,或者对具有特定特征的投保人(如失败率高的企业)进行研究。

1. 财务报告服务的成本。在某些情况下,更详细的报告可能会很昂贵。与任何核保信息一样,报告必须谨慎使用。核保培训经理可能会问:"为什么我要花钱请信用报告机构来分析被保险人的财务状况?我已经花了不少钱来培训我的核保人如何阅读和分析财务报告。"针对这类问题的解答是,为了获得一些基本信息,信用报告是必要的,而如果核保人能完成信用报告机构所进行的计算,则可以不需要更详细或专门的报告。虽然信用报告可能很昂贵,但保险公司购买这些报告是因为它们认为信用报告机构收集的财务数据是全面的,且其分析是深入的。在对使用信用报告的价值进行成本/收益分析时,即使核保人拥有必要的专业知识,报告的及时性和准确性也可能会被赋予更大的权重。

2. 何时订购信用报告。保险人偶尔在接受客户投保并签发保单后要求出具信用报告。例如,保险人可能会考虑解除保险合同或在未进行保费调整的情况下不再续保。信用报告将表明是否存在下列任何一种情况:

- 销售额下降;
- 负债超过资产净值;
- 新的管理层;

- 经营亏损；
- 库存积压；
- 营运资本不足；
- 评级比以前低。

大多数信用报告机构通过它们的互联网网站提供信息。通过这项服务，核保人几乎可以即时获得信用信息。及时的信息往往能使核保人更快作出决定。

（七）政府记录

各种各样的政府记录在核保中都很有价值。机动车报告是最常见的例子，同时，还有许多其他类型的报告。

1. 机动车报告。最常用的政府记录是车辆保险个人驾驶记录，该记录通常被称为机动车辆报告，或MVR（Motor vehicle report）。

驾驶员的驾驶记录（事故和违规）是预测未来损失的重要指标。MVR主要用于商用机动车核保。此外，如果个人操作其他类型的机动设备，例如承包商设备，核保人有时也会订购MVR。保险公司直接从州政府机构或通过第三方供应商获得MVR，后者向州政府机构订购报告。一些保险公司让事故查勘机构提供MVR报告作为查勘报告的一部分。

MVR并不完全准确。由于各种原因，许多事故或违规行为从未出现在MVR上。地方警察或治安部门在向国家报告违规行为方面存在较大差异。卷入没有涉及其他车辆事故的司机可能不会被开罚单，即使他明显违反了法律。MVR上出现的交通违规行为较少，因为MVR显示的定罪记录申请人并没有收到。其他原因还包括一些州更新司机记录的速度较慢。

美国许多州都有关于谁可以获得MVR以及在什么条件下可以获得的规定。有些州要求保险公司必须获得司机的书面许可。核保人应该了解所在州管理MVR的法规。尽管其尚存一些缺点，MVR仍是汽车保险最常用的外部信息来源。

2. 其他政府记录。核保人在特殊情况下使用一些其他政府的记录。这些来源包括法庭记录、房地产记录、公司文件和政府研究报告。

法庭记录有时对核保人很有帮助。破产申请、未决诉讼（包括投保人提起的诉讼和针对投保人的诉讼）和已了结诉讼的记录都是重要的信息来源。与投保人的产品有关的判决对产品责任核保人而言意义重大。投保人提起的诉讼可能导致人身伤害索赔。如果投保人经济困难并申请破产，财产和责任核保人将会特别关注。房地产记录也很有价值。如果投保人在一处房产上有多个未偿抵押贷款，或者该房产存在留置权，投保人的财务稳定性可能会受到质疑。

上市公司必须向美国证券交易委员会（SEC）提交另一种政府记录，即10—K表。大多数商业客户不是公开交易的，因此不需要提交10—K表。对于需要提交10—K表的商业客户来说，它们很重要，因为其不仅提供了广泛的财务信息，还提供了公司的详细历史、当前运营情况的描述，以及可能的未来计划。10—K表可以直接从投保人、SEC或专门获取10—K表的机构处获得。提交给SEC的信息也可在互联网上获得。

最后，政府收集各种行业、产品和组织的大量信息。这些信息包括：（1）根据员工受伤的数量和严重程度对行业进行排名；（2）根据产品造成伤害的频率和严重程度对产品进行排名；（3）特定组织的员工受伤记录；（4）产品召回信息。

3. 估值指南。对于商业财产保险和内陆海上保险，保险人必须核实被保险财产的价值。如果投保书上显示的价值过低，保险人将收不到足够的保险费。如果投保书上显示的价值太高，被保险人将支付其无须支付的保险费。此外，如果保单金额超过其财产价值，被保险人可能会有意造成损失或可能不保护财产免受损失，以获取保险赔款收益。

核保人有多种方法来核实被保险人提交的保险标的的价值。其中，一种方法是将提交的价值与外部估值进行比较。例如，一些收费服务公司将建筑物估值作为其报告的一部分。中介人通常有一个"价值评估员"来帮助其确定价值。在很多情况下，核保人使用的都是相同工具。此外，保险人可以让投保人或被保险人聘请评估公司对财产进行估值。更常见的是，核保人使用评估公司提供的评估指南或计算机软件来自己估值。通过使用建筑物的年龄、建筑材料、附属建筑的数量和类型以及占地面积等因素，核保人可以确定一个估值。这些估价手册的两大主要供应商是美国估价协会和马歇尔和斯威夫特公司。这两家公司都提供多项服务，从传统的估价指南到计算机软件。这些书本上的初步估价经过调整，以反映影响其价值但未在初步估价中反映出来的财产特征。最终估值也可能反映建筑成本的地域差异。

核保人不仅使用估价指南来验证建筑物的价值，还使用估价指南来评估内物、机器和设备的价值。核保人不可能知道商业企业使用的所有不同类型机器设备的价值。商业财产保险是以实际现金价值为基础的，但大多数客户要求以重置价值为基础。核保人需要知道财产的价值是根据哪一种基础确定的。

重置价值（Replacement cost）是按当前成本更换一件财产或设备的费用。如果被保险人拥有一栋有 20 年历史、3.5 万平方英尺的单层砖砌仓库，那么今天建造同样的建筑需要多少成本？这个问题的答案就是这栋建筑的重置价值。

折旧（Depreciation）是指随着物品老化、磨损或过时而产生的价值损失。一栋崭新的建筑显然比一栋有 20 年历史的建筑更有价值（假设旧建筑没有任何改进）。这个价值上的差异就是老建筑的折旧。

实际现金价值（Actual Cash Value，ACV）通常定义为财产在损失时的重置价值减去折旧。随着时间的推移，折旧在确定 ACV 时从重置成本中扣除，功能性和经济性的过时也要扣除。在美国一些州，ACV 的定义考虑了财产的公平市场价值。这取决于建筑物所处位置及其状况，以在基准重置价值上增加或减少，然后再扣除折旧值。

4. 背景来源出版物。一些额外的信息来源有助于核保特定的客户，包括由专家撰写的各类背景出版物。其中，一些出版物是专门为保险或核保使用而设计的。一些较知名和较容易获得的出版物包括《贝茨核保指引》（*Best's Underwriting Guide*）和《贝茨损失控制工程手册》（*Best's Loss Control Engineering Manual*）、《FC&S 公告》（*FC&S Bulletin*）（国家核保人公司）、《分类指引》（*Classification Guide*）（保费审计咨询服务）和《商业责任保险和商业财产保险》（均来自国际风险管理学会）。

虽然其他出版物是为从事保险行业以外的人设计的，但它们所包含的信息通常有助于从工程或技术领域的角度评估客户。例如，美国国家防火协会（NFPA）出版的《消防手册》和卡车运输业用来确定新旧卡车零售和批发价值的书籍。

核保人还应参考现成的出版物，它们描述了企业可能用于生产产品或提供服务的化学品和材料的危险特性。

小结

核保人必须确定他们是否有足够的信息来对客户作出合理的核保决策。许多核保人发现这种决定具有挑战性，因为他们有一种通过获取额外的信息来确认所作核保决定的自然倾向。这种倾向对核保人和他们的保险公司来说是不切实际的。核保人必须经常提醒自己信息效率的概念，即在作出核保决策时，将信息的成本与其价值进行权衡。一些核保人发现，为了确定是否应该获得这些信息，将所需的重要、可取或可用的信息进行分类是很有帮助的。除优先考虑他们需要的信息外，核保人还应寻求平衡特定客户信息和一般核保信息。

客户信息的最佳来源是投保申请人和帮助被保险人填写投保书的代理人或经纪人。投保书设计旨在获取作出核保决策所需的大部分（如果不是全部的话）信息。然而，缺失和不完整的信息可能需要核保人联系代理人或经纪人补充提供。此外，投保书上的一项信息可能与投保书上的另一项信息冲突，这是一个重要问题，需要迅速解决。

核保人通常需要额外信息，这些信息可以从以下来源获得：

- 损失控制报告对客户的物质风险因素提供了客观的评估。它们还包括对控制损失的建议。
- 定费手册包含分类规则和区分不同类别的特征。

- 其他保险公司可以确认客户的保险保障，或者如果投保人要求的话，还可以提供客户的赔款记录。

- 其他雇员——其他核保人、理赔代表、营销代表和保费审计员——可以成为特定客户的额外信息来源。

- 如果该客户先前曾经投保，或者保险公司为同一客户提供了其他保险，那么，保险公司的档案可能已经包含了客户的重要信息。

- 当投保人的财务状况令人担忧时，保险人可以要求其提供财务报表或从财务报告服务机构订购一份报告。

- 机动车损失报告、法庭记录和其他政府记录在某些情况下都是重要的信息来源。

- 估值指南和各种参考出版物也为核保人提供了背景资源。

核保信息来源众多，给核保人带来了重大挑战。他们必须经常决定使用什么信息以及何时使用。收集太多的信息会减慢核保过程，增加核保费用，但信息太少会导致错误的决策。核保人可以用经验来判断，什么时候信息足够，什么时候需要得更多。

第四章 财务分析

财务报告是一种有价值的信息来源。所有者和管理者在规划、指导和控制企业时，利用财务信息作出明智的判断和决策。财务信息可以帮助那些想知道企业预期收益的潜在投资者，因为债权人想知道企业的信誉，也就是说，企业偿还债务的可能性有多大，所以，核保人通常使用客户的财务信息来衡量其管理能力。同时，财务信息还可以用来确定是否存在道德风险。

第三章描述的财务报告服务提供了财务信息分析。通常，这种分析是为了满足核保人的特定需求而设计的。许多保险公司选择不使用外部财务报告服务，而是希望它们的核保人自己进行这种分析。即使是那些从别人那里购买外部财务分析的保险公司，也往往希望它们的核保人了解财务分析的基础知识，以便更好地理解财务报告中提供的信息。

本章提供了财务分析的基础知识，这对自己进行分析或审查外部获得的报告的核保人来说是重要的。首先，本章描述了资产负债表和损益表。这些是财务信息的主要来源，也是比率分析中使用的信息来源，比率分析是本章介绍的下一个内容。许多客户必须提供资产负债表和损益表以外的更多的财务信息。一些财务报表提供了管理层对过去事件和未来商业计划的看法。

一、财务报表

两个基本的财务报表是资产负债表和损益表。这些报表是财务分析的主要信息来源。下一节介绍 ABC 公司的范例，将用于演示财务分析技术。

（一）资产负债表

资产负债表显示了公司在某一特定时间点所拥有和所欠的资产。资产负债表，有时也称为财务状况表，是组织的财务状况的简表。

资产负债表由三个基本部分组成：资产、负债和所有者权益。这些类别之间的关系由会计公式确定。

$$资产 = 负债 + 所有者权益$$

资产是企业拥有的财产和产权。这些项目通常在资产负债表上按流动性降序排列，负债代表债权人对企业资产的权益，通常按到期时间排列。所有者权益是所有者在满足债权人的利益后对企业资产的剩余权益。本质上，所有者权益是总资产和总负债之间的差额。所有者权益（或公司的股东权益）也称为净资产。

显示资产负债表信息有两种常用的格式。财务报表左边列有资产，右边列有负债和股东权益。在报表中，报表的格式是垂直的，因此，负债和股东权益部分列在资产部分下面。

对资产负债表项目的任何分析都应考虑到该报表的一个固有限制。因为资产负债表只代表一个组织生命中的一个时刻，所以它可能具有欺骗性。例如，季节性波动可能会导致任何时候报告的正常财务状况发生重大变化。管理层也可以在任何时候操纵账目以提高企业的地位。

例如，公司可以通过在资产负债表日期之前偿还短期债务来提高其流动比率（流动资产除以流动负债）。短期债务的偿还增加了流动比率。如果一家公司的流动资产为10万美元，流动负债为7.5万美元（还款前），其流动比率为1.33（10万美元/7.5万美元）。如果公司有1万美元的现金可用于还款，并且确实偿还了1万美元的债务，那么它可以将流动比率提高到1.38（9万美元/6.5万美元）。虽然这种做法（通常被称为"粉饰账面"）是合法的，但它们可能会产生误导，许多人认为这种技术是不道德的。

ABC公司的财务状况，如附件4-1的资产负债表所示，可以在两个时间点之间进行比较。这种分析是通过所谓的比较资产负债表来完成的。对分析师来说，比较资产负债表比单一时期的资产负债表更有价值，因为它提供了在多个时点上查看公司财务状况并比较数据集的能力。财务报表通常包含 5 年或 10 年的资产负债表数据摘要。

比较性财务报表是将两个不同时期的资产负债表或损益表放在一起编制。分析其从一个时间点到另一个时间点的变化可以看出公司的财务实力是在增强还是在减弱。

一旦熟悉了资产负债表的格式和各种分类，核保人就可以开始解读这些数据，并为一些核保问题提供答案。有各种各样的工具辅助人们分析资产负债表。例如，多年报表可以通过将每个报表中的数据索引到一个共同的基准年（该过程称为趋势分析），或编制统一规格的报表来进行比较，这些报表将每个数据项目与总资产（用于资产负债表）或总销售额（用于损益表）的百分比联系起来。

附件 4-1　ABC 公司资产负债表（千美元）

资产		
	20×5 年 12 月 31 日	20×4 年 12 月 31 日
流动资产		
现金	$40	$50
可销售债券	90	142
预付费用	10	8
应收款（净额）	215	200
库存	300	350
流动资产总计	$655	$750
不动产、厂房和设备（成本）	2500	2000
减去累计贬值	650	400
净财产、厂房和设备	1850	1600
总资产	$2505	$2350

续表

负债和股东权益	20×5年12月31日	20×4年12月31日
流动负债		
应付账款	$80	$65
应付票据	120	100
应计项目	12	10
联邦所得税准备金	135	130
总流动负债	$347	$305
应付抵押贷款	625	650
总负债	972	955
股东权益		
股本（100000股）	1000	1000
留存收益	533	395
股东权益总额	1533	1395
总负债和股东权益	$2505	$2350

1. 资产。资产通常分为两大类：流动资产和财产、厂房和设备（非流动资产）。流动资产（Current assets）包括现金和其他预计在一年内转化为现金或用于企业经营的资产。流动资产通常按其流动性的先后顺序列示如下：

- 现金；
- 有价证券；
- 应收账款（账款和票据）；
- 库存；
- 预付费用。

现金（Cash）总是列在第一位，包括硬币、货币和现金等价物，如支票、银行汇票、汇款单和商业银行的活期存款。如果现金是为了某种指定的目的而持有的，比如最终到期的债券发行，它就不包括在现金项目中，而是被放在一个为特定目的而指定的账户中。

有价证券（Marketable securities）是一种临时投资，可以很容易地转换成现金。当公司有多余的资金，且这些资金不是立即用于经营时，通常会投资于有价证券。

应收账款（Receivables）包括客户和其他外部人员欠公司的款项。应收账款通常又分为应收票据和应收账款。

存货（Inventories）由可供销售给顾客的货物组成。对于制造公司来说，存货项目还包括两种类型的存货：原材料和制成品。

预付费用（Prepaid expenses）是指已经为尚未收到或使用的服务支付的金额。预付费用项目的一个常见例子是预付保险费。ABC公司在20×5年11月1日支付了12000美元的年度保单保费，但到20×5年12月31日仅花费了2000美元（每个月的保险费用为1000美元）。剩下的1万美元是预付费用。

ABC公司资产负债表上的另一个主要资产分类是土地、厂房和设备。这类资产包括使用寿命在一年以上、用于企业经营、不打算转售给客户的资产。土地、厂房和设备的例子有土地、建筑物和车辆。土地在资产负债表上按其原价显示。土地具有无限的寿命，因此，永远不会贬值。但是，建筑物、机器和设备的价值是按其原价减去累计折旧金额计算的。ABC公司不是将这类资产的全部成本作为费用计入任何一年，而是通过使用定期折旧费用将成本分摊到给定的年份。到财务报表编制之日为止已发生的费用总额称为累计折旧（Accumulated depreciation）。财务报表反映的是会计折旧，而不是实物折旧。在确定保险资产的实际现金价值时，应考虑累积实物折旧（Physical depreciation）。会计折旧与实物折旧没有直接关系。

资产负债表上可能出现另外三种主要的资产分类。投资（Investment）是指无限期持有或用于某种指定目的的投资，列在流动资产以及土地、厂房和设备类别之间。股票投资和另一家公司的债券、为赚取收入而持有的房地产，以及为养老基金等特殊基金持有的投资，都将被归类为投资。

> **实物折旧、功能折旧与会计折旧**
>
> 　　实物折旧是可折旧资产在一段时间内的损耗。例如，建筑物和设备受到使用和磨损的影响，最终必须更换。功能折旧是由于资产陈旧或性能不佳造成的。例如，许多资产受到经济变化或先进技术的影响，在实际磨损之前就变得无用了。会计折旧是用来将资产的成本分摊到其有效的经济寿命期间。例如，以10万美元购买的资产，估计使用寿命为10年（无残值），可以按直线折旧，使其价值每年贬值1万美元。在第五年，它的会计价值为5万美元，但由于天气恶劣，它的市场价值可能是2万美元。或者，这个资产的市场价值可以忽略不计，因为现在有一个更好、更有效的资产可用。
>
> 　　核保人之所以关心资产的估值，是因为财产保险单承诺支付被保险人财产的实际现金价值或重置成本。在某些情况下，被保险人将无法理解为什么保险公司对财产的估值方法与其财务报表所采用的方法不同。

　　无形资产（Intangible assets）是资产负债表上常见的另一种主要资产。这些资产缺乏实物，但对组织有实际价值。无形资产的常见例子有专利、版权、特许经营权和商誉。商誉只有在一家公司被收购或与另一家公司合并时才报告。商誉报告的金额是为企业支付的价款超过被收购企业所有有形净资产的账面价值或协议价值的部分。会计准则要求在不超过四十年的期间内摊销商誉。

　　最后一大类资产被称为其他资产。这些资产就是那些不能以其他方式分类的资产。这类资产中常见的项目是公司对其管理人员持有的人寿保险的现金退保价值、管理人员的应收账款以及用于特殊目的的杂项资金。

　　2. 负债。公司的负债（Liabilities）通常在资产负债表的右侧，分为两大类——流动负债和非流动负债。

　　流动负债（Current liabilities）是指那些合理预期需要在一年内使用现金支付或产生其他流动负债的债务。流动负债通常按其可能到期的先后顺序列示。

流动负债的例子包括应付账款、应付票据、所得税预估金额和应计项目。应计项目是指由于时间的推移而欠下的、但将在未来支付的债务。应计项目（Accruals）的一个常见例子是应计应付工资。如果 ABC 公司在 20×5 年 12 月 31 日欠其员工 1.2 万美元的工资，但要到下一周才能支付，那么，这 1.2 万美元必须作为流动负债设立，因为它是公司的义务。

从资产负债表之日起一年以上到期的债务列在流动负债总额之后。票据、债券和抵押贷款是不属于流动资产的债务。

3. 所有者权益。所有者权益（Owners'equity），或净资产，表示截至资产负债表日的总资产与总负债之间的差额。它代表了所有者在企业中权益的价值。独资企业、合伙企业和股份有限公司的所有者权益报告方式不同。

本章范例中使用的 ABC 公司是一家股份有限公司，因为股东拥有公司，所以 ABC 公司的净值称为股东权益（Stockholders'equity）。股本和留存收益这两项通常构成股东权益部分。

股本（Capital stock）是指股东通过购买股票而投入的资金。假设 ABC 公司以每股 10 美元的票面价值出售了 10 万股股票。这就得到了 100 万美元股本。股票通常以高于面值的价格出售。当它发生时，任何超过票面价值的部分被报告为额外的实收资本（Additional paid-up capital）或超过票面价值的资本。如果 ABC 公司的股票（所有票面价值为 10 美元）以 12 美元的价格出售，则报告的股本为 100 万美元，额外的实收资本为 20 万美元［（$12 - $10）×100000］。

留存收益（Retained earnings）是股东权益总额的一部分，代表公司累积的未分配收益。也就是说，这个项目代表公司自成立之日起的总利润减去支付的总股息和公司成立后遭受的损失。如果企业经营出现净亏损，留存收益就是用括号括起来的负数。

独资企业报告所有者权益的方式略有不同。该报表只是将公司的净值作为属于所有者的资本进行报告。合伙企业也以类似的方式报告所有者权益。

（二）损益表

损益表（Income statement）曾经被称为利润和损失报表，它总结了一段时间（通常是一年）内企业经营所获得的结果。损益表与资产负债表相反，资产负债表代表公司在某一特定时间的财务状况。

损益表详细列出一年内的收入和发生的各种费用。在这一期间内，总收入超过总支出的部分构成该组织的利润。如果费用超过收入，组织就会出现亏损。

核保人必须理解损益表和资产负债表之间的关系。如果在一年时间里实现了净利润，那么公司的净资产已经增加了利润的数额（假设没有股息）。净资产的增加显示为资产负债表上作为所有者权益部分的留存收益的增加。相反，如果公司在这一年中出现净亏损，则公司的所有者权益减少。

损益表的列报方式随业务类型的不同而不同。附件4-2显示了一家服务企业和一家制造企业的简明损益表样本。如附件4-3所示的损益表是一个销售公司的损益表。在ABC公司的损益表中，净销售额是第一项。净销售是指当期的销售总额减去所有退货和备付金。净销售额（Net sale）不包括任何销售税收入。

销售成本（Cost of sale）是损益表上的第二个项目。这一项目表示公司在一年内销售的商品或提供的服务的成本。销售成本是期初存货，根据期间的所有采购进行调整，再减去期末存货后得出。当销售成本从销售净额中减去时，得到的数字就是销售毛利润（Gross margin on sales），通常称为毛利润（Gross profit）。

从毛利润中减去的销售费用、一般费用和管理费用（Selling, general, and administrative expenses）通常被称为营业费用。销售费用包括那些与商品销售直接相关的项目。销售费用包括销售佣金、广告费、送货费用以及商店家具和设备的折旧。一般费用和管理费用是那些与销售货物没有直接关系，但在企业经营中必需的费用。这类费用包括管理人员和文员的工资、使用的办公用品、邮资费、电话费、营业执照费以及办公家具和固定装置的折旧。从销售毛利润中扣除销售费用、一般费用和管理费用，就是营业收入（Operating income）。营业收入是指在报表所涵盖的期间内企业正常经营所产生的收入。

附件 4–2　简明损益表样本

服务企业		
佣金和费用		$1000000
销售费用、一般费用和管理费用		800000
营业收入		200000
其他收入		25000
计提税项前的净收入		225000
所得税计提		65000
所得税后净收入		$160000
制造企业		
总收入		$10000000
材料	$5700.000	
直接人工	800000	
工厂开销	1000000	$7500.000
毛利润（也叫"毛利"）		2500000
销售费用、一般费用和管理费用		2000000
营业收入		500000
其他收入		50000
计提所得税前净收入		550000
所得税计提		165000
扣除所得税后的净收入		$385000

附件 4-3 ABC 公司年度收益比较表

截至 20×4 年 12 月 31 日和 20×5 年 12 月 31 日				
		12/31/20×5		12/31/20×4
销售（净）		$3075000		$3000000
销售成本		2650000		2550000
毛利润		$425.000		$425.000
销售费用、一般费用和管理费用				
销售费用	$28000		$25000	
一般费用和管理费用	40000		43000	
其他	20000	88000	25000	93000
营业收入		$337000		$357000
其他费用				
利息		45000		55000
税前净收入		292000		302000
税收（35%）		102200		105700
税后净收入		$189800		$196300
每股收益（EPS）		$1.90		$1.96

其他收入和费用项目列在营业收入数字下面。这些项目是杂项、非经常性或与组织的主要业务无关。例如，如果一个组织以利息和股息的形式获得收入，或者从租金、特许权使用费和服务费中获得收入，它将这些收入作为其他收入报告。这些项目从营业收入中增加（收入）或减少（费用），以确定税前净收入（Net income before taxes）。扣除税项后，所得的数字就是税后净收入（或亏损）[Net income (or loss) after taxes]。

大多数损益表的最后一项是每股收益（Earning per share，EPS）。在简单的资本结构中，EPS 的计算方法是将税后收入除以已发行普通股的总股数。对于一个复杂的资本结构，EPS 过于复杂，不在本书讨论的范围内。

诸如 ABC 公司损益表的格式被称为多步表（Multiple—step form），是目前使用最广泛的格式。然而，核保人也应该熟悉单步表。在单步表中，总费用从总收入中扣除，得出税后净收入。营业收入和其他收入之间，或销售费用、一般费用、管理费用和其他费用之间没有区别。

二、财务报表分析

核保人检查公司的财务记录，以寻找有关其财务状况的核保信息。财务报表本身的用处是有限的。但是，有几种工具可以将这些报表转化为有用的信息来源。这些工具包括：（1）比较财务报表；（2）百分比分析，包括趋势百分比和垂直报表分析；（3）比率分析，它们在本章后面讨论。这些工具使核保人能够通过将其与特定标准（称为基准）进行比较来评估企业的财务状况。这些标准包括该公司过去的业绩（趋势分析）和同行业其他公司的业绩（行业分析）。

最基本的财务分析工具包含在比较财务报表中。附件 4-1 和附件 4-3 是 ABC 公司的比较性财务报表。如果只提供截至 20×5 年 12 月 31 日的信息，就很难对公司的财务实力得出有效的结论（除非该公司异常强大或异常薄弱）。例如，ABC 公司在 20×5 年的净收入为 189800 美元。这个事实本身并不是很有用。但是，如果核保人知道该公司在过去五年的年净收入超过 500000 美元，那么当前的净收入数字可能表明，该公司可能存在道德或道义风险，或财务状况恶化。相反，如果公司以前的收入从未超过 50000 美元，那么当前的收入数字可能表明：（1）公司不断增长发展壮大；（2）道德风险发生的可能性降低；（3）存在一些仅在单一年度影响收入的非经常性交易。

可以用这种方法比较所有报表上的每个客户分类，以获得需要的核保信息。例如，可以通过比较过去几年资产负债表上的存货数据得出结论。一家公司的存货目前价值为 100 万美元，这一事实对核保人而言是有用的。将这个数字与其前几年的库存水平进行比较会更有意义，假如该公司库存正在增加，则可能表明销售强劲和业务健康增长。而如果该公司库存过时或受损，则反过来又表明可能存在道德风险,这一现象也可能暗示,一部分库存将永远不会被出售或转换成现金。但是,核保人必须确保会计原则在进行比较的期间内得到一致的应用。例如,存货计价方法的变化可能造成企业财务状况存在波动或维持稳定的错误印象。

使用趋势百分比（Trend percentage）可以使比较财务报表分析更容易。这种技术将美元金额转换为与基准年金额相比增加或减少的百分比。基准年中的所有美元金额都被赋予100%的权重,随后年份的金额以占基准年数字的百分比表示。用百分比代替较大的金额使结果更一目了然。使用趋势百分比分析技术能够有效查找出企业可能随着时间推移而出现的不利发展因素。

通用规模报表（Common-size statement）或垂直分析（Vertical analysis）是另一种财务分析工具,通常用于比较两个或两个以上企业的报表,尤其是那些不同规模的企业。通用规模资产负债表将所有数值用占总资产的百分比表示,而通用规模损益表将所有数值用占销售额的百分比表示。ABC公司的通用规模资产负债表如附件4-4所示。

附件4-4　ABC公司通用规模资产负债表

资产	20×5年12月31日	20×4年12月31日
流动资产		
现金	1.60%	2.13%
有价证券	3.59%	6.04%
预付费用	0.40%	0.34%
应收款（净额）	8.58%	8.51%
库存	11.98%	14.89%
流动资产总计	26.15%	31.91%
净财产、工厂和设备	73.85%	68.09%
资产总计	100.00%	100.00%
负债和股东权益		

续表

资产	20×5年12月31日	20×4年12月31日
流动负债		
应付账款	3.19%	2.77%
应付票据	4.79%	4.26%
应计项目	0.48%	0.43%
联邦所得税计提	5.39%	5.53%
流动负债总计	13.85%	12.99%
应付抵押贷款	24.95%	27.66%
总负债	38.80%	40.65%
股东权益		
股本	39.92%	42.55%
留存收益	21.28%	16.80%
股东权益总额	100.00%	100.00%

核保人应注意不要混淆垂直分析百分比和趋势分析百分比这两种统计方式。比如，从20×4年到20×5年其库存并没有减少2.91%（14.89%减去11.98%）。然而，存货占总资产的比例确实减少了这么多。

当与行业平均水平进行比较时，这些信息可能十分重要。假设行业平均库存仅占总资产的15%，这一信息可能会提醒核保人注意过时的库存和潜在的道德风险。如果具有相同销售水平的公司，其净财产、厂房和设备的行业平均水平仅为55%（与ABC公司的74%相比），则ABC公司的运作效率可能很低。财务工具（如比较表、趋势百分比表和通用规模表）的使用对解释会计记录很有效。它们使核保人能够将公司当前的经营情况与某些业绩标准进行比较。通过使用公司过去的业绩和行业平均水平作为标准，核保人可以获得核保信息，并从这些报表中得出结论。财务基准的例子如附件4-5所示。

附件 4-5　选定行业细分市场的基准

7/96 至 7/97 会计期间的项目说明	其他特别贸易承包商	企业服务（除了广告）	建筑材料经销商	服装和配饰商店
企业数量	15912	27737	2450	6968
运营成本/运营收入（%）				
运营成本	61.9	31.5	65.3	58.4
已付税款	3.0	3.9	2.5	2.3
已付利息	0.8	0.6	0.5	0.7
折旧、损耗、摊销	2.3	1.7	1.3	1.0
养老金和其他福利	1.8	1.5	0.9	0.2
其他	14.4	21.5	12.3	20.6
高管补偿	6.1	10.0	4.9	4.3
运营利润	1.4	5.0	5.1	4.8
高管补偿前的运营利润	7.4	14.9	10.0	9.1
所选择的财务比率（乘以1）				
流动比率	1.5	1.9	1.9	2.8
速动比率	1.2	1.6	1.1	0.5
净销售额与营运资本之比	19.8	16.2	12.5	5.7
总资产周转率	3.9	4.4	4.8	3.0
库存周转率	—	—	8.7	2.6
总负债与资产净值之比（%）	1.8	1.4	1.5	1.5
所选择的财务因子（%）				
资产回报率	14.4	34.8	29.4	16.8
股东权益回报率	29.7	—	—	32.0
所得税前利润率	2.9	7.3	5.7	4.9
所得税后利润率	2.7	7.0	5.4	4.9

第四章 财务分析

（一）其他来源的会计信息

核保人应该知道除财务报表外的其他会计数据来源。尽管这些来源可能没有财务报表本身那么重要，但它们可以补充财务报表信息，帮助核保人更全面地了解特定风险。

1. 年度报告。这种信息来源可以是上市公司的年度报告。年度报告中包含的各种信息提高了财务报表本身的可信度。年度报告简要地描述了公司的背景和发展情况。通常，年度报告（Annual report）还包括对上一年经营情况的总结和分析。年度报告描述公司管理层的计划，并通过图表和比率帮助读者理解财务数据。

由于通常由公司管理层准备年度报告，因此，这些信息往往对公司有利。例如，管理报表对未来的预测可能比合理的预测更为乐观。然而，核保人可以通过审查公司的年度报告对公司的财务状况有所了解。

2. 招股说明书。公司财务信息的另一个来源是招股说明书。招股说明书（Prospectus）是公司为描述新证券（股票或债券）发行而发布的注册声明。它必须在新证券公开发行前至少 20 天提交给美国证券交易委员会（SEC）。招股说明书提供有关公司的高质量财务、法律和技术信息。但只有当公司准备发行新的证券时，才会提供招股说明书。

3. 10—K 表。SEC 要求所有上市公司提交一份年度报告，更新其注册声明。这份报告是 10—K 表，包含财务统计和补充报表。10—K 表还包含一个名为管理层讨论与分析（MD&A）的叙述性部分。这是对公司年度活动的描述，包括对其财务状况和经营结果的评论。从核保人的角度来看，一个重要的补充声明是 10—K 表针对该公司的法律诉讼清单。SEC 允许公众通过互联网访问这些信息。此外，许多图书馆都有 SEC 的微缩文件信息。

4. 其他信息来源。除了年度报告，所有在 SEC 注册的公司还必须发布季度报告。这些报告没有那么详细，而且往往未经公共（外部）会计师事务所认证，但它们可以提供最新的信息，并帮助确定业务的季节性波动，特别是库存价值。核保人还可以从收集和报告此类信息的来源中获得有关公司的财务信息。

> **EDGAR——电子数据收集、分析和检索系统**
>
> 美国证券交易委员会开发了 EDGAR，以自动收集、验证、索引、接受和转发公司提交给它的财务信息。EDGAR 提供了一种向投资者和其他人传播时间敏感性较强的公司信息的手段，从而提高了证券市场的效率和公平性。核保人可以通过互联网访问 EDGAR 收集的大部分信息。

（二）会计数据的不足之处

核保人使用财务报表之前，他们必须了解报表所依据的会计数据。当与公司过去的财务报表、类似公司的财务报表或适用的行业标准进行比较时，财务报表才最有价值。

会计方法的不同使财务报表之间的比较变得困难。规模相似的两家公司可能经营相同的产品线，但财务报表上的项目和金额却完全不同。这些差异并不一定表明一个公司在财务上比另一个公司强。不同的盘点方法会导致期末存货、销售成本和毛利润值的不同，即使相同的事件发生在同一年。

例如，假设 X 公司和 Y 公司都在 20×6 年 1 月 1 日开始营业。在那一天，两家公司都以每件 1 美元的价格购买了 1 万个小部件。在 20×6 年 7 月 1 日，它们每家以 1.2 美元的价格购买了 1 万个额外的小部件。进一步假设每家公司在这一年中以每个 1.25 美元的价格卖出了 15000 个小部件。X 公司使用先进先出法（FIFO）评估库存，而 Y 公司使用后进先出法（LIFO）评估库存。

期末存货的价值是通过购买的单位数量乘以它们的购买价格，并将结果加到期初存货余额得出的结果。计算过程为库存取出（售出）的单位数量乘以取出特定单位的假定成本。FIFO 法假设第一批购买的物品是第一批售出的物品。LIFO 法假定最后入库的物品是最先售出的物品。在价格上涨的时期，后进先出法产生较高的销售成本，因此，净收入金额较小。由于该原因，后进先出法常被用作减少所得税的一种手段。关于两家公司的期末存货、销售成本和毛利润的计算见附件 4-6。

特定公司使用的会计方法、程序和估值可以在其报表上或在通常称为财务报表附注的部分找到。这些附注是财务报表不可分割的一部分，核保人不应在不查阅附注的情况下就试图分析报表。附注通常说明公司使用的会计方法和对以下项目的估值：(1) 应付票据，(2) 所得税，(3) 长期债务，(4) 普通股，(5) 股票期权，(6) 养老金计划，(7) 存货，(8) 留存收益，(9) 研发成本，(10) 或有事项。核保人应注意，附注是财务报表的重要组成部分，附注中的信息对于解释报表中的会计数据至关重要。

附件 4-6　计算期末存货、销货成本和毛利润

公司 X——先进先出法				
期末存货				
		数量	单位成本	总成本
1/1/20×6 购买		10000	$1.00	$10000
7/1/20×6 购买		10000	1.20	12000
3/1/20×6 销售		(10000)	1.00	(10000)
9/1/20×6 销售		(5000)	1.20	(6000)
余额		5000		$6000
销售成本				
期初余额 + 购买价 − 期末余额 (0 + $22000 − $6000 = $16000)				
毛利润				
销售额（15000 × $1.25）	$18750			
减去销售成本	16000			
毛利润	$2750			
公司 Y——后进先出法				
期末成本				
		数量	单位成本	总成本
1/1/20×6 购买		10000	$1.00	$10000
7/1/20×6 购买		10000	1.20	12000

续表

公司 Y——后进先出法			
期末成本			
	数量	单位成本	总成本
3/1/20×6 销售	(10000)	1.20	(12000)
9/1/20×6 销售	(5000)	1.00	(5000)
余额	5000		$5000
销售成本			
期初余额＋购买价－期末余额 (0＋$22000－$5000＝$17000)			
毛利润			
销售额（15000×$1.25）	$18750		
减去销售成本	17000		
毛利润	$1750		

(三) 有保留意见报表和无保留意见报表

经审计的财务报表通常被认为比未经审计的财务报表更可信。经审计的财务报表附有一份由独立注册会计师（CPA）编写的审计报告（Audit report），该报告对公司报表的公平性发表了专业意见。核保人应经常审阅审计报告。审计师可以提供三种类型的意见：（1）不合格，（2）合格，（3）不利。审计师也可以拒绝发表审计意见。审计师只对财务报表发表意见，而非对整个年度报告发表意见。

无保留意见（Unqualified opinion）表明财务报表已经过审查，并且它们公正地反映了公司的财务状况、经营结果和财务状况的变化。这种意见表明财务报表是诚实的，没有偏见，并且报表中包含的信息是完整的。无保留意见还表明该公司正在使用公认会计原则（GAAP），并在一致的基础上应用它们。无保留意见并不意味着报表"完全正确"或不存在欺诈的可能性，实际上在审计过程中偶尔也会发现舞弊。

如果在审计人员看来，财务报表公正地反映了公司的财务状况，但有少数例外，那么就可以发表有保留的意见。例如，当公司与上一年相比改变了存货计价方法时，审计师通常会发表有保留意见。

如果财务报表没有公允地反映公司的财务状况，审计师将发表不利意见（Adverse opinion）。审计师还将解释其结论的原因。

如果审计师由于任何原因（如客户施加的审计限制或缺乏独立性）无法提出意见，则将随财务报表发布免责声明（Disclaimer）。

三、比率分析

比率分析（Ratio analysis）是研究客户财务状况的重要工具。比率分析使用公司会计记录中的数据项目，并将这些项目中的两个或多个项目相互联系起来，以便将结果与以前会计期间或类似业务的结果进行比较。

使用比率分析的第一步是确定特定客户需要哪些信息，然后选择以最有效的方式提供这些信息的比率。从会计记录数据中可以产生数百种比率，但通常只需要少数几种来进行特定的分析。为了确定使用哪种比率，核保人不应忘记其财务分析的目标——寻找有助于承保决策的任何信息。如前所述，核保人使用财务分析来指出：（1）潜在的道德和道义风险；（2）客户支付保费的能力；（3）财务实力和健全的管理；（4）从核保的角度来看，潜在的增长和未来的可保性。

本章将讨论12种比率，但在分析特定公司时，核保人可能只需要检查其中的三四个。核保人所关注的领域将决定使用的具体比率。

比率本身是一个没有意义的数字。为了使比率发挥作用，它必须以一种合乎逻辑的方式与一些基线或指引进行比较。正常情况下，比率有以下几种分析方式：（1）与公司过去几年的相同比率进行比较，以确定公司的业绩是在改善还是在恶化；（2）与同行业其他公司的比率进行比较，以确定该公司与同类公司的对比情况；（3）与适用的行业基准进行比较。关键业务比率可从一些财务报告机构获得，如邓白氏公司。

比率的使用必须谨慎。它们是根据会计数据构建的，这些数据会有不同的解释，甚至会被操纵。需要考虑的重要因素包括存货估值方法，折旧方法，以及租赁会计。根据使用的方法不同，净收入可以被大幅修改。

比率一般可以分为四个基本组：
- 流动性比率，衡量公司支付短期债务的能力；
- 杠杆比率，衡量公司债务融资程度；
- 活动比率，衡量公司使用其资产的程度；
- 盈利能力比率，衡量公司实现其盈利目标的程度。

在下面的比率示例中，数据取自如附件4－1和附件4－3所示的ABC公司的财务报表。

（一）流动性比率

流动性比率衡量公司支付当前到期债务的能力。ABC公司有347000美元的债务必须在下一年内支付（见附件4－1）。这笔债务能偿还吗？会出现现金紧张吗？流动性比率可以帮助回答这类问题。流动性比率低的公司在到期时无法很好地履行债务（包括保险费）。当然，低和高是相对而言的。除非在趋势分析或行业分析中与其他比率进行比较，否则比率是无用的。较高的比率表明该公司比同行更有能力支付当前的保险费。流动性比率还可以帮助分析是否存在潜在的道德或道义风险。流动性比率较低的客户可能存在道德风险，因为他存在故意造成损失以获取保险赔款的可能。最常用的流动性指标是流动比率、速动比率（也称为酸性测试比率）和营运资金。

1. 流动比率。用于确定流动比率（Current ratio）的数据可以在资产负债表中找到。流动比率本身是通过流动资产除以流动负债来计算的。流动资产通常包括现金、有价证券、应收账款、应收票据和存货。流动负债通常包括应付账款和票据、长期债务的当前到期部分和应计项目。

流动比率表示预计在下一年转换为现金的资产将在多大程度上涵盖短期债权人的债权。例如，2:1的流动比率表明，对于每一美元的流动债务，公司有两美元的流动资产。传统意义上，2:1的流动比率被认为是令人满意的，但这并不是一个绝对的规则。

流动比率的计算方法如下：

$$流动比率 = \frac{流动资产}{流动负债}$$

使用附件 4-1 中 ABC 公司的数据，可以得出以下结果：

$$20 \times 4 \text{ 年流动比率} = \frac{\$750000}{\$305000} = 2.5$$

以及

$$20 \times 5 \text{ 年流动比率} = \frac{\$655000}{\$347000} = 1.9$$

流动比率下降是因为 ABC 公司在 20×5 年比 20×4 年拥有更少的流动资产来支付更多的流动负债。如果行业的平均流动比率为 2.0，那么 ABC 公司似乎符合该标准。行业平均值通常用于提供参考，然而，它们不一定是所有公司都应该努力达到的合适基准。被分析的企业在多大程度上代表了计算平均值的行业，这一点至关重要。在某些行业中，少数大公司对平均值有很大的影响，在这种情况下，平均值对该行业中较小的公司来说意义不大。以 ABC 公司为例，尽管流动比率下降了 0.6，但仍然非常接近行业平均水平。此外，每 1.00 美元的流动负债对应价值 1.90 美元的流动资产，ABC 公司应该不会有流动性问题，除非在不久的将来出现戏剧性的不利发展。然而，应该考虑到 ABC 公司在该行业的一般公司中有多大的代表性。如果 ABC 公司的规模或其他特征与平均值有很大差异，则应该使用不同的基准进行比较，也许可以从行业内类似规模的公司的数据中开发出一个基准。

2. 速动（酸性测试）比率。速动比率类似于流动比率。它的计算方法是速动资产除以流动负债。速动资产（Quick assets）包括现金、有价证券和应收款项。速动资产和流动资产的唯一区别是速动资产不包括存货。"速动"是用来描述那些以现金形式存在的资产或可迅速转换为现金以支付当前债务的资产。

速动比率的计算方法如下：

$$速动比率 = \frac{流动资产减去存货}{流动负债}$$

使用附件 4-1 中的数据得出以下结果：

$$20 \times 4 \text{ 年速动比率} = \frac{\$400000}{\$305000} = 1.31$$

以及

$$20 \times 5 \text{ 年速动比率} = \frac{\$400000}{\$347000} = 1.02$$

在这个例子中，每1美元的流动债务在20×4年由1.31美元的现金或净现金资产支持，在20×5年由1.02美元的现金或净现金资产支持。假设行业平均值为1:1（1:1为传统有利水平）。尽管20×5年速动比率有所下降，但仍高于行业平均水平。通过变现速动资产，公司应该能够支付所有流动负债。

速动比率表明，如果公司倒闭或立即被清算，该公司能够履行其义务的程度。速动比率低于1:1通常被解读为危险信号。银行等短期债权人通常同时使用速动比率和流动比率，核保人可以将其作为公司财务状况的明确指标。

3. 营运资本。营运资本（Working capital）是衡量流动资产超过流动负债的程度的指标。营运资金用于为直接经营活动提供资金，如购买库存、增长融资和获得信贷。

营运资本的计算方法如下：

$$\text{营运资本} = \text{流动资产} - \text{流动负债}$$

使用附件4-1中ABC公司的数据可以得到以下结果：

$$20 \times 4 \text{ 年营运资本} = \$750000 - \$305000 = \$445000$$

以及

$$20 \times 5 \text{ 年营运资本} = \$655000 - \$347000 = \$308000$$

ABC公司的营运资本减少了137000美元。营运资本不足会对公司的经营造成不利影响，并可能导致公司的倒闭。保证保函核保人对承包商客户的营运资金进行定性评估。承包商通常有财务资源，但缺乏必要的营运资本来履行其当前义务。保证保函核保人审查流动资产和流动负债的各个类别，以确定计算出的流动资本中有多少是实际上可获得的。

（二）杠杆比率

杠杆比率（Leverage ratios）表明债权人提供的资金数额与公司所有者提

供的资金数额之间的关系。杠杆比率可以让核保人了解公司如何使用借来的资金,它可以表明公司的财务实力和管理的健全性。杠杆比率反映了公司的稳健性,其债务金额越大,公司无法满足债务支付要求的可能性就越大。行业平均比率对于杠杆分析尤为重要,因为不同行业使用债务融资的规范差异很大。例如,拥有大量财产、厂房和设备且收益相当稳定的行业,通常会背负大量债务。公用事业行业就是高杠杆行业的一个很好的例子。最常用的三种杠杆率如下:

- 总负债与总资产比率;
- 利润与利息比率;
- 固定费用覆盖比率。

1. 总负债与总资产比率。用于计算总负债与总资产比率(Total debt – to – assets ratio)的数据见于资产负债表。该比率的计算方法是用总负债除以总资产。比率越高,债权人提供给公司的资金就越多。特别高的比率表明该公司通过债务融资过多,这可能导致财务疲软和增长可疑。这种情况下,核保人必须意识到可能存在的道德或道义风险。总负债与总资产比率的计算方法如下:

$$总负债与总资产比率 = \frac{总负债}{总资产}$$

使用附件 4-1 中 ABC 公司的数据可以得到以下结果:

$$20 \times 4 \text{ 年的总债务与总资产比率} = \frac{\$955000}{\$2350000} = 0.41$$

以及

$$20 \times 5 \text{ 年的总债务与总资产比率} = \frac{\$972000}{\$2515000} = 0.39$$

对于 ABC 公司 20×5 年每一美元的资产,债权人提供了 0.39 美元的融资。如果这个比率的行业平均值是 0.35 美元,则 ABC 公司略高于平均水平,但可能还不足以引起关注。

2. 已获利息倍数比率。一年内借入资金获得利息的次数是通过息税前收益(Earning before interest payment and taxes,EBIT)除以利息费用计算出来的。这些数据项目可以在损益表中找到（见附件 4-3）。已获利息倍数比率（Times interest earned ratio）是衡量公司偿债能力的一个很好的指标，因为它衡量的是在公司无法支付年度利息成本之前，收益可以下降到什么程度。在评估一家公司的财务实力时，这是一个关键的考虑因素。

利润与利息比率的计算方法如下：

$$已获利息倍数比率 = \frac{EBIT}{利息费用}$$

使用附件 4-3 中 ABC 公司的数据可以得到以下结果：

$$20\times4\ 年已获利息倍数比率 = \frac{\$357000}{\$55000} = 6.5$$

以及

$$20\times5\ 年已获利息倍数比率 = \frac{\$337000}{\$45000} = 7.5$$

在 20×5 年，ABC 公司产生了 45000 美元的利息费用，营业收入为 337000 美元。换句话说，ABC 公司赚的钱足以支付 7.5 倍的利息。与 20×4 年相比，这是一个进步。如果行业平均市盈率为 8.0，那么，ABC 公司在 20×5 年将低于平均水平，但比前一年有所改善。需要考虑的一个重要因素是收益的可变性。如果公司所处的行业每年的收益波动很大，那么，这个利息收益倍数应该很大，在最坏的情况下也能足够覆盖债务。而稳定的收益将允许一个较小的倍数。

3. 固定费用覆盖率。已获利息倍数比率和固定费用覆盖率的唯一区别是，后者包括租赁和其他固定债务。租赁债务与债务的利息有相似的特点，即两者都必须支付。因此，固定费用覆盖率更具包容性，可能比已获利息倍数比率更重要。这个比率之所以重要，是因为公司可以租赁设施，而不是借钱购买同样的设施。因此，公司承担了支付租赁款项的义务，而不是承担利息的义务，无法支付租赁款项会使公司陷入财务困难，就像无法支付利息一样严重。因此，对公司的任何分析都应该包括对所有固定费用的衡量，而不仅是利息费用。这种计算的数据也可以在损益表中找到。由于 ABC 公司没有租赁义务，因此，这个比率等于已获利息倍数比率。

固定费用覆盖率的计算方法如下：

$$固定费用覆盖率 = \frac{息税前利润 + 其他固定费用}{利息费用 + 其他固定费用}$$

使用附件 4-3 中 ABC 公司的数据可以得出以下结果：

$$20 \times 4 \text{ 年固定费用覆盖率} = \frac{\$357000 + \$0}{\$55000 + \$0} = 6.5$$

以及

$$20 \times 5 \text{ 年固定费用覆盖率} = \frac{\$337000 + \$0}{\$45000 + \$0} = 7.5$$

(三) 活动比率

活动比率（Activity ratios）将销售水平与各种资产的账户余额进行比较。因此，需要资产负债表和损益表（见附件 4-1 和附件 4-3）的数据来计算这些比率，这些比率衡量了管理层如何有效地利用其资源来进行销售。

四种常见的活动比率为：(1) 存货周转率，(2) 应收账款周转率，(3) 总固定资产周转率，(4) 总资产周转率。

1. 存货周转率。存货周转率（Inventory turnover ratio）表示一年内存货被替换的次数。这个比率是用销售成本除以平均存货计算出来的。销售成本列在损益表中。平均存货是当年的期初存货加上期终存货（在比较性资产负债表中）之和除以2。ABC 公司在 20×5 年的期初存货余额为 35 万美元，期末存货余额为 30 万美元。20×5 年的平均库存为 32.5 万美元（35 万美元 + 30 万美元）/2。

存货周转率的计算方法如下：

$$存货周转率 = \frac{销售成本}{平均库存}$$

使用上述和附件 4-3 中 ABC 公司的数据可以得出以下结果：

$$20 \times 5 \text{ 年存货周转率} = \frac{\$2650000}{(\$350000 + \$300000)/2} = 8.2$$

如果行业存货周转率的平均值是 10.0，那么，这家公司的库存变动速度没有一般公司的库存变动速度快。这可能表明商品过时、过度购买或价格在一年内上涨。ABC公司的存货周转率可能并不远低于平均水平，不足以引起人们的关注。但是，如果周转率远低于平均水平，则核保人应考虑该客户是否存在过时的库存材料（以远高于实际价值的成本入账的项目）。公司可能会有意销毁价值过高的存货，以获得保险赔款。

2. 应收账款周转率。应收账款周转率，有时也被称为收款比率，衡量的是一年内的信贷销售与同期应收账款平均金额之间的关系。核保人仅通过检查损益表可能难以获得该比率的正确分子。具体来说，该比率的分子需要赊销金额，但损益表一般不会将赊销和现金销售分开。核保人可以核对财务报表的附注或其他财务记录，以确定赊销的金额。假设在20×5年，ABC公司有2000000美元的信贷销售和1075000美元的现金销售，则这个比率的分子是2000000美元。平均应收账款的计算类似于前面描述的平均存货的计算，为期初和期末的应收账款余额总和除以2。

应收账款周转率的计算方法如下：

$$应收账款周转率 = \frac{信贷销售}{平均应收账款}$$

使用上述和附件4-1中ABC公司的数据可以得出以下结果：

$$20 \times 5 \text{ 年应收账款周转率} = \frac{\$2000000}{(\$200000+\$215000)/2} = 9.5$$

这个比率可以用来确定应收账款未偿还的平均天数。只需将365除以应收账款周转率即可得出以下结果：

$$平均催收周期 = \frac{365}{9.6} = 38 \text{ 天}$$

核保人正在寻找管理层不良催收政策的迹象。客户拖欠的时间越长，被催收的可能性就越低。而且，如果公司的平均催收周期明显超过行业平均水平，就可能预示着存在财务问题。也就是说，一家公司有过多的资金被应收款捆绑在一起，可能难以为其他业务提供资金。收款缓慢可能表明管理不善或存在财务问题。

冲销坏账而非回收坏账可能会改善公司的平均催收期比率。为了确定情况是否如此，分析师需要审查题为"坏账准备"的账户的变化。

3. 总固定资产周转率。总固定资产周转率（Total fixed assets turnover ratio）衡量的是年度销售额与平均净财产、厂房和设备金额的比率。该比率的计算方法如下：

$$总固定资产周转率 = \frac{销售额}{平均净财产、厂房和设备金额}$$

使用附件4-1和附件4-3中ABC公司的数据可以得出以下结果：

$$20 \times 5 年总固定资产周转率 = \frac{\$3073000}{(\$1600000 + \$1850000)/2} = 1.8$$

该比率显示了厂房和设备的利用水平。总固定资产周转率低表明产能过剩。如果这只是季节性经济周期销售放缓造成的暂时状况，则其还是可以被接受的。然而，持续的产能过剩可能会导致道德风险，因为重大火灾是快速减少产能的一种方式。

4. 总资产周转率。核保人还可以利用总资产周转率来更好地了解公司的财务实力和管理健全性。该周转率衡量的是公司总资产的周转率，而不仅包括固定资产。

$$总资产周转率 = \frac{销售额}{平均总资产}$$

使用附件4-1和附件4-3中ABC公司的数据可以得出以下结果：

$$20 \times 5 年总资产周转率 = \frac{\$3073000}{(\$2350000 + \$2505000)/2} = 1.3$$

总资产周转率常用于年度对比。

（四）盈利能力指标

到目前为止，上述比率提供了有关企业资本结构和财务实力的信息。除此之外，盈利能力指标也是衡量公司业绩的重要工具。

三种常见的盈利能力指标都可以将税后净利润与资产负债表或损益表上的其他项目进行比较。由于几乎所有公司的主要目标都是使税后净利润最大化，因此，盈利能力指标是衡量公司实现其目标的良好标示。即使是非营利性组织也努力达到盈亏平衡以上的水平，这表明它们运用了良好的管理原则。

三种常见的盈利能力衡量标准如下：

- 销售利润率；
- 总资产收益率；
- 净资产收益率。

1. 销售利润率。销售利润率（Profit margin on sales），有时也被称为净利润率，用来衡量每一美元销售额所实现的净利润。它的计算方法是税后净收入除以销售额。这两个数据都可以在损益表中找到。

销售利润率的计算方法如下：

$$销售利润率 = \frac{税后净收入}{销售额}$$

使用附件4-3中ABC公司的数据可以得到以下结果：

$$20 \times 4 \text{ 年的销售利润率} = \frac{\$196300}{\$3000000} = 0.065 \text{ 或 } 6.5\%$$

以及

$$20 \times 5 \text{ 年的销售利润率} = \frac{\$189800}{\$3075000} = 0.062 \text{ 或 } 6.2\%$$

20×5年，ABC公司实现了6.2%的税后净利润，与20×4年相比略有下降。当然，两年的时间段不足以进行趋势分析。通常情况下，要进行有效的趋势分析，至少应使用5年期的时间段。

假设该行业的平均利润率为5%，则ABC公司略高于平均水平，这是一个很好的迹象。如果行业平均水平是10%，核保人应该设法确定为什么该公司的利润率远低于平均水平。

这个比率有时用税前数据来表示。使用税前数据可以让企业在不受税法变化影响的情况下显示其净利润率的变化。

2. 总资产收益率。这个指标是用税后净收入除以总资产来计算的。它衡量的是企业总投资的回报。净收入列在损益表上，总资产列在资产负债表上。总资产收益率的计算方法如下：

$$总资产收益率 = \frac{税后净收入}{平均总资产}$$

假设20×3年资产负债表的总资产为2200000美元，并使用附件4-1和附件4-3中ABC公司的数据，可以得出以下结果：

$$20\times4\text{ 年的总资产收益率} = \frac{\$196300}{(\$2200000+\$2350000)/2} = 0.086 \text{ 或 } 8.6\%$$

$$20\times5\text{ 年的总资产收益率} = \frac{\$189800}{(\$2350000+\$2505000)/2} = 0.078 \text{ 或 } 7.8\%$$

20×4年至20×5年总资产收益率下降的原因是，ABC公司购买了许多资产导致其税后净收入下降。这可能表明公司管理层在购买资产问题上作出了错误的决定。并且，两年时间不足以进行趋势分析，这种衡量方式与所有的比率一样，应当与其他回报指标一起使用。

3. 净资产收益率。该比率衡量所有者权益所获报酬的水平，净资产列在资产负债表上。税后净资产在计算公式中作为分子。

净资产收益率（Return on net worth）按以下方式计算：

$$\text{净资产收益率} = \frac{\text{税后净收入}}{\text{平均净资产}}$$

假设20×3年资产负债表的资产净值为1205000美元，并使用附件4-1和附件4-3中ABC公司的数据，可以得出以下结果：

$$20\times4\text{ 年的净资产收益率} = \frac{\$196300}{(\$1205000+\$1395000)/2} = 0.151 \text{ 或 } 15\%$$

$$20\times5\text{ 年的净资产收益率} = \frac{\$189800}{(\$1395000+\$1533000)/2} = 0.1296 \text{ 或 } 13\%$$

在许多方面，净资产收益率是最重要的盈利能力指标，因为它衡量的是扣除财务杠杆的影响后股东（所有者）的实际回报——与总资产回报指标不同。如果这一指标低于行业平均水平，其他比率可以用来诊断问题所在。比如，由于库存管理不善或信贷收账政策不到位，导致太多资金可能被套牢在资本中。公司可能以过低的产能比例运营，这将从总资产和净资产收益率中得到明显体现。最后，公司可能有太多的债务或需要支付过高的利息。上述讨论中的杠杆率可以用于诊断这些问题。

小结

一般来说，相较于管理不善的企业，管理良好的企业对核保人来说是更

核保原理和技术

好的客户。核保人通常依靠客户的财务信息来评估其管理能力，并可能发现其中的道德风险。资产负债表和损益表最常用来分析企业的财务报表。

资产负债表显示了一个企业拥有的和欠下的资产。会计等式表达了资产负债表上主要类别的关系：资产 = 负债 + 所有者权益。资产负债表显示的是企业在某个时间点的财务状况，而损益表提供的是一段时间内经营活动的财务汇总。损益表从公司的销售额开始，销售额减去销售成本和销售费用以及一般和管理费用以确定净收入。损益表中显示的净损益（净收入），通过增加或减少留存收益与资产负债表中的所有者权益类别联系在一起。

需要对财务报表进行分析以获取有用的信息。一种方法是趋势分析，将当前的财务结果与过去的结果进行比较。另一种方法是行业分析，将一家公司的财务业绩与同一行业分类中的其他公司进行比较。具体的分析工具包括比较报表和比率分析。

本章重点介绍了资产负债表和损益表，但许多企业编制的其他财务报告也可能对核保人有帮助。其中，许多财务报告也是公开的。年度报告是公司给股东提供的报告。招股说明书是SEC在公司向公众发行新证券时要求的一份注册声明。10—K表是SEC要求所有上市公司提交的年度报告。

会计规则允许公司在报告财务信息方面具有一定的灵活性，以反映GAAP会计规则所涵盖的各种业务运营。有时，公司在报告中拥有的自由度相对较小，例如，公司是使用后进先出法还是先进先出法来计量库存。在其他方面，会计信息可能被误用，使公司的财务状况看起来比实际要好。为此，由独立注册会计师进行审计，可以确定公司的财务报表是否公正地反映了公司的财务状况。注册会计师的意见有不合格、合格或不利的这三种可能。

比率分析使用资产负债表和损益表中的信息，将当前的财务结果与以前的财务结果或与同行业其他公司的财务结果进行比较。财务比率分为四个基本组：流动性比率、杠杆比率、活动比率和盈利能力指标。

第五章　保险产品定价

　　保险定价是指为产品或服务制定价格，并为保险协议确定条款和条件。核保人在客户定价中起主要作用。如第一章所述，精算师使用数学技术为保险公司的整体业务制定保险费率，核保人将其应用于每个客户。精算定价活动，通常被称为费率制定，将在本书第八章中介绍。核保人定价活动通常包括客户分类、定费和应用保费调整计划。

　　每个核保人在核保定价活动中的角色因保险公司和所从事的险类业务不同而异。有些保险公司有核保技术人员，他们对客户进行分类和定价。其他保险公司的核保人将分类和定价功能作为其核保任务的一部分。海洋和专业核保人通常在客户定价方面具有极大的灵活性，可以在没有精算人员介入的情况下制定费率。不管他们在定价活动中的个人角色是什么，保险公司都会努力确保收取的保费足以涵盖所承担的风险。

　　虽然核保人在风险评估上花费了大量的时间，但通常定价也同样重要。投保人通常会通过代理人或经纪人向多家保险人索取报价。保险人和他们的产品之间的差异是投保人难以评估的，所以，他们往往根据价格决定购买保险。核保人需要了解市场竞争情况，认识到软市场和硬市场对保险定价的影响。核保人还需要意识到，他们在价格上的竞争可能过于激烈。定价不合理的整体业务会威胁到保险公司的偿付能力。保险产品的定价不同于大多数其他产品和服务的定价，因为保险产品的潜在成本（主要是保单期间将发生的损失）在销售前是未知的。本章描述了保险定价的数学基础、保险定价的限制、定价过程，以及为特定客户量身定制保险价格的方法。

一、大数法则

大数法则（Law of Large Numbers）是数学原则，它使风险转移变得可能。通过保险进行风险转移，使群体或保险池（Pool）中成员可以用保险费支付的确定性换取经济损失的不确定性。保险能够通过增加整个保险池的可预见性来减少池中个体成员的不确定性。

大数法则解释了如何通过保险池（Pooling）增加可预测性，以及保险池要正常运行必须满足的条件。根据适用于保险目的的大数法则，当类似的独立风险单位数量增加时，基于这些风险单位的未来损失预测的相对准确性也会提高。

风险单位（Exposure unit）是衡量保险公司所承担的损失风险（Loss exposure）的基本标准。例如，精算师使用车辆年（Car-year）作为汽车保险的风险单位——每辆汽车承保12个月。简单地说，精算师将总损失和损失理算费用除以风险单位的数量，以确定每风险单位的损失成本。车辆年是机动车保险合适的风险单位或风险基础（Unit of exposure），其他险种使用的风险基础根据所提供保险的特点而定。核保人和核保技术人员用于每个客户定价的定费手册经常交替使用术语"风险基础"和"保费基础"。保费基础（Premium base）是以一个变量表示风险单位，该变量近似于某一险类的潜在损失，如销售总额、工资、保费、总成本、单位成本和以百元或千元为单位的保险金额。

核保客户选择活动对于大数法则的正确运用至关重要。除了要有大量的风险单位，可行的风险转移要求风险单位是独立的、同质的。核保人通过风险分析和风险分类，帮助确保满足这些条件。下面将解释这些条件的重要性。

> **大数法则的起源**
>
> 在17世纪，包括布莱士·帕斯卡在内的许多数学家研究了机会游戏，并发展了组合、排列和其他概率论方面的规则。随着笛卡尔·牛顿和莱布尼茨对微积分的研究所形成的发展，数学变得越来越正式。也就是说，数学家们不仅试图推断以前未被认识到的关系（规则），而且还试图发展逻辑证明来令人信服地证实这些关系。

> 伟大的瑞士数学家雅各布·伯努利（Jacob Bernoulli）提出了该规则的第一个证明（在他死后于1713年发表），这条规则是现代保险实践的基础。伯努利认为这个规则，也就是大数法则，已经广为人知了。"因为即使是最愚蠢的人，"他写道，"也是出于某种自然本能，在没有任何指示的情况下（这是一件了不起的事情），观察得越多，偏离目标的危险就越小。"伯努利对大数法则的证明不仅证实了不确定性可以通过增加观测次数来减小，而且证明了该原则是如何量化的。

（一）同质性

大数法则的运算建立在风险单位相似或同质（Homogeneity）的基础上。风险单位不必相同，但它们应具有大致相同的预期损失频率和严重程度。通过分类系统和这些系统的改进来确保同质性。

保险分类系统将具有相似特征且通常具有相同损失可能性的风险分组。由普通责任和商业财产等不同业务类别创建的分类也有助于提高可能造成损失事件的同质性。

通过进一步细化所使用的分类系统，可以改善大数法则的运作，即使这意味着要减少每个分类中的数量或风险单位。大数法则的定义表示，随着风险单位数量增加，预测的精确性会提高。但是，当风险单位数量增加到数千时，风险单位数量的增加在预测精确性上的改善程度会越来越差。

损失频率和损失严重程度

保险人通常根据损失频率和损失严重程度来分析一个客户的潜在损失风险。这样的分析应该揭示该客户的盈利潜力，以及如何改善该账户的盈利潜力。

损失频率是指某一特定时期内发生亏损的次数。例如，服装制造商的员工可能会遭受一系列由切割和缝纫设备引起的轻微划伤。同样，拥有

核保原理和技术

> 大量送货卡车的面包店也可能发生多起小事故。其他类型的损失，如地震、飓风和火灾造成的损失，发生的频率要低得多。
>
> 核保人对损失频率特别感兴趣，因为损失频率通常是可以控制的。通过安装机器防护装置或改变物料处理程序，可以消除或减少经常发生的划伤损失。由一名司机造成的频繁车祸可以通过解雇该司机或将他分配到其他工作岗位上来控制。核保人通常试图通过设定的免赔额来将小而频繁的损失转嫁给被保险人，从而使被保险人自留这些损失。
>
> 损失严重程度是指每次损失所造成或可能造成的损失金额。衡量财产损失的潜在严重程度比衡量责任损失的潜在严重程度更容易。大多数财产损失的价值是有限的，无论财产是部分毁坏还是完全毁坏，损失的严重程度通常都是可以计算的。而责任暴露的严重程度就很难计算了。例如，如果一家涂料制造商销售的涂料在使用时会产生有毒烟雾，那么潜在责任损失的严重性几乎是无限的。保险人在评估客户时，通常需要对客户损失的严重程度作出估计。与损失频率不同，在评估损失严重程度时，对过去损失的分析没有多大的帮助。

精算师和核保人试图确定影响或抵消潜在损失频率和严重程度的额外因素。精算师通常能够用这些信息来创建一个更精细的分类系统，从而对客户进行更准确的定价。核保人在核保过程中寻找这些因素，使他们可以选择承保某一类别的优质客户。

精算师和核保人在设计定价系统时的目标是，在不牺牲大数法则所带来的预测准确性的前提下，使每个类别尽可能同质。随着风险单位数量的增加，精算师对预计损失（以及由此产生的损失率）的信心也会增加。精算师称这种信心为可信度。可信因素从 0（完全没有可信度）到 1（完全有信心）不等。可信度因子用于将纯粹由损失的随机变化引起的费率变化降到最低程度。应用可信度的一个简单方法是将预计的费率乘以可信度因子。例如，如果可信度因子为 0.3，并且数据表明需要提高费率 10%，则费率将提高 3%（10%×0.3）。同样的方法也用于降费，使费率随着时间的推移变得稳定。

（二）独立性

为了使大数法则正常运作，事件之间应该是相互独立的。独立性（Independence）是指一个事件的发生对任何其他事件发生的可能性没有影响。当一个以上的风险单位暴露于造成损失的同一事件时，独立性无法保持。例如，一个灾难性事件，如地震、飓风或洪水，可以影响许多风险单位。保险人通常为彼此相邻的多幢建筑物承保。由于邻近，一座建筑物的火灾可能蔓延到其他建筑物，从而违反了独立性条件。

虽然独立性的条件经常被违反，但核保人在评估所承保的风险单位独立性方面发挥着重要作用。保险公司通常使用信息系统来跟踪投保财产的地理位置。除指定每个投保财产的地理位置外，通常还要求核保人确定每个地点的金额。标的金额（Amount subject）衡量的是一次损失的风险暴露。保险公司在计算每个客户的标的金额的方法上有所不同，但其目的是确定潜在损失的严重程度。例如，保险公司可能要求其核保人承担全部损失，并确定所有相应保障可能支付的最高金额。保险公司使用巨灾建模计算机软件汇总这些信息，以确定各种类型的灾难的总金额。核保人利用这些信息来限制他们在某些地理区域的风险暴露或获得巨灾再保险。

大多数保险公司使用再保险来减少巨灾风险。在这种安排下，保险公司向再保险公司支付保费，以补偿保险公司超过规定自留额的损失。巨灾保障只是再保险为保险公司提供的几种功能之一。

理想的可保损失风险

除了大数法则中包含的条件外，保险公司在确定损失风险是否具有商业可保性时还考虑其他特征。

意外损失（Losses that are accidental）。理想的可保损失风险包括从被保险人的角度来看，潜在的损失是意外的。如果被保险人对损失是否会发生有一定的控制，则保险公司处于不利地位，因为被保险人可能有造成损失的动机。如果损失不是意外事故，保险公司就无法计算出适当的保险费，因为一旦保险单签发，损失的可能性就会增加。如果损失风险只涉及意外损失，保险公司就可以更好地估计未来的损失，并为该风险标的计算出合适的保费。

损失是明确的和可测量的（Losses that are definite and measurable）。可承保的损失必须有明确的发生时间和地点，损失的金额必须用美元计量。由于实际原因，可保损失风险应当是明确的和可计量的。如果损失发生的时间和地点不能确定，损失金额也不能测量，那么，出具保险单规定赔偿什么和赔偿多少就变得极其困难了。此外，如果损失无法衡量，就无法预测损失。例如，水管突然爆裂造成水损，这是一个有明确时间和地点的事件，因此可以投保。但是，如果管道的缓慢泄漏导致物品数年的腐败和溃烂，则由此产生的损失没有确定的发生时间，一般不可保。

经济上可承保的损失（Losses that are economically feasible to insure）。保险公司只承保经济上的可行损失。由于这一限制，涉及小损失以及高概率的损失风险通常被认为是不可保的。当保险费可能超过潜在的损失金额时，核保小损失的保险是没有意义的，例如，承保办公用品的失踪，可能要求保险公司花更多的钱来签发赔款支票，而不是用来支付索赔。为几乎肯定会发生的损失投保也是没有意义的。在这种情况下，保险费很可能等于或高于潜在的损失金额。例如，保险公司一般不承保由于磨损造成的损失，因为这种损失通常是随着时间的推移而发生的。

二、保险定价上的限制

在美国，保险公司必须遵守他们承保的每个州的费率监管法。此外，保险公司还经常被要求满足社会关注的需求，即使它们不包括在法规中。费率监管需满足保险监管的两个目标：偿付能力和公平。

（一）监管目标

尽管所有州的费率监管目标大致相同，但所使用的方法却有很大区别。费率监管服务于三个一般性目标：

- 确保费率充足；
- 确保费率不过高；
- 确保费率不存在不公平歧视。

1. 充足。费率必须充足（Adequate），以便收取的保费足以支付发生的损失和与这些损失相关的费用。由于保险公司倾向于从事破坏性竞争，费率监管法律包含了充足性标准。由于费率是基于对未来损失的预测，保险公司通常愿意制定赢得市场份额的价格，但这会导致它们的破产。在三个监管标准中，费率充足性是最重要的。允许保险公司参与集体费率制定。协调一致的费率制定允许保险公司汇集费率统计数据，以提高损失的可预测性，从而提高费率的合适性。

保险监管机构认识到，实现费率充足性需要允许保险人进行集体定费。集体定费允许保险人将费率统计数据汇集在一起，来提高损失的可预测性以及费率的充足性。

将定费数据汇集在一起以制定标准的保险业费率，显然违反了《谢尔曼法》和其他联邦反托拉斯法。因此，美国国会通过了《麦卡伦—弗格森法案》。在美国最高法院裁定保险业受联邦监管之后，《麦卡伦—弗格森法案》保留了州对保险业的监管。虽然《麦卡伦—弗格森法案》肯定了联邦政府监管保险业的权力，但只要保险业得到各州的充分监管，州监管就可以继续下去。《麦卡伦—弗格森法案》使保险业不受《谢尔曼法》和其他联邦反托拉斯法的约束。

在保险业的帮助下，全国保险专员协会（NAIC）于1947年批准了一项示范费率监管法案。该示范法案要求事先批准一系列具有特定标准的费率，特别是充足、不过高、不存在不公平歧视的费率，这些标准应用于对费率的批准。《麦卡伦—弗格森法案》颁布后，每个州都通过了某种形式的费率监管法规。为了抢占联邦反垄断法的先机，需要一项明确的取代竞争的州监管政策。因此，各州规定了保险人在数据收集和附表申报方面可以合作的限度。

保险人利用保险咨询组织促进合作性费率制定。如第一章所述，保险咨询组织在20世纪80年代自愿停止了确定最终费率的做法。州和联邦政策制定者批评了这种做法。此外，19个州的总检察长针对这一做法发起了一项重大诉讼，指控保险咨询机构制定最终费率是反竞争的。将他们的费率制定功能限制在制定预期损失成本上——不包括保险公司提供费用或利润增加值的费率——是保险咨询机构为解决这一批评和诉讼而作出的改变之一。

合作制定损失成本，虽然解决了对制定最终费率的批评，但并不一定确保费率充足。一个特定分类的预期损失成本可能对该分类中的所有客户平均来说都是充足的，但不需要对保险人所承保的特定客户充足。核保人需要了解某一分类中所考虑的平均客户的属性，以确定分类费率是否适合该类别。此外，核保指引反映了核保管理层希望在有限的分类数量中承保很多客户的愿望。在一个分类中有许多客户有助于确保保险公司的分类费率充足。

只有规定了费率监管限制应为适当的，而不是过度的，也不存在不公平的歧视，保险市场才能开展合理适当的竞争。

核保人应该意识到软市场中存在的竞争压力，以及客户定价低于应有价格的趋势。保险公司经常使用核保信息系统来确定，价格调整是否造成了某类业务定价过低。核保人使用这些系统来识别价格可能被定低的客户，并在市场情况发生变化时予以纠正。

在平衡监管目标过程中，监管机构有时会牺牲费率充足性的监管目标，转而追求可承保性的社会目标。在这些情况下，保险监管机构决定，保险公司应该用另一种保险来补贴一种保险，而不是收取对被保险人足够的费率。人为地将费率维持在较低的水平，通常发生在私人机动车保险和劳工补偿保险中。

2. 不过高。如果一个费率没有给保险公司带来不合理的利润，就被认为是不过高（Not excessive）。不合理利润的构成一直很难界定。由于与保险定价相关的不确定性，保险监管机构和保险公司通常无法确定拟议的费率是否会产生不合理的利润。保险监管机构通常依靠保险市场的竞争来确保费率不会过高。在一些州，如果确定保险公司获得了超额利润，那么，超额利润必须返还给消费者或汇给州政府。该费率监管标准有助于确保保险公司不会利用公众购买被认为是必不可少的产品来获利。

3. 不存在不公平歧视。如果一个费率公平地反映了它所适用的被保险人的预期损失和费用，那么这个费率就不是不公平的歧视（Not unfairly discriminatory）。分享公平通常是以被保险人对未来损失和费用的预期衡量为基础。不同客户的收费差异应建立在精算合理的基础上。出现相同损失可能性的客户应收取大致相同的费率。

分类计划通过将具有相似损失可能性的被保险人归类来帮助确保费率公平。绝对费率公平意味着每个客户将被收取反映其自身损失和费用的费率。基于绝对费率公平的风险转移计划不是保险，因为没有风险分担。保险涉及风险集中，客户向风险池缴纳与其风险相对应的保险费。

监管

美国保险监管机构通常使用以下方法之一来执行费率监管法律。

事先批准。事先批准（Prior approval）一般是指费率和配套规则必须经监管机构批准后才能在该州使用。在某些情况下，法律中的"认可条款"（Deemer provision）规定，如果保险公司在给定的时间段内（通常为30天至90天）没有收到监管机构的回复，则认为申请获得了批准。

备案和使用。在备案使用（File and use）制度下，保险公司必须在使用前的规定时间内（通常为30天至90天）备案费率和规则。这段时间用于给监管机构一个机会来发现违法行为或其他可能受到挑战的做法。

使用和备案。根据使用和备案（Use and file）法，保险公司可以使用它想要的任何费率，只要保险公司在费率投入使用后30天至60天内向监管机构备案。然后，监管机构有一段合理的时间来审查费率，并要求举行听证会以否决费率。

公开竞争。公开竞争（Open competition），也称为无备案，允许保险

核保原理和技术

> 公司制定和使用费率，而无须获得批准或向州监管机构备案文件。公开竞争仅在少数几个州正式成为监管做法，而且只适用于某些险类。
>
> 　　国家规定（State mandated）。一些州设定保险公司使用的费率。如果保险公司不使用规定的费率，它们可能会受到处罚。
>
> 　　这些申报方式的混合形式也存在。例如，公开竞争可能适用于需要满足某些测试的特殊情形，如竞争市场的证据或每年的费率提高低于25%。未能满足这些标准意味着可能需要事先批准或进行另一次监管审查。
>
> 　　许多州已经颁布法令，免除保险公司为大型商业客户提交费率和附表。然而，对于不符合豁免要求的商业客户，保险公司需要根据上述适用的管理程序来提交费率和附表。

基于绝对费率公平的风险转移计划是一种强制预算方式。追溯性定费（Retrospective rating）是本章后面介绍的一种个别定费计划，通常被称为"成本加成"（Cost-plus）保险计划。以追溯性定费计划定价的客户确实要为他们自己的损失支付费用，但客户的分摊以被保险人选择的最高保费封顶为限。

假设分类计划的设计是为了公平对待被保险人，那么，核保人可以通过合理地分类客户来帮助确保定价的公平性。在费率制定过程中可能会出现不公平的歧视，但更有可能发生的情况是，客户被故意或无意地错误分类，以及应用于手册费率的个别定费修改因子不合理。对客户进行区别是核保人选择客户任务的核心。公平合理地区别使核保人能够为更好的客户提供更好的定价。

（二）社会标准

社会对其成员施加行为规则，这些规则延伸到设定保险费率。影响保险部门的社会问题包括保险的可获得性、公众支付保费的能力、定费结构的简单性以及被保险人控制用于分类和评级因素的能力。

1. 可获得性。一些客户在获得保险或以可承受的价格获得保险方面遇到了困难，这实际上使保险无法获得。可获得性（Availability）的社会目标意味着那些想要或需要保险的人都能获得。

如第一章所述，保险公司的能力有限，它们通常分配这种能力以使其股本回报率最大化。由于这种限制，保险公司希望它们的核保人选择那些最有可能产生利润的客户。

当保险费率过低时，可获得性问题也会出现。从保险公司的角度来看，某一分类中的某些客户可能被认定为无利可图，因此不受欢迎。在某些情况下，某些类别作为一个整体可能被定价过低，因此保险人不愿意承保。此外，在某些业务领域，保险费率可能被人为地控制在保险公司无法盈利的水平上。当保险监管机构拒绝价格上涨时，就可能出现这种情况。

保险的周期性造成了保险的阶段性短缺。保险业从利润时期——价格降低，责任范围更广——转到亏损时期——成本增加，责任范围缩小。保险的周期性是保险市场竞争的结果。在竞争激烈的市场中，保险人有效地运作以限制可能无利可图的保险供应。

2. 可负担性。保险费率的一个重要新标准是可购性。可负担性（Affordability）可能意味着如下要求：（1）对保险费率设置上限，以便需要保险的人可以购买到保险；（2）确定费率以便将部分保险成本从高风险被保险人转移到其余被保险人身上；（3）保险机制外的补贴，抵消被认为无法承担的精算保费。

保险负担能力问题在许多城市地区很明显。在这些地区，商业财产保险的成本上升了，而财产价值却下降了。许多保险公司拒绝为城市地区的客户承保位于郊区的更新、被保护更好的财产。损失经验恶化、城市衰败、税基下降、犯罪率上升以及许多其他情况被认为是造成保险成本上升和保险公司不愿提供保险的部分原因。许多内城客户的保险实际上是无法获得的，因为人们负担不起。

可负担性问题通常也是由灾害造成的。安德鲁飓风过后，许多保险公司不再为沿海县城财产核保。进而，当无法获得保险时，贷款人将不会向企业提供资金。保险的可获得性在一定程度上与其负担能力有关。同样，保险监管机构也不能忽视可负担性和可获得性的社会影响。

3. 简单性。制定费率的另一个社会标准是简单性（Simplicity）。费率的制定和修改必须简单。这一标准取决于保险业的数据开发和管理能力，以及保险业向公众解释和捍卫其系统的需要。许多州要求，费率变化必须伴随着完整的精算数据，然后才能实施。

例如，假设保险公司的商业机动车定价系统以该州每个定价区域内每辆车每年行驶的里程数为费率基础，保险公司不仅要确定每个被保险人的行驶里程，还要确定行驶里程的确切记录地点。随着越来越多的车辆配备这种地理定位系统，获取这些信息具有成本效益。与此同时，所涉及的管理费用又使这一系统的成本令人望而却步。

4. 可控制性。最近，对定费因素的控制已成为保险费率的社会标准。消费者权益倡导者坚持认为，被保险人不应因为他们无法控制的因素而支付更高的保费。虽然这场争论主要集中在私人车辆保险定价中使用年龄和性别风险因子的问题上，但在商业领域也可能面临类似的压力。

（三）其他标准

保险公司的其他目标影响保险的定价。保险公司希望费率能鼓励被保险人控制损失。它们还希望费率能够在保持相对稳定的基础上对影响损失和费用的条件变化作出反应。

1. 鼓励损失控制。许多保险公司的定价方法鼓励和奖励控制损失措施。对保险人来说，鼓励客户进行损失控制是很重要的，因为损失控制的目标是减少损失的频率和严重程度。由于保险公司无法确定哪些损失由于采取了损失控制措施而没有发生，或者哪些损失由于采取了其他措施而没那么严重，因此，损失控制的好处往往是无形的。当保险公司通过降价来表示认可客户为损失控制作出的努力时，后者往往会相信自己损失控制措施的价值。例如，适用建筑规范没有要求安装喷水灭火系统的客户，在了解到安装了该系统可以减少财产保险费后，往往主动安装喷水灭火系统。

2. 反应性。费率应及时对影响损失可能性的变化作出反应。大多数索赔的发生和解决都很快,以便在损失经验期后不久就能出现合适的增减的费率。在某些行业中,一项损失可能需要数年时间才能解决,因此,在达成和解或法院作出裁决之前,保险公司的最终损失赔偿(如果有的话)不得而知。因为保险公司不能等待数年来确定它们的费率是否足够,精算师使用趋势因素来调整费率,以包括保险索赔成本的变化,如医疗费用。

核保人利用定价来吸引优质客户并阻止不良客户。如果费率缺乏反应性,核保人可能会由于开办定价过低的险种业务,而无法实现其经营目标。

3. 稳定性。被保险人希望保险价格稳定,每年费率不应出现大幅波动。稳定意味着费率应该保持稳定,只有当保险成本发生重大变化时,费率才能被改变。如前所述,可信度因子被用来使损失经验的影响最小化,以使费率变化不显得那么突然。在人们负担不起保费时,公众忍受了保险市场的不稳定。在 20 世纪 70 年代后期,医生很难获得负担得起的职业责任保险。在 20 世纪 80 年代,商业责任费率总体急剧上升。类似的保险负担能力问题也出现在个人保险领域。价格不稳定通常意味着竞争性市场未有效运作,并以此招致监管干预。

三、定价过程

定费和对客户进行合理定价是商业险类核保人的主要职责之一。了解定费程序对于作出良好的核保决策至关重要。定费意味着将费率和定费计划应用于被保险人的风险单位。定价过程包括以下步骤:

- 确定个别投保人或投保人群体符合特定的定费计划;
- 为这些特定的投保人选择适当的分类;
- 将费率应用于合适数量的风险单位;
- 采用个别定费计划,得出最终保费。

此外,核保人必须评估不属于定费过程的不可量化因素,这些因素可能会影响客户的潜在损失。

（一）费率手册

费率手册（Rate manual）包含每种分类的费率或损失成本，以及适用这些费率的所有必要规则、因子和指引。费率手册为客户分类和确定特定险种的保费提供了信息来源。一旦确定了分类组和保费，这些信息就可以通过回答这个问题来帮助核保人作出选择决策："我们是否为承保该潜在损失收到了足够的保费？"

此外，费率手册还提供了关于如何使用批单来修改保单的重要信息。扩大或减少保险责任的批单可以成为一种有竞争力的工具，帮助保险公司获得和保留潜在损失好于平均水平的客户。限制性批单通常是解决核保问题和使客户变得可接受的必要手段。费率手册中包含了使用批单为个人客户量身定制保险责任的规则。

费率手册有一些限制。首先，它们并不总是包含适用于每个客户的类别或费率。其次，损失暴露随时间而变化，尽管手册经常更新或通过在线计算机服务提供，但手册中的规则、程序和费率可能并不总能满足核保人的需求。最后，手册可能不包括特定客户的某些损失风险。也就是说，大多数核保人使用的手册对分类本身所涉及的损失风险的讨论相对较少。因此，核保人必须补充费率手册中缺乏的信息。

（二）分类

一般来说，适用于个别客户的费率主要取决于客户的分类。当一个具有独特特征的客户向保险公司投保时，保险人可以自行决定将该客户归入何种类别或分类。这种自由裁量权可能会诱使核保人将分类作为一种竞争工具。有时，正确的分类要求核保人在确定被保险人的主要业务时进行一些判断。然而，商业分类系统是全面的，几乎所有的客户在逻辑上都符合既定的类别。这些分类系统旨在加快定价，并倾向于反映一种逻辑方法。例如，在可能适用多种分类的情况下，大量的脚注有助于指导核保人进行适当的分类。将同一行业的两个客户划分为不同的类别是一种不公平的歧视，也是违法的。国家保险审查员在市场行为审查中寻找这种不公平歧视，如果审查员发现有关不公平歧视的行为发生，就会处以罚款。因此，核保人必须了解费率制定和分类制度，并彻底了解这两个制度的相互依存关系。

此外，核保人必须记住，正确的客户分类直接关系到核保信息的准确性。如果信息未经核实，客户可能会被错误分类，导致保费过高或不足。例如，关于被保险人生产的产品类型的错误信息可能导致保险费率过低。

市场行为检查

市场行为监管的重点是保险公司如何对待被保险人、投保人和索赔人，其主要检查保险公司的四个业务领域：销售和广告、核保、费率制定及赔案处理。市场行为监管是通过市场行为检查来实施的。市场行为审查人员在检查市场行为时，可能会了解以下一种或多种核保行为：

- 在核保实践中不公平歧视；
- 不恰当地解除合同和不续保；
- 未申报费率或条款，或两者兼有；
- 不准确地应用已申报的定费计划；
- 客户分类不合适；
- 反竞争行为。

例如，投保书中可能会声明，被保险人是"光学产品批发商"，而《商业险类手册分类表》并没有对其进行分类。核保人可能根据经验知道，眼科行业没有批发公司。手册提供了"光学制品制造"或"光学制品商店"的初始选择。第一个分类的脚注确定了其他更具体的分类，这些分类涉及隐形眼镜、眼镜镜片和摄影镜片的制造。核保人应该知道，尚没有足够的信息来分类和定价该客户。

核保人需要熟悉个别定费计划的定费过程，并对特定类别的费率有实际了解。然而，他们不需要熟悉适用于每种类别的精确费率。因此，核保人不需要熟悉两个密切相关分类之间的费率差异。不过，能够将大致费率与每个客户联系起来是很重要的。由于核保人有责任为每个客户制定一个合适的费率，他们必须对该费率所对应的损失风险有相当程度的了解。

分类通常是一项文书工作，因为它被委托给准备报价或保单的核保技术人员。而事实不应如此。核保人应该确保每个客户都被正确分类，因为他们通常比核保部门的其他人更了解被保险人的业务。大量被错误分类的客户，或甚至一个被分类错误的客户，都可能导致一份无利可图的业务。

（三）不包括在费率中的因子

在保险定价过程中，许多因子或属性没有被考虑在内。有些因子不属于定价过程的一部分，因为它们只适用于有限数量的客户，或者因为它们只与特定的地理位置相关。其他因子虽然与客户所呈现的风险暴露相关，但由于过于复杂而无法纳入。

核保人通常可以识别出一些因子，这些因子表明保险公司对一个客户所收取的保费是否合适。这些可以量化为客观标准的因子，往往成为保险公司核保指引的基础。主观标准在核保决策和通过定费计划的运作进行定价时通常是有价值的。

四、个别定费计划

个别定费计划（Individual rating plans）为保险公司及其核保人提供了一种为特定客户量身定制分类费率的途径。"分类费率"（Class rates）一词可以在很多情况下使用，但它通常是指保险咨询机构制定的定费手册中出现的损失成本，或者是保险公司制定的费率手册中出现的最终费率。在这种情况下，特定分类费率反映了该分类中包括的所有客户的总损失经验。大多数保险费率都是分类费率。然而，特殊情况包括 ISO 特定火灾费率——ISO 的现场代表访问每一处财产，并为该财产制定单独的咨询损失成本。类别费率的另一个例外是海洋和专业核保人使用的判断性定费方法。判断费率（Judgment rates）是通过审查个人客户的特征而制定的，而不是根据具有大量损失经验的分类计划制定的。

分类费率容易受到不公平的影响，因为所使用的分类经常具有宽泛的定义。将 ISO 商业险类手册分类表中使用的宽泛分类定义与北美工业分类系统（NAICS）使用的分类方案进行比较时，这一特征更显而易见。绝对费率公平可以通过为每个客户制定费率或通过创建一个精细定义的分类系统来实现。绝对费率公平将是一项昂贵的工作，而高度详细的分类计划可能导致费率在精算上不可信。个别定费计划是一个宽泛定义的分类计划（易于管理且成本低廉）和为每个客户单独制定费率（管理困难且成本高昂）之间的折中方案。

个别定费计划使用不同的方法来为每个客户量身定制费率。多个个别定费计划可能适用于一个客户。本节描述了以下最常见的个别定费计划：

- 经验定费计划；
- 追溯性定费；
- 表定定费；
- 个别风险保费修改计划；
- 费用修改；
- 参与式计划。

（一）经验定费计划

经验定费计划（Experience rating plan）调整分类费率，以反映被保险人在当前保险期间之前的损失经历。根据该计划计算的加分或减分适用于分类费率。要符合经验定费资格，客户必须至少有三年的损失经历，不包括定费前一年，并规定最低保费，最低保费因保险公司而异。经验定费计划可用于劳工补偿、普通责任、商业机动车责任、商业机动车物质损坏、入室盗窃、玻璃破碎、盗窃和信用保险。在美国大多数州，保险公司可以选择在上述任何险类中使用经验定费，但劳工补偿除外，劳工补偿险经验定费对符合条件的客户通常是强制性要求。核保人应该意识到，一些州的保险部门已经规定，对一些但不是所有符合条件的客户使用个别定费计划是一种不公平歧视。这些定价规则对符合条件的客户具有强制使用经验定费计划的效果。然而，该计划确实允许核保人自由确定其客户标准，但必须将这些标准应用于每个客户。

经验调整因子

以下摘自ACORD劳工补偿投保书的经验调整因子表明,该投保人的损失经验在过去两年中有所恶化。用于劳工补偿保险单的经验调整因子是由对该客户有管辖权的劳工补偿局制定的。在其他险类业务上,保险人开发了用于确定保费的经验调整因子。

先前保险人信息/损失历史

提供过去5年的信息并使用损失细节附注一章		附上赔款支付记录			
年份	保险公司 & 保单号	年保费	调整因子	赔案号	赔偿金额	赔款准备金
1997/1996	公司:莫尔文相互保险 保单号:WC 178 6013	$12500	1.20	17	$17000	结案
1997/1998	公司:IIA保险公司 保单号:WC 71 27A	$13500	1.38	21	$20500	结案
1998/1999	公司:限制性补偿 保单号:WC 867 5309	$14400	1.50	25	$24800	$6500
1999/2000	公司:通用相互保险 保单号:WC 711 7893	$17700	1.55	30	$32400	$10500
	公司: 保单号:					

资料来源:ACORD公司,1980年。

经验定费计划使保险公司能够根据客户的损失经验进行降价和提价。虽然经验调整因子的确定对被保险人来说很难理解,但大多数被保险人确实知道他们过去的损失与他们在下一个保险期间被收取的保费之间的关系。经验定费计划为被保险人实施损失控制措施提供了直接的经济激励。

并非所有被保险人都对经验定费计划的运作或产生的结果感到满意。具有改善损失经验的被保险人通常认为,经验修正因子只应反映客户的经验,而不应被可信度因素最小化。经验定费计划在基本限额上用保费规模来确定可信度因子。保费规模越大,客户的损失经验获得的可信度就越高。基本限额下给保费规模相对较低的客户制定一个经验修正因子，反映所有被保险人的平均经验，而不是他们自己的损失经验。

在上一个保险期内作了改进的被保险人，可能会断言经验修正因子没有采用是因为其不包括最近一年的数据。由于在确定经验定费调整因子时不包括最近一年的数据，客户损失控制的努力不会立即在被保险人的保费中得到体现。核保人有时会对那些在运营中作出重大改进的客户使用追溯性定费修正计划，这些改变将对损失经验带来积极影响，追溯性定费将在本节后面讨论。

核保人有时使用经验定费调整因子作为客户核保业绩的指标。ACORD商业保险投保书要求使用保险公司以前的信息，以便计算经验定费调整因子。此外，该投保书以及ACORD劳工补偿投保书要求提供被保险人以前所在保险公司使用的调整因子。核保人一眼就能看出，随着时间的推移，该客户的损失经历是在改善还是在恶化。

（二）追溯性定费

追溯性定费（Retrospective rating）是一种个别费率计划，它以当前保单年度为经验期，制定经验调整因子。根据该计划，在保险期间开始时收取临时保费，在保险期间结束后，确定该保单的实际损失经验，并收取该保单的最终保费。被保险人的保费在保险期间结束后进行调整，以涵盖被保险人在保险期内发生的损失和损失理算费用，但须符合规定的最低和最高保费。追溯性定费公式可以产生最低和最高保费的任意组合。但是，还有四种预先选定计划，称为"表格计划"，在最终保费允许的波动幅度上有所不同。

经验定费与追溯性定费的重要区别在于，经验定费使用之前保险期间的损失经验来确定当前保险期间的保费。追溯性定费使用当前保险期间的损失经验来确定当前保险期间的保费。

与经验定费不同，追溯定费是一种必须由被保险人书面选择的选项。追溯性定费通常保留给大客户使用，主要用于劳工补偿险的定价。追溯性定费也可用于普通责任、机动车责任、汽车物质损坏、玻璃损坏，以及锅炉和机器保险。

追溯性定费公式

追溯性定费公式是保证成本保险定价计划的替代方案。被保险人的保费可以在最低保费和最高保费之间变化，并取决于该期间的损失经验。NCCI 为劳工补偿保险开发的追溯性定费公式如下所示：

追溯性保费 =（基本保费 + 折算损失）× 税收乘数

- 基本保费（Basic premium）是公式中的固定成本部分。基本保费金额包括以下费用：业务获得、损失控制服务、保费审计、一般保险管理费用，将追溯性保费限制在规定最高限额内的调整，以及保险人的利润和或有事件备付金。

- 折算损失（Converted losses）是指实际发生的损失加上反映损失调整费用的因子（损失折算因子）。

- 税收乘数（Tax multiplier）是使保险人能够重新获得许可证、费用、评估和税收方面的开支。该因子随所在州的不同而异。

追溯性定费计划对保险公司和被保险人都很有吸引力。保险公司向可能考虑自保的客户推销追溯性定费计划。追溯性定费计划通常允许被保险人只向保险公司支付少量的初始保费，并在发生损失时支付额外保费。追溯性定费计划允许被保险人保留本应用于支付保险费的资金，以满足其他业务的现金需求。一些保险人通过使用已付损失追溯定费计划，允许客户有更大的现金流灵活性。已付损失追溯定费计划要求被保险人支付存款保费，并在保险人支付赔款时每月支付额外保费。被保险人通常需要向保险人提供由不可撤销的信用证担保的本票或保证支付保险费余额的保函。

虽然追溯性定费公式在应用中很复杂，但大多数被保险人都能直观地理解当前损失和当前保费之间的直接联系。追溯性定费的客户可能有风险管理项目，以鼓励控制损失，尽量减少在该计划下保费的波动。

（三）表定定费和个别风险保费修改计划

责任险中的表定定费计划（Schedule rating plan）允许保险人修改最终保费，以反映类别费率不包括的因素。个别风险保费调整计划（Individual risk premium modification plan，IRPM）在财产保险中也达到了同样的效果。这两个计划非常相似，保险公司通常将两者统称为"表定定费"。

例如，在核保普通责任保险时，核保人可以应用附件 5-1 所示的因子来调整费率。表中列出的特征是在制定类别费率时未考虑的属性，但它们可能对客户业务的盈利能力产生影响。其他险类的表定定费计划类似于普通责任表定定费计划。

IRPM 计划允许核保人将相同的加分和减分应用于财产险费率。大多数州限制了核保人可以申请到的个别客户的加分或减分值。在一些州，费率调整被限制在 40% 的加分或减分值上，而在其他州，加分或减分值的限额为 25%。

在应用表定定费和 IRPM 计划时，保险人的判断至关重要。加分或减分的应用是基于保险人在业务领域的经验、被保险人的损失经验、保险公司的核保政策以及任何其他相关因素。根据保障范围和被保险人类型的不同，核保人应强调经营场所的物理条件、风险因素、运营情况以及管理层对损失控制的态度。在某些方面，如普通责任，则更多强调的是主观因素，包括管理层的合作、培训和监督。

表定定费计划已经报备，供商业机动车责任、商业机动车物质损坏、普通责任、玻璃破损和入室盗窃保险选择使用。一般来说，那些有资格使用经验定费的被保险人也有资格使用表定定费。为了有资格使用表定定费计划，被保险人必须达到规定的最低保费金额。与经验定费一样，表定定费必须用于每一个符合条件的客户。但并不是每个客户都可以进行加分或减分，有些客户的调整因子会记录为零。

附件 5－1　表定定费表

风险手册费率也可以根据以下表定定费表进行调整，最大调整幅度为 25%，以反映损失经验中未反映出来的风险特征：

	加分（%）		减分（%）
A. 位置	5%	至	5%
a. 场所内部风险暴露	5%	至	5%
b. 场所外部风险暴露	10%	至	10%
B. 场所——条件、照看	10%	至	10%
C. 设备——类型、条件、照看	10%	至	10%
D. 特别分类	10%	至	10%
E. 雇员——选择、培训、监督、经验	6%	至	6%
F. 合作			
a. 医疗设施	2%	至	2%
b. 安全计划	2%	至	2%

除了上面考虑的表定定费因子外，如果保险公司该险种的手册费率预期赔付率（ELR）与该风险的实际预期损失率不同，则将可收取保费（经过经验调整后）乘以以下费用变动因子（Expense variation factor）：

$$费用变动因子 = \frac{保险公司手册保费项下的预期赔付率}{该风险标的的预期赔付率}$$

（四）费用修改

费用修改是一种定费计划，它修改被保险人费率的费用部分，以反映向被保险人提供保险的实际成本。在这些计划项下，核保人以他们的判断来确定该客户是否预计比与其相关的平均客户的费用更少。客户费用的节省通常来自减少给代理人或经纪人的佣金和降低损失控制成本。费用修改可以与表定定费和经验定费计划结合使用。并不是每个州都允许费用修改计划。在允许使用的地方，费用修改计划必须向州保险监管机构备案。

代理人和经纪人有时愿意降低佣金率，以使向客户收取的保费更具竞争力。例如，如果某项业务的正常佣金率是15%，且能够承保该客户，则代理人或经纪人可能只需10%佣金。节省下来的佣金费用可以通过费用修改计划转移给被保险人。这种佣金的减少不被认为是回扣，因为费率降低是由国家保险部门的备案授权的，并且基于特定的费用节省。

> **回扣**
>
> 回扣是指给予或提供保险单所列以外的某些利益，以诱使顾客购买保险的行为。除佛罗里达州和加利福尼亚州外，回扣在所有的州都是违法的。

当被保险人愿意全力配合保险人的损失控制工作时，也可以节省费用。正如第三章所述，损失控制报告的获取可能是昂贵的，而损失控制建议的监督或执行也可能是昂贵的。核保人通常能够通过费用修改计划奖励与保险人合作控制损失的客户。

费用修改计划应该谨慎使用。核保人可能会设想节省费用的方法，但难以实现。一些核保人严格地将费用修改计划作为制定更具竞争力的费率的一种方法，而不考虑竞争性费率中存在的有限的费用负担。使用费用修改计划的核保人应在核保审计期间确定提供客户的费用修改是否合理。

（五）参与式计划

参与式计划与追溯性定费计划一样，利用被保险人在当前保险期内的损失经验来调整保险期间结束时的保费。在大多数情况下，这种修改是通过使用随保费和损失率大小变化的分级或滑动股息来完成的。股息是从支付所有损失和费用后剩余的保费中支付的，其支付额不可确定，但在实践中，参与式计划通常会向该计划适用的客户支付股息。作为计划的一项要求，保险公司董事会必须批准向计划中包含的客户支付股息。参与式计划通常也适用于表定和经验定费的客户。

参与式保险计划通常用于有较好损失经验的大型客户。一些参与式计划要求客户支付相当可观的最低保费，比如10万美元。保险公司可能有几个参与式计划提供分层最低保费，以适应更多的客户和合适的股息水平。保险公司有时将参与式计划称为"单向回溯"，因为当损失和费用低于预期时，客户会收到股息；但当损失和费用超过预期时，客户不会受到惩罚。通常，参与式计划用于劳工补偿保险，但它们也可以用于其他险种的定价。核保人可以对那些已经使用表定定费和经验定费的客户使用参与式计划。

五、综合定费

综合定费（Composite rating）是一种可选定价方法，在这种定价方法中，使用定价手册中指定的保费基数以外的其他保费基数对客户进行定价。综合定价为保险公司和被保险人提供了一种管理上的便利。例如，保险人和被保险人可能同意使用以交付的加仑数作为普通责任保险的保费基数，而不是使用燃料油经销商客户的各种其他保费基础。在这个例子中，被保险人知道与交付每加仑燃料油相关的保险成本，并相应地调整零售价格。许多客户希望有一个统一的保费基础，使他们能够随时确定保险成本并将它转嫁给顾客。

保险公司不必对复合定价客户进行中期定价，因为风险暴露的变化（如在上面的例子中交付的加仑燃料油）将在保险期间结束时被保费审计发现。虽然燃料油经销商通常会被要求提交在保险期内增加的任何运输车辆的信息，但核保人不必对这些车辆进行定价，以确定保险期内剩余时间的保费。相反，在保险期间结束时，当交付的燃料油总量已知时，将对这些车辆增加的风险暴露进行定费。

综合定费与其他定费计划的不同之处在于，被保险人不会因采用综合定费而获得价格优势。综合定费下的客户保费通常不应与不采用综合定费的客户保费有实质性差异。附件5-2显示了如何采用综合定费确定燃料油经销商的保费。

附件 5-2 综合定费例子

步骤一——使用类别费率、保费基础和经验定费和表定定费计划，计算综合定费计划下每一种保障的保险费。

保险责任	保费基础	保险费
机动车责任	指定车辆	$46000
普通责任	1000 加仑	30000
合计		$76000

步骤二——确定新保费基础

燃料油经销商和核保人都同意使用 1000 加仑燃料油作为客户的整个保费基数。上年，燃料油经销商交付了 120 万加仑的燃油。

$$1200000 \div 1000 = 1200$$

步骤三——计算综合费率

76000 美元 ÷ 1200 = 63.33 美元（每 1000 加仑燃油交付）

综合费率可以调整。综合费率通常每年重新计算一次。但是，如果类别费率发生变化或被保险人的风险组合发生重大变化，保险人或被保险人可以要求重新计算综合费率。

并非所有被保险人都有资格采用综合定费。大多数保险公司要求符合条件的客户达到规定的最低保费要求，并且有实际的理由使用这种方法。

小结

精算师和核保人在保险定价中各司其职。精算师负责费率制定，确定被保险人整体业务的每种分类及其费率。核保人通过执行分类和定费机制来应用这些费率。在许多情况下，核保人修改费率以反映客户的损失风险。对保险公司和保险精算师而言，保险定价是一项具有挑战的工作，因为在保险定价时，潜在的成本——主要是损失——是未知的。

大数法则是作为保险定价基础的数学原理。这一法则指出，损失预测的准确性随着风险暴露单位数量的增加而提高。为了增加风险单位的数量，以提高损失的可预测性，风险单位应具有相似的潜在损失可能性并且彼此独立。此外，保险公司设法承保的损失是偶然的，损失确切发生的时间和地点是可以衡量的，承保该风险在经济上是可行的。为确保保险公司的偿付能力及定价公平，保险定价受到监管。费率监管的目标是费率适当、不过高，且不存在不公平的歧视。在这些限制条件下，保险公司可以灵活地为其保险产品定价。保险监管机构依靠保险市场的竞争来控制保险定价。在难以控制价格或竞争具有破坏性的情况下，国家保险监管机构会进行干预。此外，州保险监管机构希望保险公司制定费率，以便人们可以获得并负担得起保险。可获得性和可负担性问题的产生通常表明保险市场没有像其应该的那样管理价格，亟须监管干预。

核保人有责任确保客户被正确分类和定价。客户分类意味着评估客户的特征，以确定应采用何种手册费率。定费通常意味着评估客户的特点，以确定何种手册费率适用于该客户的风险暴露单位。

个别评级计划使核保人能够对手册保费进行调整。经验定费计划和追溯性定费计划调整被保险人的保费，以反映被保险人的实际损失经验。"经验定费"（使用前3年的损失经验值来修改当前保险期间的保险费）与"追溯性定费"计划调整当年保费，以反映当年的损失经验。表定定费和个别费率允许保险人使用通常在手册费率中无法直接识别的客户特征来调整费率。费用修改计划允许在与承保客户相关的费用预计低于费率表中的费用时进行价格调整。个别费率调整计划使定费过程相对灵活，并允许核保人调整价格以反映客户的当前情况和保险市场的竞争水平。

保险人有时会发现，对一个大客户的每个风险暴露分别进行定价的过程很烦琐。大多数保险附表和定费计划在设计上都假定，必须为每一险种制定单独的保险费。综合定费通过将多种风险暴露转换为单一费率和单一定费基础来解决这个问题。

第六章　商用机动车责任保险经验定费、表定定费、追溯性定费和综合定费计划

本章介绍了第五章提及的四种定费方式，分别为《商用机动车责任保险经验定费和表定定费计划》《商用机动车追溯性定费计划》《商用机动车综合定费计划》。其中，表定定费计划与经验定费计划合并列出，追溯性定费和综合定费计划分别列出。

这四种定费方式包含在 ISO 商业机动车险类手册中。考虑到篇幅限制，仅将这些定费计划列出部分表格，类似但某些内容不同的表格（如责任限额）予以省略。如果读者感兴趣，可以设法获得其完整的表格以查找相关的数据。因此，这些计划的定费程序有时会缺乏数据支撑。

介绍这几种定费计划旨在使国内监管部门和保险公司了解目前美国所采用的多种定费方式，有些方式国内保险业已有所闻，但不知如何建立必要的数据库以及如何应用这些数据来进行多种形式的合理定费。介绍这几种定费方式的最终目的并非在于实际操作，而是如何借鉴国外经验来丰富和发展我国保险业的定费技术。

一、商用机动车责任保险经验定费和表定定费计划

（一）资格

1. "风险"的定义

本计划中使用的术语"风险"（Risk）是指任何被保险人的风险暴露，这

些风险暴露将予以定费。拥有联营利益或子公司利益的企业不包括在内，除非涉及以下情况。

（1）被保险人在这些企业中拥有绝大多数财务利益。

（2）在特许权授予人和其他定费利益方之间的排他性特许权安排下，存在以下条件：

a. 所有利益方都使用一个共同的商标名；

b. 所有利益方使用从特许权授予人获得的一种或多种相同的产品或服务；

c. 其中一方制定并维护管理控制标准，负责支付在独家特许经营下运营的所有利益方的保险费；

d. 法律不禁止特许经营授予人拥有待定费的其他利益方的运营权。

2. 不适用保障

本计划的设计和定费参数的计算不包括人身伤害保护（PIP），无保险驾驶员/不足保险驾驶员（UM/ULM）和医疗费支付经验。因此，本计划中用来为任何风险定费的保费和损失应排除此数据，且本计划不应用于PIP、UM/ULM和医疗费支付保障。

3. 预期损失率

除已分摊损失理算费用（Allocated loss adjustment expenses）外，本计划的参数不考虑其他费用。相反，保险公司必须将其基本限额保费（Basic limits premium）乘以自己的预期损失率（Expected loss ratio，ELR），以得出该计划项下的定费风险的年度基本限额公司损失成本（Annual basic limits company loss costs，ABLCLC）（或基本限额预期损失）。在这种情况下，保险公司的ELR代表该公司仅包括已分摊损失理算费用在内的损失程度。该公司的ELR应为公司已申报的、用于该险种定费计划项下的ELR。

ALAE（Alocated loss adjustment expenses）指保险公司处理特定保险索赔的成本。未分摊损失理算费用ULAE（Unllocated loss adjustment expenses）指已发生但不属于处理特定索赔的费用。

4. 经验定费资格

为车库风险、自有或租用车辆风险以及雇主非所有权风险暴露定费，并从附件 6-4 可信度和最大单一损失表数据中建立了可信度为 0.07 或以上的任何风险，才有资格采用本计划的经验定费调整规定。

5. 表定定费资格

为车库风险、自有或租用车辆风险以及雇主非所有权风险暴露定费，并从附件 6-4 可信度和最大单一损失表数据中建立了可信度为 0.03 或以上的任何风险，才有资格采用本计划的表定定费调整规定。

6. 雇员车辆定费

由被保险雇主的雇员拥有的私人乘用车和商用机动车，可根据以下条件在综合风险基础上（与雇主的车辆一起，如有）进行定费：

（1）被定费雇员的日常职责包括在从事雇主业务中使用机动车辆。此类雇员是指从雇主处获得运营津贴或报销因运营车辆而产生的费用（每英里费用、汽油、机油、轮胎、保养补贴），或雇佣条款已经考虑到使用其机动车辆的雇员。

（2）所有符合条件的雇员的车辆（限于每位员工一辆车）可包括在定费中，私人乘用车应按业务使用类别费率承保，以商务车辆保障附表提供保险。

（3）雇主对符合条件的雇员拥有的车辆具有使用和维护要求，并且符合条件的雇员应按照这些要求使用和维护车辆。

（4）雇主负责支付保险费。

（5）符合条件的雇员拥有的私人乘用车不受任何适用的安全驾驶保险计划规则的约束。

（6）保单明细表应列出雇员的姓名，包括对其所拥有车辆的描述。

（7）由风险所在的总部地点决定本计划中所有非雇主拥有的风险暴露，无论这些风险实际位于何处。

（二）保险公司费率调整

1. 经验调整的确定

风险的经验调整应根据本计划中描述的经验定费程序确定，并适用于定费保单本可收取的保费。

2. 表定调整的确定

除任何经验调整外，还可以按照附件6-6表定定费修改表，对反映该风险的特征进行调整，但前提是此类特征未反映在该风险的经验调整中。

（三）所使用的经验

1. 经验年数

风险的经验调整应根据保险公司在为该险种建立定费机制的本州或所有州近三年的经验确定。如果无法获得完整经验期数据，则至少应使用一个已完成的保单年度的数据。该经验期至少必须在定费日之前六个月结束。

2. 其他保险公司的经验和自保经验

除本公司的经验或自保经验之外，其他保险公司的经验也可以使用，但必须在规定的期间内。如果风险已自保或由无法从其获得经验数据的保险公司承保，而且经验已由被保险人以签字报告的方式提交给本公司，则该经验也可以使用。如果其可信度无法确定，则这种经验不能用于定费。

（四）经验调整因子的确定

1. 基本限额

基本限额（Basic limits）是指由单一事件造成的人身伤害和财产损害责任损失的100000美元单一综合限额。

2. 保险公司标的损失成本

（1）公司标的损失成本的定义

公司标的损失成本（Company subject loss cost，CSLC）这个术语用于描述进行经验调整的总基本限额的保险公司损失成本（Total basic limits company loss costs）（也称为基本限额预期损失——Basic limits expected losses）。CSLC只是风险在整个经验期内的预期损失，受基本保单限额的制约，并根据趋势水平和保障基础（事故发生或期内索赔制）进行调整，使预期损失与历史实际损失相当。

第六章 商用机动车责任保险经验定费、表定定费、追溯性定费和综合定费计划

（2）确定接受经验调整的年度基本限额公司保费

为定费保单确定年度基本限额保险公司保费（Annual basic limits company premium）。定费保单是采用本节第 9 条中的公式进行经验调整的保单。年度基本限额公司保费是采用任何个别风险调整之前的保费。一揽子调整因子和公司偏差包括在年度基本限额公司保费中。将保险公司的年度基本限额公司保费乘以该风险的公司预期损失率（ELR），其结果就是该风险年度基本限额公司损失成本（Annual basic limit company loss cost，ABLCLC），也称基本限额预期损失。

（3）确定进行经验调整的年度基本限额公司损失成本

特定经验期间进行经验调整的年度基本限额保险公司损失成本，是由定费保单的年度基本限额公司损失成本（基本限额预期损失）乘以附件 6-3 表中合适的去趋势因子得到的结果。

（4）公司标的损失成本的确定

对于包含在经验期内，保险公司在进行经验调整后符合年度基本限额的损失成本之和是公司标的损失成本。

3. 州组

为提供合适的损失发展因子（Loss development factors，LDF）、可信度以及最大单一损失（C&MSL）表值，美国划分出六个州组。LDF 和 C&MSL 表值也根据区域定费风险提供。

州组 1 包括科罗拉多州、马里兰州、明尼苏达州、内布拉斯加州、新罕布什尔州、北卡罗来纳州、俄勒冈州、罗得岛州、弗吉尼亚州、华盛顿州和威斯康星州；州组 3 包括亚拉巴马州、佛罗里达州、密西西比州、内华达州和新墨西哥州；州组 4 包括路易斯安那州和密歇根州；州组 5 仅包括加利福尼亚州；州组 6 仅包括纽约州。州组 2 包含未在以上五个组中列出的所有州。

4. 降低限额因子

损失和保费必须在相同基础上进行经验定费。由于基本限额的变化，经验期内某些年份的损失数据可能无法详细提供，进而无法按照新的基本限额重新评估损失。如果是这样，这些年份的保费必须以旧的基本限额确定，这

样它们就会在与这些年度损失相同的基础上进行定费。如果可获得25000美元限额的公司费率，则可以通过将这些费率应用于适用年份经验期内的风险暴露来计算保费。然而，如果这不能实现，25000美元限额的公司保费则可以近似地应用于10万美元限额保费的"降低限额"因子。

ISO建议在不同组别中25000美元"降低限额"的因子为：州组1—0.73、州组2—0.72、州组3—0.67、州组4—0.64、州组5—0.74、州组6—0.65、区域额定值—0.70。

5. 重大变化对确定公司标的损失成本的影响

如果实际风险暴露在经验期间或之后由于通货膨胀以外的已知原因而发生了巨大变化，则可用以下程序来确定保险公司标的损失成本：

（1）在当前定费基础上，对经验期的每份保单按分类和地点确定实际历史风险暴露。

（2）经验期内特定年份按分类和地点划分的实际风险暴露，按照当前基本限额公司费率进行扩展，然后乘以附件6–3表中相应的去趋势因子（Detrend factor），得出经验期间经验定费年份的基本限额保险公司保费。将其中每项乘以该风险的公司预期损失率（ELR），以获得每年基本限额公司损失率（基本限制预期损失）。

去趋势因子（Detrend factor）定义为：时间序列数据"去趋势"，意味着去除数据中的潜在趋势。这样做主要是为了更容易地看到数据中的季节性或周期性子趋势。比如，随着时间的推移，企业产品销售量呈上升趋势，但销售数据中似乎也存在周期性或季节性趋势。为了更好地了解这种周期性趋势，可以将数据去趋势化。在这种情况下，将涉及去除随时间推移的整体上升趋势，使结果数据仅代表周期性趋势。

预期损失率（ELR）是一种用于确定相对于已赚保费的预计索赔金额的技术。当保险公司由于其产品的变化而缺乏过去发生的索赔数据时，以及当保险公司缺乏足够大的长尾险种数据样本时，可以使用预期损失率（ELR）法。

（3）包括在经验期间进行经验定费的年度基本限额保险公司损失成本之

第六章 商用机动车责任保险经验定费、表定定费、追溯性定费和综合定费计划

和为公司标的损失成本。

6. 经验调整计算中可包括的基本限额损失

包括在定费中的损失为以下各项之和：

（1）经验期内每年的已付和未付损失（包括已分摊索赔费用），其赔偿金额以基本限额为限；任何事件赔偿金额和已分摊索赔费用，受以公司标的损失成本为基础的、附件6-4中可信度和最大单一损失表中规定的最大每次损失（Maximum single loss，MSL）金额的限制。

（2）反映为经验期内每年最终损失水平进行调整的计算方法为：将当年的保险公司损失成本（LC）乘以预期经验比率（Expected experience ratio，EER），再乘以相应的基本限额损失发展因子（Loss development factor，LDF），其中：

a. LC 指在经验期内每年特定类型保障的公司损失成本；

b. EER 是以公司标的损失成本为基础参考附件6-4中的可信度和最大单一损失表所对应的预期经验比率；

c. LDF 是在 ISO 建议下适用于预期损失的基本限额损失发展因子（或定费保险公司目前使用的因子）。附件6-7基本限额损失发展因子表按成熟度显示 ISO 建议的 LDF。[参见（九）由于承保人变更导致与未到期损失处理相关的内容补充。]

损失发展因子（LDF）定义为保险公司最初记录的责任与最终索赔水平之间的差额。损失发展因子允许保险公司将索赔调整到预计的最终水平。

7. 实际经验比率（Actual experience ratio，AER）

通过将经验调整基本限额损失除以公司标的损失成本，确定实际经验比率（AER）。

8. 可信度

风险可信度值可从以公司标的损失成本为基础的附件6-4 ISO 可信度和最大单一损失表中获得。

可信度（Credibility）为保险公司和精算师根据历史损失开发模型，其中通过考虑一些必须进行统计测试的假设而确定的可信度。例如，保险公

司通过检查之前特定投保人群体的保险损失,以估计未来类似群体的保险成本。

9. 经验调整因子

$$经验调整因子 = \frac{实际经验比率 - 预期经验比率}{预期经验比率} \times 可信度$$

如果经验调整因子为负,则为加分;如果为正,则为减分。

10. 免赔额保障的特别规定

(1) 经验调整

以免赔额为基础所承保的运作的充分保障经验,按照免赔额基础进行调整;反之亦然,以充分保障为基础所承保的运作的免赔额经验,在定费计算前先使充分保障基础建立起来。

(2) 以免赔额为基础所承保的风险

对于那些以免赔额为基础承保运作的风险,包含在定费中的损失为上述 6(1)和 6(2)中计算的金额的总和,除非全额保障项下遭受的损失,应在采用 MSL 限额之前,通过从赔款中减去免赔额,至少与免赔额等值。已分摊理算费用应全部计入。

(五) 定费案例

1. 介绍

本案例旨在介绍如何使用(四)中的程序。保单期限为 7/1/08 至 6/30/09。我们假设该案例的公司预期损失率为 0.650(仅为损失和损失理算费用之和)。

2. 使用该案例

(1) 根据(四)2(2)所述,我们确定,定费保单的年度基本限额公司保费为 150000 美元。因此,年基本限额公司损失成本(基本限额预期损失)为:

年基本限额公司保费 × 公司预期损失率(ELR) = $150000 × 0.650 = $97500

(2) 经验期各份保单的损失信息如下。

附件 6-1 可包含在经验定费中的损失范例表

保单年份	经验期间的保险单	基本限额赔偿	已分摊损失理算费用	受最大单一损失金额限制的可包含在经验定费中的损失
7/1/2006 至 6/30/2007	最近第一年	$1000	$0	$1000
		2200	0	2200
		10000	2000	12000
		$13200	$2000	$15200
7/1/2005 至 6/30/2006	最近第二年	$7000	$3000	$10000
		100000	125700	154350
		7000	5000	12000
		$114000	$133700	$176350
7/1/2004 至 6/30/2005	最近第三年	$16500	$3500	$20000
		5500	0	5500
		10500	1300	11800
		20800	2000	22800
		$53300	$6800	$60100
				$251650

（3）根据（四）6（1）中规定的已发生基本限额损失（包括已分摊理赔费用）的定值日期为 3/31/2008，并受最高单一损失（MSL）金额 154350 美元的限制（在该案例后面部分计算）。这些损失加上用来反映最终损失的任何适用的损失理算费用，得出可包含的总损失或经验定费基本限额损失。

（4）一旦最大单一损失金额（MSL）已知，就可以填写最后一栏。该案例中，MSL 金额为 154350 美元，从附件 6-4 可信度和最大单一损失表中获得，以州组 1 车库风险的公司标的损失成本 256523 美元为基础。（参阅本案例后面部分，以了解如何获得这些数值的更多信息。）

（5）依据州组 1 车库风险定费保单的年公司损失成本计算公司标的损失成本（基本限额预期损失），并经过调整计算来反映最终损失水平。相关计算如下所示。

附件 6-2 公司标的损失成本

定费保单的年基本限额公司损失成本[见（五）2（1）]	趋势因子	接受经验定费的年度基本限额公司损失成本	预期经验比率	损失发展因子	经过调整以反映最终损失水平
Latest Year					
$97500	×0.916 =	$89310	×0.983	×0.276 =	$24231
2nd Latest Year					
$97500	×0.876 =	$85410	×0.983	×0.138 =	$11586
3rd Latest Year					
$97500	×0.839 =	$81803	×0.983	×0.050 =	$4021
		$256523			$39838

附件 6-3 ISO 去趋势因子表

经验期年份	趋势因子
Latest Year	0.916
2nd Latest Year	0.876
3rd Latest Year	0.839

将去趋势因子应用于经验期间的基本限额公司损失成本，作为调整的一部分，以反映最终损失水平。

（6）保险公司标的损失成本为接受经验定费的年度基本限额损失成本256523美元。进而，该标的损失成本金额用于从以下附件6-4可信度和最大单一损失表中获得其他适用的数值。

第六章 商用机动车责任保险经验定费、表定定费、追溯性定费和综合定费计划

附件6-4 ISO可信度和最大单一损失表

下表数据用于确定（五）定费案例中的经验修改因子。

公司标的损失成本 （预期损失）	可信度	预期经验比率 州组1	州组2	州组3	最大单一损失 州组1	州组2	州组3
7121-10072	0.03	0.878	0.842	0.776	62500	59950	55250
10073-13085	0.04	0.891	0.859	0.800	67350	64900	60450
13086-16162	0.05	0.900	0.870	0.815	70650	68300	64000
16163-19305	0.06	0.906	0.878	0.826	73200	70950	66800
19306-22516	0.07	0.911	0.884	0.835	75350	73150	69100
22517-25797	0.08	0.915	0.889	0.843	77250	75050	71150
25798-29150	0.09	0.918	0.894	0.849	78950	76850	73050
29151-32579	0.10	0.921	0.898	0.855	80550	78500	74800
32580-36085	0.11	0.924	0.901	0.861	82100	80100	76500
36086-39671	0.12	0.927	0.905	0.866	83600	81650	78150
39672-43340	0.13	0.929	0.908	0.871	85100	83150	79750
43341-47095	0.14	0.932	0.912	0.876	86550	84650	81350
47096-50939	0.15	0.934	0.915	0.881	87950	86150	82950
50940-54874	0.16	0.936	0.918	0.885	89400	87650	84500
54875-58906	0.17	0.938	0.920	0.889	90850	89100	86100
58907-63036	0.18	0.940	0.923	0.893	92300	90650	87700
63037-67268	0.19	0.942	0.926	0.897	93800	92150	89300
67269-71608	0.20	0.944	0.928	0.901	95250	93700	90900
71609-76057	0.21	0.946	0.931	0.905	96800	95250	92550
76058-80622	0.22	0.948	0.933	0.909	98300	96800	94250
80623-85306	0.23	0.950	0.936	0.912	99850	98400	95950
85307-90114	0.24	0.951	0.938	0.916	101450	100050	97650
90115-95051	0.25	0.953	0.941	0.919	103050	101700	99400
95052-100123	0.26	0.955	0.943	0.923	104700	103400	101200
100124-105334	0.27	0.956	0.945	0.926	106400	105150	103000
105335-110691	0.28	0.958	0.947	0.929	108100	106900	104850

续表

公司标的损失成本（预期损失）	可信度	预期经验比率 州组1	预期经验比率 州组2	预期经验比率 州组3	最大单一损失 州组1	最大单一损失 州组2	最大单一损失 州组3
110692 – 116200	0.29	0.960	0.949	0.932	109900	108700	106750
116201 – 121868	0.30	0.961	0.951	0.935	111700	110550	108650
121869 – 127701	0.31	0.963	0.953	0.938	113550	112450	110650
127702 – 133707	0.32	0.964	0.955	0.941	115400	114350	112650
133708 – 139893	0.33	0.965	0.957	0.944	117350	116350	114700
139894 – 146269	0.34	0.967	0.959	0.947	119350	118400	116850
146270 – 152842	0.35	0.968	0.961	0.949	121400	120500	119000
152843 – 159622	0.36	0.970	0.963	0.952	123500	122600	121200
159623 – 166620	0.37	0.971	0.964	0.954	125650	124800	123500
166621 – 173844	0.38	0.972	0.966	0.956	127850	127100	125800
173845 – 181308	0.39	0.973	0.968	0.959	130150	129400	128200
181309 – 189022	0.40	0.974	0.969	0.961	132500	131800	130700
189023 – 197000	0.41	0.976	0.971	0.963	134950	134250	133200
197001 – 205256	0.42	0.977	0.972	0.965	137450	136800	135850
205257 – 213804	0.43	0.978	0.974	0.967	140050	139450	138500
213805 – 222660	0.44	0.979	0.975	0.969	142700	142150	141300
222661 – 231841	0.45	0.980	0.976	0.971	145450	144950	144150
231842 – 241365	0.46	0.981	0.978	0.973	148300	147850	147100
241366 – 251252	0.47	0.982	0.979	0.974	151250	150850	150150
251253 – 261523	0.48	0.983	0.980	0.976	154350	153950	153300
261524 – 272200	0.49	0.984	0.981	0.978	157500	157150	156550
272201 – 283310	0.50	0.985	0.982	0.979	160800	160450	159900
283311 – 294877	0.51	0.985	0.984	0.981	164250	163900	163400
294878 – 306931	0.52	0.986	0.985	0.982	167800	167500	167050
306932 – 319504	0.53	0.987	0.986	0.983	171500	171250	170800
319505 – 332629	0.54	0.988	0.987	0.984	175350	175100	174750
332630 – 346344	0.55	0.989	0.987	0.986	179350	179150	178800
346345 – 360690	0.56	0.989	0.988	0.987	183550	183350	183050

第六章 商用机动车责任保险经验定费、表定定费、追溯性定费和综合定费计划

（7）公司标的损失成本（256523 美元）位于损失成本范围 251243 美元至 261523 美元区间，相当于 0.48 可信度水平以及 154350 美元州组 1 风险的最大单一损失值。该州组 1 风险的预期经验比率为 0.983。简言之，经验定费值如附件 6-5 所示。

附件 6-5　该案例的经验定费值

可信度因子（Credibility factor）	预期经验比率（EER）	最大单一损失（MSL）
0.48	0.983	$154350
可包含在经验定费中的总损失	实际经验比率（AER）	
$251650 + $39838 = $291488	$291488 ÷ $256523 = 1.136	

（8）由于该风险的实际经验比率比预期损失率大，需按以下方式计算进行经验加分：

$$经验调整 = \frac{(1.136 - 0.983)}{0.983} \times 0.48 = +0.075，或 7.5\%$$

（六）公司费用变化因子

如果以公司手册保费为基础的预期损失率（ELR）与该风险的实际损失率（ALR）不同，则将本应收取的保费（经验调整后）乘以以下费用变动因子（EVF）：

$$费用变动因子（EVF） = \frac{公司手册保费为基础的预期损失率（ELR）}{实际损失率（ALR）}$$

（七）表定定费

表定定费调整因子也可根据附件 6-6 应用于本应收取的保费，以反映其经验中未考虑的风险特征。

附件 6-6　表定定费调整因子表

		调整范围		
		加分		减分
风险特征管理	与保险公司合作，按照保险人的建议修订时间表、路线和操作方式。	5%	—	5%
雇员	选拔、培训、监督、经验和薪酬基础。	5%	—	5%
设备	类型、条件、服务、维修设施，安全设备和驾驶员的状况报告。	5%	—	10%
机构安全	定期召开会议，发放安全资料，建立奖惩制度，与司机一起评估事故，委任安全主管，事故报告和记录。	10%	—	5%

（八）在无法得到基本限额保费的情况下的计算程序

1. 介绍

如果只能获得所购买基本限额保单的公司的年度总保费，则使用当前公司费率和主要风险类别的增加限额因子，以及按照以下程序来计算被定费保单的年度基本限额公司损失成本（基本限额预期损失）。风险的主要类别是指能产生最多保费的风险类别。

2. 计算过程

应采用以下程序计算保费。

（1）确定购买定费保单基本限额的实际公司保费。

（2）确定定费保单所属主要险类的以下数值：

a. 基本限额公司费率；

b. 按照现有费率购买保单的增加限额因子；

c. 按照所购买的保单限额计算公司费率（a 项费率乘以 b 项因子）。

（3）通过将上述 a 项费率除以 c 项费率，然后乘以所购买的定费保单限额的年度公司保险费，计算定费保单的年度基本限额公司保险费。

（4）将公司年度基本限额保费乘以该公司风险的 ELR，即可得到该风险的年度基本限额公司损失成本（基本限额预期损失）。

（九）由于承保人变更导致与未到期损失处理的相关补充

1. 介绍

如果被保险人更换保险人，则定费公司可能无法从之前保险人那里获得过去损失的当前估值。如果发生这种情况，必须仔细检查过去保险人处获得的经验数据是否成熟，并选择适当的损失发展因子。

2. 损失期限

经验期内任何年度的损失期限定义为，从最近一次损失估值之日开始，到最终接受这些损失转让的保单有效日之间的月数。除非对损失重新估值，否则特定年份的损失将无法到期。只要没有最新的估值，在最近一次损失估值时使用的损失发展因子必须在后续定费中使用。

当以前的保险公司提供的经验包含零碎期限，如 9（或 6）个月之前发生的损失，就存在这种情况。这段零碎时间是保单生效日后 9（或 6）个月估值保单期限的一部分，并且无法获得后续估值。如果有必要在随后的定费中包括这一经验，则必须对该 9（或 6）个月的损失采用预测完整保单年度最终赔款因子。ISO 建议的 6 个月、9 个月、12 个月和 15 个月的基本限额损失发展因子包括在下表中。这些补充损失发展因子的存在并不改变（三）中的要求。

附件 6-7　基本限额损失发展因子（车库）表

州组	最近保单年度（18 个月）	最近第二保单年度（30 个月）	最近第三保单年度（42 个月）
1	0.315	0.174	0.061
2	0.318	0.152	0.057
3	0.425	0.211	0.098

续表

州组	最近保单年度 （18 个月）	最近第二保单年度 （30 个月）	最近第三保单年度 （42 个月）
4	0.451	0.171	0.041
5	0.435	0.182	0.067
6	0.346	0.160	0.043
	（21 个月）	（33 个月）	（45 个月）
1	0.276	0.138	0.050
2	0.267	0.123	0.043
3	0.358	0.181	0.070
4	0.367	0.132	0.024
5	0.358	0.146	0.054
6	0.292	0.122	0.033
	（24 个月）	（36 个月）	（48 个月）
1	0.242	0.105	0.039
2	0.223	0.097	0.029
3	0.298	0.154	0.043
4	0.288	0.094	0.007
5	0.287	0.112	0.042
6	0.244	0.086	0.024
	（27 个月）	（39 个月）	（51 个月）
1	0.213	0.074	0.028
2	0.183	0.072	0.017
3	0.244	0.128	0.017
4	0.214	0.059	0.000
5	0.221	0.081	0.030
6	0.201	0.053	0.016

6 个州组和区域定费风险的 ISO 基本限额损失发展因子列在这些表中。

第六章 商用机动车责任保险经验定费、表定定费、追溯性定费和综合定费计划

二、追溯性定费计划

(一) 介绍

本计划仅适用于普通责任保险、医院职业责任保险、商业机动车责任保险、商业机动车物质损失保险，并且无论是单独投保还是与劳工补偿保险和雇主责任保险合并投保。有关劳工补偿保险定费规则，请参阅国家赔偿保险委员会发布的《追溯性定费计划手册》。

(二) 一般解释

1. 本计划的使用

本计划的使用是可选的，仅在被保险人选择并经保险公司接受后使用。

2. 本计划的目的

本计划根据保险期间发生的损失调整其适用的保费，其目的是收取反映这些损失的保费。根据保险原则，追溯性费率是利用保险期内发生的损失，及保险人的费用和保险费税收，来确定合理的保险成本。

3. 使用该计划的损失控制激励措施

因为追溯保费根据定费期间的损失结果确定，该计划鼓励被保险人控制和减少损失。根据其损失控制效果，被保险人可以获得相应的降低保费奖励。该计划还消除了被保险人对其保费主要取决于由其他人的风险造成的损失的任何担忧，因为追溯性保费的大部分用于支付被保险人自己的损失。

4. 计划的成本加成特性

该计划之所以具有成本加成特点，是因为某一定费期间的追溯保费是根据该期间发生的损失计算的，因此属于美元对美元成本法（Dollar for dollar cost method）性质。该计划项下的保费是此类损失的直接结果，因为该计划反映的是损失成本加上保险公司提供保险的费用。

5. 其他个别风险定费计划

追溯性定费是一种独立的选择，不能替代预期个别风险定费（Prospect

individual risk rating），且叠加在经验、表定、综合或损失定费的保费之上。

6. 不受其他定费计划约束的风险

对于不受其他定费计划约束的风险，追溯性定费的保险费以保险公司的手册保费为基础。

7. 在一个以上的州经营的风险

本计划可在州内或州际基础上实施。

8. 保费折扣或费用调整

本计划项下的标准保费不受任何额外保费折扣的约束，该折扣将保险人签发和服务保单的人工费用与保险人此类风险的手册费率变化考虑在内，因为追溯性定费在计算该计划项下的保费时，已经通过因子将这些成分纳入其中。

9. 费用率

在保险公司手册费率基础上，应计费用条款所考虑的公司费用、利润或或有事件备用金（但不包括税收）的保费金额，是通过将风险的标准保费乘以合适的手册公司费用率因子来确定的。

10. 责任保险限额的提高

如果保单提高了商业机动车责任或普通责任保险限额，则该保费和已发生损失受本计划的约束，但以适用于追溯性定费目的的每次事故限额为限。详见（三）6（1）c部分。

（三）定义

1. 被保险人

被保险人可以是个人、合伙企业、合资企业、公司、协会、受托人（如托管人、接收人或遗嘱执行人），或保险人在采用本计划的保险单声明中指定的其他法律实体。如果同一个人或同一群人在这些实体中拥有多数权益，则被保险人可以是两个或两个以上的法人实体。

2. 风险

风险（Risk）指适用本计划的任何被保险人的风险暴露（Exposures）。

第六章 商用机动车责任保险经验定费、表定定费、追溯性定费和综合定费计划

3. 费率

（1）授权费率

授权费率是指保险公司的手册费率（Manual rate）或保险公司根据国家监管要求制定的其他费率。

（2）保险公司的手册费率

保险公司的手册费率是指保险公司使用的费率手册上显示的费率。

4. 标准保费

就本计划而言，标准保费指保险公司根据授权费率、任何个别风险定费调整（除了费用调整之外）和保险公司最低保费确定的风险保费。商业机动车责任保险、普通责任保险和医院职业责任保险的标准保费为适用于追溯性定费目的的意外事故责任限额保费。该限额适用于追溯性定费目的，该限额为在（三）6 中讨论的追溯性定费限额。如果涉及累计限额，则标准保费适用包括在保单限额中的累计限额。转换因子在（十七）中提供，以计算低于商业机动车责任、普通责任和医院职业责任基本限额的保费。商业机动车物质损坏险的标准保费是整个保单的保费。

5. 已发生损失

（1）在本计划项下定费公式中使用的已发生损失，包括商业统计计划规则下报告的已赔偿和已报告未赔偿的损失，但须受（三）6 中所述的追溯性定费限额的限制。

（2）对于商业机动车责任、普通责任和医院职业责任，已发生损失还包括已分摊损失理算费用、保函保费、判后利息以及向第三方或其他个人或机构追偿的费用。对于商业机动车物质损失、犯罪和忠诚保险，已发生损失包括追偿费用，但所有损失理算费用除外。已分摊损失理算费用（Allocated loss adjustment expenses）的定义参阅《商业统计计划以及第八章一（一）部分》。

6. 追溯定费限额

（1）商业机动车责任，普通责任和医院职业责任追溯定费限额

商业机动车责任、普通责任和医院职业责任保险，包括在追溯定费中的已发生损失受以下限制：

a. 所有实际支付和未支付的赔偿准备金之和受追溯性定费限额的限制。该限额分别适用于每种保障和每种风险因素的每次意外事故，保单每次意外事故的责任限额也分别适用于该保障和风险因素。

b. 上述限制不适用于已分摊损失理算费用、保函保费、判决生效后产生的利息以及向第三方追偿的费用，这些费用应全部包括在内。已分摊损失理算费用的定义参照《商业统计计划》。

c. 尽管需要有一个追溯性定费限额，但被保险人和保险公司将商定限额的特定值。这一限制因险类而异。对于特定险类，追溯性定费限额对接受追溯性定费的损失赔偿层次作了规定，该限制必须低于或等于保单限额。如果低于保单限额，则从追溯性赔偿限额到保单限额之间的损失赔偿不受追溯性赔偿限额的约束，因此，将使用增加限额因子或本计划之外的其他方法定价。被保险人将在追溯性保费之外支付一笔固定保费，用于赔偿超过追溯性定费限额的损失。该计划包括几种不同的、有代表性的追溯性定费限额参数，包括25000美元、50000美元、100000美元、250000美元、500000美元和1000000美元。

d. 在涉及累计限额的情况下，c中规定的损失金额应进一步限制在标准保费规定的累计限额内。

e. 上述限制的损失可通过预先选择的合并意外事故限额进一步对其限制，（五）4部分对此作了解释。

（2）犯罪和忠诚险追溯性定费限额

包括在追溯性定费中的犯罪和忠诚保险已发生损失，除保单条款约定外，不受追溯性定费的限制。

（3）商业机动车物质损失保险追溯性定费限额

就商业机动车物质损失保险而言，包含在定费计划中的已发生损失可以通过预先选择合并事故限额来加以限制［参阅（五）4部分的解释］。

7. 周年定费日

（1）单一保单风险

投保本计划的周年定费日期为生效保单的有效月份及日期。

第六章　商用机动车责任保险经验定费、表定定费、追溯性定费和综合定费计划

（2）多种保单风险

如果本计划的风险包含多份不同生效日期的保单，则周年定费日期由保险公司确定。

（3）更改日期

本计划适用于受本计划约束的一份或多份保单的有效期。如本计划的适用期限更改，则参阅（八）2部分。

8. 长期建设项目

长期建设项目是指预期需要1年以上完成的建设或安装项目，并根据一份或多份并行或连续合同交付。该项目可以在1年期保单或不超过3年期的保单项下承保。

9. 综合建设项目

综合建设项目（Wrap–up construction project），是指由统一管理下的一个或多个保险公司为从事建设、安装、拆除项目的两个或者两个以上法人单位出具保单的项目。被保险实体应限于总承包商（包括作为总承包商的任何业主或委托人）和在所投保的合同项下从事施工的分包商。如果业主或委托人与总承包商之间的合同是在投保前订立的，则业主或委托人是该综合责任保险的合格实体。

10. 大型风险的替代定费选择

大型风险的替代定费选择规定，保险人和被保险人可根据双方协议对风险进行追溯性定费。这是一种年度标准保费估计超过1000000美元的风险定费选择，单独或以组合的方式承保普通责任、医院职业责任、商业机动车等风险。

11. 90%因子

"取消保单"规则中使用的术语"90%因子"，指的是相关手册中的保险合同解除程序。根据该规则，未满期保单的退费须按有关期间未赚取保费的0.90比例计算。

12. 短期费率因子

"取消保单"规则中使用的术语"短期费率"因子，指的是相关手册的

保险合同解除程序，根据该规则，退费要求按有关期间未赚保费规定的百分比（如合同解除短期费率表所列）计算。

（四）资格性

1. 1年期计划

如果估计的标准保费至少为 25000 美元，则有资格投保 1 年期计划。估计的标准保费可以包括劳工补偿保险。具体内容参考 NCCI 的追溯性定费计划手册。

2. 3年期计划

如果估计标准保费至少为 75000 美元，则有资格投保 3 年计划。标准保费可能包括工伤保险。具体内容参考 NCCI 追溯性定费计划手册。

3. 长期建设计划

如果长期建设项目的估计标准保费平均为每年 75000 美元或以上，则此类项目有资格投保本计划。对于此类项目，追溯性保费的确定应以完成项目所需的整个期间为基础。

4. 综合建设项目

承保综合建设项目（Wrap–up construction project）的两份或两份以上的保险单，可以为追溯性定费目的合并起来。综合建设项目可视为长期建设项目。

5. 大型风险替代定费选择

如果单独或与普通责任、医院职业责任、商用机动车或劳工赔偿险的任何组合的估计标准保费在计划期限内每年平均超过 1000000 美元，则该风险有资格选择大型风险替代定费计划。

（五）保费的确定

1. 介绍

追溯性保费根据（五）2 和（五）5 部分涉及的公式计算。

2. 追溯保费公式

（1）本计划项下的风险，其保费由以下追溯性保费公式确定：

第六章　商用机动车责任保险经验定费、表定定费、追溯性定费和综合定费计划

追溯性保费 =（基本保费 + 转换后的损失金额）× 税收乘数

（2）此公式所得出的追溯性保费须以最低追溯性保费及最高追溯性保费为限。如果本计划适用的风险包括一个以上的法律实体，单一追溯性保费是以合并实体为基础，而不是针对每个实体单独计算。

（3）估计年度标准保费超过 1000000 美元的风险，不管是单独或与普通责任、医院职业责任、商用机动车或劳工补偿险的任何险种进行组合，可根据大额风险替代定费选项进行定费。该选择规定，此类风险可按保险人和被保险人都同意的方式进行追溯性定费。

3. 公式所用术语的定义

（1）标准保费

标准保费见（三）4 部分的定义。

（2）基本保险费

a. 基本保费是标准保费的一个百分比，由标准保费乘以基本保费因子计算。基本保费因子是基于保险公司的手册费用率和保险费率表（Table of insurance charges）确定的。

b. **基本保费规定**：保险公司的费用包括业务获取、服务被保险人、损失控制服务、保费审计和保险一般管理费用，在最低追溯性保费与最高追溯性保费之间限制追溯性保费进行调整，以及保险公司可能产生的利润或或有事件备付金。

c. 基本保费不包括保费税或理赔费用。后者通常由税收乘数和损失转换因子提供。

（3）转换后的损失

转换后的损失（Converted losses）以本计划适用的保单期间风险的已发生损失为基础。将损失转换因子应用于此损失以产生转换后损失。具体内容参见以下（4）、已发生损失的定义见（三）5。

（4）损失转换因子

损失转换因子是损失的一个百分比，通常为 10% 至 15%。它涵盖未分摊索赔理算费用和保险公司理赔服务费用，如调查索赔和提交索赔报告的费用。

（5）公司税收乘数

保险公司税收乘数（Company tax multiplier）包含许可证、评估和税收费用，保险公司必须为其收取的保费支付这些费用。

（6）最低追溯性保险费

最低追溯性保费是标准保费的一个百分比（使用税收乘数）。这是本计划项下风险的最低保费金额。最低追溯保费因子由被保险人和保险人协商确定。参阅（六）1部分。

（7）最高追溯性保费

最高追溯性保费是标准保费的一个百分比（使用税收乘数）。这是本计划项下风险的最高保费金额，其作用是限制已发生损失对追溯性保费的影响。最高追溯性保费由被保险人和保险人协商确定。具体内容参考（六）1部分。

4. 追溯性保费公式的其他可选择要素

被保险人和保险公司可同意，将两项额外选择性保费要素（超额损失保费和追溯性发展保费）中的一项或两项都包含在追溯性保费公式中。这些可选择要素要乘以（五）5中追溯性保费公式中所示的税收乘数。

（1）超额损失保费

a. 通过协议选择合并意外事故限额，对任何一次事故引起的已发生损失和已分摊损失理算费用的数额进行限制，该限额将包含在责任保险的追溯性保费公式中。使用这一选择要素的目的是，尽量减少组合性保障和所包括的任何已分摊损失理算费用造成的高损失成本对追溯性保费的影响。对于商用机动车物质损失，选择合并意外事故限额是对因任何一次意外事故造成的保险损失赔偿金额加以限制。超额损失保费是对用来计算追溯性保费的损失进行限制而收取的保费。

这种选择性限制适用于所有险类，不应与（三）6中描述的单一险类追溯性定费限额相混淆。相反，它与NCCI劳工补偿追溯性定费计划中的选择性损失限制相对应。

b. 无论合并意外事故限额是多少，保险公司要在所购买的保单限额内支付损失赔款。

第六章 商用机动车责任保险经验定费、表定定费、追溯性定费和综合定费计划

c. 超额损失保险费的计算方法如下：

（标准保费）×（该风险的公司预期损失率）

×（超额损失保险因子）×（损失转换因子）

d. 协会咨询超额损失保费因子详见（十四）。

e. 如果新协议是非追溯性的，将本计划应用于某项风险后，合并意外事故限额可以更改、包括或除外。

f. 对于CGL"期内索赔制"或CGL"事故发生制"保单，普通责任保险的可定费损失限额，仅与追溯性保费批单上列出的CGL"期内索赔"或"事故发生"保单承保的索赔相关（见追溯性保费批单项目4和6）。

（2）追溯性发展保费

a. 这种可选择保费要素的目的是稳定该计划项下的风险的保费调整，具体内容可参考（九）保费调整规则。追溯性发展保费是对未来已发生损失金额变化的预测。追溯性发展保费只包括在追溯性保费前四次的调整中，而不包括在其后的任何保费计算中。

b. 追溯性发展保费的计算方法：

（标准保费）×（该风险的保险公司预期损失率）

×（追溯性保险因子）×（损失转换因子）

c. 协会咨询追溯性发展因子详见（十五）和（十六）条。

5. 包括额外选择性要素时的追溯性保费公式

（1）已选择其中任何一项或两项都选择的额外选择性保费要素的风险，其追溯性保费用以下公式确定：

追溯性保费=（基本保费+转换损失+超额损失保险费+追溯发展保费）

×税收乘数

（2）上述公式中是否包括超额损失保险费或追溯性发展保费，或两者兼而有之，应由该选择性保费要素是否包含在追溯性协议内而定。

（3）当被保险人选择了一个或两个可选择保费要素时，这种计算的结果就是追溯性保费。追溯性保费不得低于追溯最低保费，也不得高于追溯最高保费。

（六）追溯性定费程序

1. 说明

（1）根据1（2）中所述的程序，由被保险人和保险人之间的协议确定每个风险的追溯定费的各种因子。

（2）基本保费根据保险公司的费用和费率表确定。损失转换因子及最低和最高追溯性保费由被保险人和保险人协商确定。税收乘数是由保险公司根据包含在定费中的州的相关规定而确定。超额损失保费因子和追溯性发展因子（如有）由保险公司决定。

（3）本计划可单独用于以下任何类型的保险，或用于这些保险的任何组合：

劳工补偿和雇主责任（参考NCCI追溯性定费计划手册），第三方责任，商用机动车物质损失、犯罪和忠诚。

（4）当追溯性定费包括劳工补偿和其他商业损害保险时，包括最低和最高追溯保费在内的追溯保费总额以本计划中的所有保险为基础确定。

（5）对于州际风险，应使用公司确定的州税收乘数平均值，该平均值按每个有州风险的公司标准保费加权。

（6）参阅（十八）和（十九）中有关使用追溯性定费的解释及例子。

2. 三年计划——可选

本计划也可用于为期三年的风险。按照上述1中引用的程序和示例，通过使用本计划三年期间的标准保费，根据年度标准保费和基本保费的剩余部分确定保险公司费用。

3. 长期或综合性建设项目

本计划可以下列方式用于此类项目：

（1）该项目可在系列1年期保单项下承保。参阅上述第1款。

（2）该项目可在系列3年期保单项下承保。参阅上述第2款。

（3）该计划应适用于这些项目，以便在整个项目期间，在标准保费的基础上计算追溯性保费。

第六章　商用机动车责任保险经验定费、表定定费、追溯性定费和综合定费计划

(4) 三年计划和长期或综合性建设项目的追溯性保费确定。

为确定三年期计划和长期或综合性建设项目的追溯保费，对税收乘数和超额损失保费因子的任何修订应适用于从该风险的第一个正常周年日起签发的保险单，即修订日或之后的保险单，除非该修订被授权用于未决保单。

(七) 保险合同的解除

1. 解释

虽然允许被保险人或保险解除保险合同，但被解除的保险合同的保费确定受手册中的合同解除规则控制。

2. 合同解除时的追溯保费确定

(1) 被解除合同的追溯保费计算

如果解除原因如以下第(2)或第(3)项所述，则被解除合同的追溯保费计算方法如下：

a. 标准保费。按比例确定被解除合同的保费。

b. 追溯保费。被解除合同的追溯保费应按(五)5 部分的追溯保费确定。用上述(1) a 中的标准保费来确定基本保费，并在适用的情况下，确定该公式的超额损失保费和追溯发展保费。

(2) 由保险公司解除

由保险公司解除合同，除非是由于未支付保险费。

(3) 由被保险人解除

被保险人退出其所从事的业务而解除：

a. 保单所承保的所有工作已完成；

b. 保单所承保的任何业务中的所有利益已出售；

c. 被保险人已退出保单所承保的所有业务。

(4) 未支付保险费的例外情况

如果保险人因被保险人未支付保险费而解除合同，则最高追溯保险费应以标准保费为基础，该标准保费应是被解除合同按比例扩展至一年期的保险费。

(5) 由被保险人解除，除因为退出业务所致

由被保险人解除合同，但因上述（3）所列原因者除外。

追溯保费的确定方法如下：

a. 被解除合同的保费根据适用的手册中的合同解除规则（使用"90%因子"或"短期利率"因子）计算。

b. 使用（五）5中的追溯保费公式确定追溯保费，详细内容如下：

①基本保费、（如适用）超额损失保费及追溯性发展保费，应以上述（5）a中的保费作为标准保费计算。

②最低追溯保险费为第上述（5）a中的保费。

③最高追溯保费应以标准保费为基础，该标准保费应在保单有效期间按比例计算，然后按比例扩展至保单的正常到期日。

(6) 三年计划的解除

如果三年期追溯性定费选择的保险合同被解除，追溯保费应按以下方式计算：

a. 根据解除合同的原因，按照手册中的合同解除规则确定已解除合同的保费。如果该计划适用于3年期保单，则该保单内以每12个月（作为一个单位）被视为单独保单。

b. "90%因素"或"短期费率"因子不适用于已完成12个月保单的保费。"90%因子"或"短期费率"因子只适用于被保险人未退出业务时解除的12个月单位保费。

c. 如果解除三年计划的原因与上述第（2）或第（3）款所述相关，总标准保费为本部分的比例保费及每完成12个月单位的标准保费之和。使用这一总标准保费来确定基本保费，并在适用的情况下确定超额损失保费和追溯性发展保费。

d. 如果保险人的解除由于被保险人未支付保费造成，则最高追溯性保费应以总标准保费为基础，该总标准保费应为已取消的12个月单位保单的保费（按比例扩展至一年），以及每个已完成的12个月单位的标准保险费之和，并将该金额按比例扩展至3年。

第六章　商用机动车责任保险经验定费、表定定费、追溯性定费和综合定费计划

e. 如果解除三年计划的原因与上述（5）项所述有关，总标准保费应为不完整12个月单位的"90%因子"或"短期费率"因子保费，以及每个完整12个月单位的标准保费之和。此总标准保费为最低追溯保费，并用于确定基本保费，以及（如适用）超额损失保费和追溯性发展保费。最高追溯性保费应以总标准保费为基础，该总标准保费为已解除的12个月单位保单的保费按比例扩展至一年，加上每个完整12个月单位的标准保费之和，然后该金额以3年为基础按比例扩展。

3. 损失估值

如果由被保险人或者保险人解除合同，首次确定的追溯性保费，应当以终止日后六个月的已发生损失估值为基础。

4. 被保险人在185天后解除三年期保单的追溯性保费计算

在下面的例子中，185天的实际保费为65000美元，经验调整因子为1.00，最大追溯性保费因子为1.5。

附件6-8　被保险人在185天后解除三年期保险合同的追溯保费计算案例

项目	描述	金额
1	将185天的保费扩展为一年期保费 $65000 ×（365天÷185天）×经验调整因子 =	$128243
2	未赚保费 = 1. - $65000 =	$63243
3	退还保费 = 2. ×0.90 =	$56919
4	被解除保单的短期保费 = 1. - 3. =	$71324
5	标准保费（使用"90%因子"或"短期费率"因子）=	$71324
6	最低追溯保费 标准保费是最低追溯保费，也用来确定基本保费，而且如果适用，也可以用来确定超额保费和追溯性发展保费。	$71324
7	最高追溯保费 最高追溯保费是以标准保费为基础，不采用"90%因子"或"短期费率"因子，按比例扩展为以3年期为基础的计算结果。	

续表

项目	描述	金额
a	185天的标准保费，不采用"90%因子"或"短期费率"因子 $65000 × 1.00 =	$65000
b	不采用"90%因子"或"短期费率"因子的标准保费，并扩展以3年为基础的计算。 $65000 × （1095天/185天） =	$384730
c	最高追溯保费 b. × 1.50 =	$577095

5. 被保险人在1年零185天后解除三年期保单的追溯性保费计算

在下面的例子中，假设第一个12个月单位的标准保费（风险暴露×费率）为120000美元，185天的实际保费为65000美元，经验调整因子（适用于每12个月单位）为1.00，最大追溯因子为1.50。

附件6－9 被保险人在1年零185天后解除3年期保单的追溯性保费计算例子

项目	描述	金额
1	将185天的保费扩展为一年期的保费 $65000 × （365天÷185天）×经验调整因子 =	$128243
2	未赚保费 = 1. − $65000 =	$63243
3	退还保费 = 2. × 0.90 =	$56919
4	使用"90%因子"或"短期费率"因子的完整12个月单位的保费。 1. − 3. =	$71324
5	总标准保费（使用"90%因子"或"短期费率"因子） $120000 + 4. =	$191324
6	最低追溯保费 总标准保费是最低追溯保费，也用来确定基本保费、（如果适用）超额损失保费和追溯发展保费。	$191324

续表

项目	描述	金额
7	最高追溯保费 最高追溯保费是以标准保费为基础,不采用"90%因子"或"短期费率"因子,再按比例以三年期为基础进行扩展。	
	计算	
	a. 12个月为单位的标准保费	$120000
	b. 185天的实际保费,不采用"90%因子"或"短期费率"因子。 $65000×1.00=	$65000
	c. 不采用"90%因子"或"短期费率"因子的标准保费,再以一年期为基础进行扩展。	$128243
	d. 总标准保费 a. + c. =	$248243
	e. 以三年为基础,按比例扩展的总标准保费 d. ×(3/2)=	$372365
	f. 最高追溯保费 e. ×1.50=	$558548

(八) 被保险人选择采用追溯定费计划

1. 被保险人如何选择采用该计划

(1) 被保险人应以书面形式通知保险人其同意采用该计划。

(2) 只要包含以下第3款所列的信息,任何形式的选择都是可以接受的。

2. 保险人如何接受被保险人的选择

保险人通过接受被保险人的书面通知,同意被保险人选择采用本计划。保险人和被保险人可以同意缩短或延长计划的申请期限,最长不超过60天。

3. 被保险人选择该计划时应提供的信息

(1) 必须提供信息

由被保险人签署的选择定费计划函中,必须提供下列资料:

a. 被保险人姓名;

b. 定费计划生效日期；

c. 追溯性定费限额；

d. 合并意外事故限额和追溯发展因子（如适用）；

e. 最低追溯性保费因子，最高追溯性保费因子，损失转换因子；

f. 申请一年或三年期的计划；

g. 长期建设项目——详情信息（如适用）；

h. 综合性建设项目——详细信息（如适用）；

i. 影响所选计划的任何特殊条件，例如包括劳工补偿保险；

j. 被保险人签字，例如，业主、合伙人或正式授权高管。

（2）可选信息

可包括以下和任何其他附加信息：

a. 被保险人地址；

b. 被保险人了解关于本计划的期限和义务的声明，包括保费计算方法、付款和解除合同的处罚。

4. 选择该计划适用的州

在该计划生效日期后，计划可能包含的一个或多个适用于该风险的额外州。

（九）追溯性保费的计算

1. 追溯性保费的首次计算

（1）按本计划定费的保单生效后 18 个月内，如果损失可以估值，保险公司应进行第一次追溯保费计算。如果追溯性保费少于原交保费，保险人应当通知被保险人并退还多交保险费，否则被保险人应当补交高于原保费那部分。如果被保险人和保险人同意，追溯性保费的第一次计算作为本计划项下保费的最后调整，在没有该协议的情况下，保险人应按照（九）2 的规定进行额外追溯性保费计算。对于三年期计划，及长期或综合建设项目，可以对保险费进行临时调整。

（2）在某些情况下，保险人可以提前计算追溯性保费。包括破产、清算、重整、接管、债权人利益转让等情形。

2. 首次计算后的追溯性保费调整

（1）如果第一次或任何其他追溯性保费计算不是最终的，则保险人应在上一次计算后 12 个月根据该计划规定对保费进行后续计算和调整。后续计算的程序应与上述第 1 条中规定相同，除非保费计算以比之前计算晚 12 个月的损失为基础。如果被保险人和保险人同意，则以最近一次计算结果为最后的追溯性保费。除非已达成此协议，应每隔 12 个月继续进行额外追溯性保费计算。

（2）如果后续计算的追溯性保险费结果与之前的计算没有变化，保险人应当通知被保险人保费支付没有变化，后续追溯性保费的计算将按照第 3 条中规定进行。

3. 追溯保费的最终计算

（1）后续追溯性保费计算结果应由保险人按照第 2 条的规定出具，直至保险人和被保险人均同意后，以最近的计算结果作为本计划项下的最终追溯性保费。

（2）当保险人和被保险人同意最后追溯性保费计算时，除文书错误外，不允许对该保费计算进行修改。

（十）预计损失范围表及保险费率表

这些表是用来对劳工补偿险进行追溯性定费的。ISO 险类没有相应的表。以下（十三）中转载了一个典型的预期损失范围表例子。由于《保险费率表》（Table of insurance charges）的页数过多，因此，不包括在本计划内。本计划的使用者应始终参考这些表格的最新版本，它们用于对每个司法管辖区的劳工补偿险进行追溯性定费。

（十一）预期损失率

本计划中使用的手册预期损失率（ELRs）应由每个保险人确定。对于普通责任、医院职业责任和商业机动车责任，ELR 代表保险公司对损失的预期，仅包括已分摊损失理算费用。对于商业汽车物质损失险，ELR 仅代表公司对已发生损失赔偿的预期。保险公司的 ELR 不得因选择合并意外事故限额而调整。

（十二）确定风险的费用预算（不包括已分配的损失理算费用和税收乘数）

1. 对个别风险费用的预算

商业机动车责任保险、商业机动车物质损坏保险、普通责任保险、医院职业责任保险的每个风险费用（不包括已分配的损失理算费用和税收乘数）和或有事件备付金（Contingencies）由每个保险人确定。

2. 实际费用率的计算

对于大多数较大的风险，保险公司手册费用率较高。公司应该根据一般费用、业务提供费用、利润和或有事件备付金，以及他们估计正确的未分配损失理算费用的构成，计算出适合于个别风险的实际费用率。

3. 确定定费期超过一年期的费用

对定费期超过一年的，按照每一年度的费用总和确定费用预算。

（十三）预期损失范围例子表

关于下表，可参考（十），以及（二十）3（11）中的内容以了解这些信息是如何应用的。

附件 6-10　预期损失范围例子表

预期损失组	损失范围	预期损失组	损失范围
95	835～1303	52	189855～205344
94	1304～1930	51	205345～222091
93	1931～2549	50	222092～239659
92	2550～3370	49	239660～258575

第六章 商用机动车责任保险经验定费、表定定费、追溯性定费和综合定费计划

续表

预期损失组	损失范围	预期损失组	损失范围
91	3371～4384	48	258576～279120
90	4385～5294	47	279121～303668
89	5295～6390	46	303669～330373
88	6391～7418	45	330374～359428
87	7419～8610	44	359429～392777
86	8611～9987	43	392778～429782
85	9988～11295	42	429783～470277
84	11296～12769	41	470278～518422
83	12770～14420	40	518423～572907
82	14421～16045	39	572908～633119
81	16046～17852	38	633120～699659
80	17853～19859	37	699660～777867
79	19860～22095	36	777868～873372
78	22096～24382	35	873373～980596
77	24383～26843	34	980597～1100988
76	26844～29555	33	1100989～1255459
75	29556～32478	32	1255460～1443070
74	32479～35558	31	1443071～1658718
73	35559～38928	30	1658719～1906594
72	38929～42624	29	1906595～2266395
71	42625～46526	28	2266396～2710115
70	46527～50752	27	2710116～3240713
69	50753～55355	26	3240714～3995127
68	55356～60018	25	3995128～5083915
67	60019～64828	24	5083916～6469430
66	64829～70025	23	6469431～8266795
65	70026～75631	22	8266796～10578147
64	75632～81686	21	10578148～13535740
63	81687～88225	20	13535741～17320261
62	88226～95287	19	17320262～22162911

续表

预期损失组	损失范围	预期损失组	损失范围
61	95288 ~ 102915	18	22162912 ~ 30401010
60	102916 ~ 111175	17	30401011 ~ 44962849
59	111176 ~ 120208	16	44962850 ~ 66499700
58	120209 ~ 129789	15	66499701 ~ 98352526
57	129790 ~ 139840	14	98352527 ~ 145462603
56	139841 ~ 150672	13	145462604 ~ 215138027
55	150673 ~ 162344	12	215138028 ~ 336773184
54	162345 ~ 175536	11	336773185 ~ 532910055
53	175537 ~ 189854	10	532910056 ~ 843277140
		9	843277141 以上

（十四）超额损失保费因子表

1. 合并意外事故限额的选择

（五）4部分规定可以选择合并意外事故限额，该限额可用于符合资格的风险追溯性定费。该限额的超额损失保费因子由保险公司确定。

2. 关于附件6-11-1的信息

在附件6-11-1中，追溯定费限额不适用于商用机动车物质损坏。"商用机动车物质损失的超额损失保费因子"适用于，仅在本计划中采用合并意外事故限额的商用机动车物质损失所产生的额外收费。已分摊损失理算费用不适用于商用机动车物质损坏。

（五）4部分定义的超额损失保费因子（Excess loss premium factor, ELPF）考虑到对所有相关险类采用综合损失和已分摊损失理算费用。因此，对于特定保障（商用机动车物质损坏险除外），ELPF通过采用合并损失和已分摊损失理算费用意外事故限额来限制该保障的损失和理算赔偿总额。要注意的是，以下ELPFs是由单一险类保障制定的。让ISO产生综合性保障效果是不切实际的，也不可能让ISO来解决劳工补偿上的问题。被保险人和保险

第六章　商用机动车责任保险经验定费、表定定费、追溯性定费和综合定费计划

公司应决定合并哪些保障，并调整这些他们认为适合的综合保障的因子。这些因子的调整问题将以"提交给公司"（Refer to company）的方式来解决。在某些情况下，保险人可能决定不需要进行调整。

附件 6-11-1　超额损失保费因子——追溯性定费限额 $25000

合并意外事故限额	场所/运作普通责任	产品普通责任	商业机动车责任	商业机动车物质损坏
$25000	34.9%	57.9%	15.8%	5.8%
$50000	24.6%	45.9%	9.5%	2.1%
$75000	20.4%	39.8%	7.5%	1.1%
$100000	17.9%	35.9%	6.5%	0.7%
$150000	15.0%	30.9%	5.3%	0.4%
$200000	13.3%	27.7%	4.6%	0.3%
$250000	12.1%	25.5%	4.2%	0.2%
$300000	11.2%	23.8%	3.8%	0.1%
$500000	9.0%	19.6%	3.0%	0.1%
$1000000	6.7%	14.9%	2.2%	0.0%

附件 6-11-2　超额损失保费因子——追溯性定费限额 $50000

合并意外事故限额	场所/运作普通责任	产品普通责任	商业机动车责任	商业机动车物质损坏
$50000	27.6%	47.7%	13.0%	2.1%
$75000	20.8%	40.1%	8.2%	1.1%
$100000	17.5%	35.4%	6.5%	0.7%
$150000	14.1%	29.8%	5.0%	0.4%
$200000	12.2%	26.4%	4.3%	0.3%
$250000	11.0%	24.1%	3.8%	0.2%
$300000	10.1%	22.3%	3.5%	0.1%
$500000	8.0%	18.2%	2.7%	0.1%
$1000000	5.9%	13.7%	1.9%	0.0%

注：$100000、$250000、$500000 和 $1000000 的追溯性定费限额表省略。

（十五）普通责任保险和医院职业责任保险的追溯性发展因子表

1. 选择合适的普通责任和医院职业责任保险追溯性发展因子

（五）4部分规定，在确定追溯性保费时使用追溯性发展因子（Retrospective development factors，RDF）。普通责任险和医院职业责任险的合适因子，可从本计划中包含的协会咨询RDF表中选择（或从保险公司目前使用的，内部的RDF表中选择）。

2. 在缺乏按保障范围划分保费的情况下

如果无法获得按保障范围划分的保费，则可以将适用的因子按保障范围合并起来，以获得平均RDF。表中的因子仅适用于事故发生制保单，而不适用于期内索赔制保单。

3. 医院职业责任险州组A和州组B（略）

4. 普通责任保险及医院职业责任保险的追溯性保费发展因子表（略）

（十六）机动车责任保障追溯性发展因子表

1. 选择合适的机动车责任保险因子

（五）4部分规定，在确定追溯保费时使用追溯性发展因子。商业机动车责任保险定费所使用的合适因子，可从本计划中包含的咨询RDFs表中选择（或从保险公司目前使用的，内部的RDFs表中选择）。

2. 在缺乏按保障范围划分保费的情况下

如果无法获得按保障范围划分的保费，则可以将适用的因子按保险范围组合起来，并结合考虑上次查勘或评估时每种保障的总风险暴露或损失金额，以获得平均RDF。

3. 州组

为了提供合适的RDF，提供了六个州组。区域定费风险也提供RDF。

州组1包括科罗拉多州、马里兰州、明尼苏达州、内布拉斯加州、新罕布什尔州、北卡罗来纳州、俄勒冈州、罗得岛州、弗吉尼亚州、华盛顿州和威斯康星州。州组3包括亚拉巴马州、佛罗里达州、密西西比州、内华达州和新墨西哥州。州组 4 包括路易斯安那州和密歇根州。州组 5 只包括加利福尼亚州，州组 6 只包括纽约州。州组 2 由其他 5 组中未列出的所有州组成。

4. 商用机动车责任保险的追溯性发展因子表

附件 6-12-1　商业机动车责任险追溯性发展因子表——追溯定费限额 $25000

商业机动车责任	第一次追溯性调整因子（18 个月）	第二次追溯性调整因子（30 个月）	第三次追溯性调整因子（42 个月）	第四次追溯性调整因子（54 个月）
区域定费风险	0.258	0.118	0.060	0.019
州组 1				
车库	0.261	0.132	0.040	0.017
除了车库以外的其他所有风险	0.098	0.047	0.020	0.006
州组 2				
车库	0.254	0.126	0.032	0.005
除了车库以外的其他所有风险	0.146	0.059	0.017	0.006
州组 3				
车库	0.439	0.218	0.090	0.051
除了车库以外的其他所有风险	0.153	0.072	0.036	0.019
州组 4				
车库	0.336	0.126	0.007	0.001
除了车库以外的其他所有风险	0.249	0.111	0.042	0.016
州组 5				
车库	0.368	0.182	0.072	0.004
除了车库以外的其他所有风险	0.130	0.037	0.003	0.000
州组 6				
车库	0.398	0.160	0.029	0.000
除了车库以外的其他所有风险	0.260	0.099	0.033	0.011

附件 6-12-2　商业机动车责任险追溯性发展因子表——追溯定费限额 $50000

商业机动车责任	第一次追溯性调整因子（18个月）	第二次追溯性调整因子（30个月）	第三次追溯性调整因子（42个月）	第四次追溯性调整因子（54个月）
区域定费风险	0.285	0.139	0.069	0.023
州组1				
车库	0.281	0.144	0.047	0.020
除了车库以外的其他所有风险	0.126	0.062	0.029	0.011
州组2				
车库	0.285	0.147	0.044	0.012
除了车库以外的其他所有风险	0.178	0.081	0.028	0.011
州组3				
车库	0.460	0.233	0.109	0.058
除了车库以外的其他所有风险	0.192	0.094	0.046	0.024
州组4				
车库	0.361	0.137	0.013	0.000
除了车库以外的其他所有风险	0.286	0.129	0.049	0.017
州组5				
车库	0.398	0.201	0.081	0.013
除了车库以外的其他所有风险	0.169	0.059	0.013	0.002
州组6				
车库	0.430	0.189	0.059	0.000
除了车库以外的其他所有风险	0.294	0.127	0.051	0.020

注：$100000、$250000、$500000和$1000000的追溯性定费限额表省略。

（十七）商用机动车责任、普通责任和医院职业责任协会咨询转换因子

1. 州组（略）
2. 减少（增加）限额协会咨询转换因子表

附件 6-13-1　产品/完工责任协会咨询转换因子表

从 $100000/$200000 限额至：

减少限额表	每次事故 $25000	每次事故 $50000	每次事故 $75000
表1	0.81	0.90	0.96
表2	0.79	0.89	0.96
表3	0.77	0.88	0.96

附件 6-13-2　产品/完工责任协会咨询转换因子表

从 $100000/$200000 限额至：

增加限额表	每次事故 $25000	每次事故 $50000	每次事故 $75000
表1	0.78	0.88	0.95
表2	0.77	0.87	0.95
表3	0.80	0.89	0.95

附件 6-13-3　场所/运作责任协会咨询转换因子表（加利福尼亚州）

从 $100000/$200000 限额至：

增加限额表	每次事故 $25000	每次事故 $50000	每次事故 $75000
表1	0.69	0.84	0.94
表2	0.70	0.84	0.94
表3	0.72	0.85	0.93

注：其他州的咨询转换因子表省略。

附件 6-13-4　商用机动车责任协会咨询转换因子表（州组 1）

从 $100000 至：			
增加限额表	每次事故 $25000	每次事故 $50000	每次事故 $75000
轻型和中型卡车	0.73	0.88	0.96
重型卡车和卡车牵引车	0.72	0.87	0.95
特重型卡车	0.71	0.85	0.93
区域定费卡车，拖拉机和拖车	0.70	0.84	0.94
所有其他风险	0.74	0.88	0.95

注：该表仅适用（十六）3 款中的州组 1，其他州组（州组 2 至州组 5）的转换因子表省略。

附件 6-13-5　医院职业责任协会咨询转换因子表

从 $100000/$300000 至：		
每次事故 $25000	每次事故 $50000	每次事故 $75000
0.77	0.88	0.97

（十八）追溯性定费操作说明

被保险人和保险公司之间的协商过程是灵活追溯性定费的基础，它使得定费计划可以设计以满足风险的需要和特征。协商的结果是，确定了最低和最高追溯保费因子，以及损失转换因子。这种选择对于确定对计划运作至关重要的其他因子是必要的。这些要素确定后，就可以计算基本保费因子并将其应用于标准保费以产生基本保费。基本保费是保险人的费用和所收取的保费之和，它反映了所选择的保费限额、被保险人的潜在损失和可能的利润或或有事件备付金。

（十九）追溯性定费因子的确定

以下是对确定基本保费因子所需要的所有组成要素的总结和解释：

第六章　商用机动车责任保险经验定费、表定定费、追溯性定费和综合定费计划

1. 最低和最高追溯保费因子

由被保险人和保险人商定。

2. 损失转换因子

由被保险人和保险人商定。

3. 标准保费

估计的标准保费根据（三）4 部分的定义确定。

4. 额外保费规模

（1）计算估计标准保费的 50%、100% 和 150% 的因子，以及根据协议所选择的任何较低或较高的保费金额。确定这些补充因子的原因是，已赚标准保费有可能高于或低于估计标准保费。

（2）如果已赚标准保费介于选定的保费规模之间，则追溯保费的基本保费因子是基于根据估计的标准保费计算的基本保费因子之间的直线插值（Straight line interpolation）（线性插值是通过一条直线连接两个相邻的已知值来估计一个新值）。

（3）如已赚取标准保费超过最低或最高保费金额，则基本保费因子须重新计算。

5. 预计损失

用估计的标准保费乘以适用的公司手册预期损失率，来确定预期损失和已分摊损失理算费用（ALAE）。总预期损失和已分摊损失理算费用是该计划承保的各险类的预期损失和已分摊损失理算费用之和。

6. 其他费用考虑（Expenses allowance）

此费用不包括 ALAE 和税费。

7. 公司税乘数

税收乘数不包括在本计划中，由保险人选择。

8. 保险费率表

（1）保费费率表（Table of insurance charges）用来计算基本保费因子的净保费部分。下表按预期损失分组显示：

a. 标准保费的一个百分比，代表承保风险损失的保费可能超过所选择的

最大追溯保费时所收取的保费。

b. 标准保费的一个百分比，以承认该风险的损失所产生的保费低于所选择的最低追溯保费的可能性。

（2）测试过程中确定的合适的保费收取和保费节省在（二十）中说明。

9. 总预期损失率

将总预期损失除以总标准保费，确定总预期损失率。参阅（十九）3部分。

10. 基本保费因子

（1）基本保费因子是以下两个要素的和：

a. 基本费用因子。这是费用率［参阅（十九）6部分］减去损失转换因子中的费用。该减少由（二十）条中的"基本保费因子确定例子表"中项目7表示。

b. 净保费收取。确定将该计划的保费限于最高追溯保费时收取的保费，与将该计划的保费限于最低追溯保费时保费节省之间的差额。然后将这个差额乘以预期损失率和损失率转换因子的乘积。最后的计算使用《保险费率表》中所示的预期损失来产生一个适用于标准保费的因子，作为基本保费因子的一个要素。

（2）任何其他计算方法均可用于确定基本保费因子，但所选因子与基本费用因子加上净保费所产生的因子相差应不超过0.005。

（3）对于一年期计划的风险，用于获得基本保费因子时所收取及节省的保费，是根据每年估计标准保费计算的。对于三年计划的风险，收取和节省保费是以三年期的估计标准保费为基础。为确定除（十九）4规定的100%标准保费以外的保费金额的因子，使用除了100%标准保费以外的保费规模所代表的年度标准保费百分比。

11. 合并意外事故限额超额损失保险费

超额损失保费是追溯保费公式中的附加可选要素，并根据（五）4部分确定。

第六章 商用机动车责任保险经验定费、表定定费、追溯性定费和综合定费计划

（二十）确定基本保费因子示例

1. 介绍

本示例介绍一种普适的确定基本保费因子的方法。注意（十九）10 中关于可用于确定基本保费因子的不同方法的声明。本条第 3 款中解释了在该例子中确定数值和因子的程序。第 3 款中的数字等于例子中的数字。如本例脚注所示，这些计算以 1998 年劳工补偿保险费率表和（十三）条中所载的多州劳工补偿以及多州预期损失范围表的例子为基础。

2. 该例子的使用

假设该计划协议规定：

（1）最低追溯保费因子 = 60%

（2）最高追溯保费因子 = 140%

（3）公司损失转换因子 = 1.105（这是 1.070（普通责任）、1.066（商用机动车责任）和 1.130（劳工补偿责任）的加权平均值）

（4）公司税收乘数 = 1.046（这是 1.040（普通责任）、1.040（商用机动车责任）和 1.050（劳工补偿）的加权平均值）

（5）劳工补偿州组与风险因素组相关性 = 1.000

附件 6-14　基本保费因子确定例子

项目	描述	所有险种	普通责任	商业机动车	劳工补偿
1	估计标准保费	$350000	$100000	$50000	$200000
2	保险公司预期损失和损失理算费用	200000	50000	30000	120000#
3	保险公司预期损失率*	0.571	0.500	0.600	0.600
4	费用、利润和或有事件备付金（除了理算费用和税收之外）	82000	20000	13000	49000
5	预期损失和费用率* (2.+4.)/1.	0.806	0.700	0.860	0.845
6	转换后的预期损失率 [3.×2(3)]	0.631	0.535	0.640	0.678

续表

项目	描述	所有险种	普通责任	商业机动车	劳工补偿
7	基本保费因子中的费用和或有事件备付金占比（5.-6.）	0.175	0.165	0.220	0.167
8	最低追溯保费因子（除税收外）[2(1)/2(4)]	0.574			
9	最高追溯保费因子（除税收外）[2(2)/2(4)]	1.338			
10	保费差额表（5.-8.）/6.	0.368			
11	保费输入差额表（9.-8.）/6.	1.21			
12	最低追溯保费损失与预期损失范围52中的预期损失的比率（见附件6-10预期损失范围例子表）	0.30			
13	最高追溯保费损失与预期损失范围52中的预期损失的比率（见附件6-10预期损失范围例子表）	1.51			
14	保险费率表减去13.中收取的保费	0.4131	0.4131	0.4131	0.4131
15	保险费率表减去12.中的保费节省	0.0818	0.0818	0.0818	0.0818
16	净保费收取（14.-15.）×6.	0.209	0.177	0.212	0.225
17	基本保费因子7.+16.	0.384	0.342	0.432	0.392

注：*用保险公司数值替代这些项目。
#保险公司劳工补偿预期损失和损失理算费用＝（预计标准保费）×（保险公司预期损失率）×（二十）2(5)中的数值。上述计算是以1998年劳工补偿保险费率表，以及（十三）条中的预期损失范围例子表为基础。

3. 确定（二十）条示例中数值和因子的程序

（1）估计标准保费

这是一年或三年的标准保费。参阅（三）4部分。就本例而言，商业机动车责任和普通责任标准保费针对的是每次意外事故25000美元限额。

（2）预期损失

预期损失等于估计标准保费乘以保险公司适用的手册预期损失率。劳工补偿保险的预期损失率请参考NCCI。对于州际风险，预期损失等于每个州的

第六章 商用机动车责任保险经验定费、表定定费、追溯性定费和综合定费计划

估计标准保费和每个州相应的预期损失率的总和。参见附件 6-10 预期损失范围示例。

（3）公司总预期损失率

这是该风险的预期损失率，由该计划承保的所有州的预期损失总额除以总标准保费所得。

（4）费用和利润或或有事件备付金——不含税

a. 一年计划的费用和利润或或有事件备付金（不含税）由标准保费乘以合适的个别风险费用率确定。关于劳工赔偿，请参阅 NCCI 的追溯性定费计划手册。

b. 对于三年计划，每年的费用以类似方式确定，以每年的估计标准保费为基础，这些费用之和为总费用和利润或或有事件备付金。

（5）预期损失与费用比率

该比率由公司适用的手册预期损失金额加上该风险的费用和利润或或有事件备付金（不含税）除以标准保费得出。

（6）转换损失中的损失和费用

该因子表示预期损失和费用与估计标准保费的比率，是公司预期损失率和公司损失转换因子的乘积。

（7）基本保费中的费用与利润或或有事件备付金

代表本计划项下风险的总净保费的附件 6-14 项目 5 中的因子，与代表与所承保的风险有关的、预期损失和损失理算费用的附件 6-14 项目 6 中的因子之间的差额，是必须包括在基本保费中的费用和或有事件备付金。

（8）最低追溯保费因子——不含税

参阅以下（11）项中的解释。

（9）最高追溯保费因子——不含税

参阅以下（11）项中的解释。

（10）保险费率表——金额差异

参阅以下（11）项中的解释。

（11）保险费率表——输入差额

a. 附件 6-14 基本保费因子确定例子表中项目 8、9、10 和 11 的确定方

式旨在便于基本保费因子的测试。项目 8 由最低追溯保费因子除以公司税乘数获得；项目 9 由最高追溯保费除以公司税乘数获得。为获得上述项目数值的输入因子如该例子所示。

b. 项目 10 保险费率表——数值差额等于确定该风险的节省和支付费用的输入比率之间的差额。

c. 项目 11 保险费率表——输入差额等于确定该风险的节省和支付费用的输入比率之间的差额。

d. 为了使用保险费率表，以得出从附件 6-14 项目 12 到项目 15 的数值，在含有项目 2 中的预期损失金额的"预期损失范围表"（附件 6-10）中找到相应损失组。比如，项目 2 中的所有险种预期损失和损失理算费用 200000 美元在"预期损失范围表"中属于第 52 组。然后从表中的预期损失组中选择两个"输入比率"（Entry ratio），其差值等于项目 11。作出这样的选择，使得预期损失组和所选输入的费用差额最接近项目 10。

e. 为了说明这个测试程序，从表中复制第 52 组的几个输入比率及其相应的费用。

附件 6-15　保险费率表——输入比率

输入比率	收费	节省	输入比率	收费
0.28	0.7932	0.0732	1.49	0.4165
0.29	0.7875	0.0775	1.50	0.4148
0.30	0.7818	0.0818	1.51	0.4131
0.31	0.7763	0.0863	1.52	0.4113
0.32	0.7708	0.0908	1.53	0.4097

f. 选择并列出差额等于附件 6-14 项目 11 的输入比率，在本例子中为 1.21，并注意这些收费的追溯性差额。

第六章 商用机动车责任保险经验定费、表定定费、追溯性定费和综合定费计划

```
(0.28, 1.49) ……  (0.7932 − 0.4165) = 0.377
(0.29, 1.50) ……  (0.7875 − 0.4148) = 0.373
(0.30, 1.51) ……  (0.7818 − 0.4131) = 0.369
(0.31, 1.52) ……  (0.7763 − 0.4113) = 0.365
(0.32, 1.53) ……  (0.7708 − 0.4097) = 0.361
```

g. 这一对录入比率的收费差额最接近第 10 项 (0.368)，它被记录在项目 12 和项目 13 中。

（12）产生最低追溯保费的损失与预期损失之比率

本项目连同项目 13 是由前面概述的流程确定的一对表输入比率值。

（13）产生最高追溯保费的损失与预期损失之比率

本项目连同项目 13 是由前面概述的流程确定的一对表输入比率值。

（14）项目 13 收取的保费

这是超过最高追溯保费所提供的损失的保费。它是通过项目 11 得到的。

（15）项目 12 节省的保费

这是因低于最低追溯保费所提供的损失而节省的保费。保费节省值直接列在保险费率表的收费值下面。在本例中，第 52 组项目 12 输入比率为 0.30，节省保费的比率为 0.0818，如保险费率表所示（附件 6-15），可以在 0.7818 收费值栏看到。

4. 净保费收取

净保费收取的计算方法是，计算可能产生超过最高追溯保费的损失的费用，与可能产生低于最低追溯保费损失的节省费用之间的差额，然后将该差额乘以预期损失率和损失转换因子。只要基本保费因子非负，净保费收取可能小于零。

5. 基本保费系数

基本保费因子是净保费与基本保费、费用利润或或有事件备付金的总和，以标准保费的百分比表示。标准保费乘以基本保费因子产生用于计算追溯保费的基本保费。

在追溯性调整中使用的实际基本保费因子是个别险类因子。

三、综合定费计划

(一) 介绍

1. 综合定费计划的目的

综合定费计划是一种管理工具，用来在保险人对客户进行保费审计时，对大型复杂的风险进行定费。具体而言，将保单年度开始时确定的综合费率应用于该年度末的综合风险暴露，得出审计后的最终公司保费。该计划整合了各种类型的风险基础和公司手册费率，以简化公司保费的最终确定。

2. 综合定费计划适用的保险

该计划适用于普通责任保险、医院职业责任保险、商业机动车责任保险、商业机动车物质损坏、犯罪和忠诚保险、可单独或合并使用。在该计划下，一项风险的综合费率可根据一种或多种特殊风险暴露基础确定，以代替各种手册中的常规核保基础和公司费率。该计划还提供了一种有效的程序，对那些手册风险暴露不易获得的险种进行定费。

3. 风险暴露的初步查勘

对风险暴露进行初步查勘，按照特殊核保基础确定综合公司费率，该核保基础将反映和衡量所涉及的风险暴露可能出现的波动。

4. 综合费率范围

保险公司的综合费率可限于任何指定的处所、业务或保险责任。

(二) 资格要求

1. 每一险类的保费要求资格

为了符合实施本计划的资格，以综合费率为基础的定费风险暴露，能在 (三) 1 (1) 所规定期间产生所有州的总年度公司保费，其至少为：

(1) 当该计划应用于单一险种时的保费资格

a. 汽车物质损坏——承保保费为 20000 美元；

第六章　商用机动车责任保险经验定费、表定定费、追溯性定费和综合定费计划

b. 机动车责任——按目前保险公司基本限额手册费率保费为 60000 美元；

c. 普通责任和医院职业责任每项［合计见（2）b］——按目前公司基本限额手册费率保费为 80000 美元；

d. 犯罪——承保保费 5000 美元；

e. 忠诚——承保保费 5000 美元。

（2）当计划应用于多险种组合时的保费资格

a. 包括机动车责任、机动车物质损坏、普通责任和医院职业责任在内的组合——承保保费 100000 美元。

b. 包括（2）a 部分中提到的四种类型中的任何两种的组合——承保保费为 80000 美元。

2. 某些情况下的资格例外

如果某项风险未达到此保费要求，则仍可根据本计划对其进行定费评级，前提是按综合费率承保所收取的保费等于按基本限额资格所需的保费。

（三）综合费率的计算

1. 制定综合费率的一般说明

除了根据第（九）条的规定进行定费的风险外，每一项综合费率应按下列方式确定：

（1）确定常规核保基础上的风险暴露

在常规核保基础上确定，按照综合费率承保的风险暴露，期限为连续 12 个月，从综合费率生效之日起不早于 12 个月，也不迟于 24 个月。如果这些风险暴露对拟定费的任何部分保险的实际确定不产生影响，则应利用现有可获得的信息对其进行估计。

（2）确定在基本限额下适用的保险公司费率及保费

确定上述（1）部分的风险暴露、适用的公司手册费率和基本限额最低公司保费（包括必须提交给保险公司进行定费的相关费率和最低保费），以及从综合费率生效之日开始，适用的定费计划的任何定费调整（包括公司费用调整）。

(3) 确定在特殊核保基础上的实际风险暴露

在与上述（1）部分相同的 12 个月期间内，确定在特殊核保基础上，用于综合费率的实际风险暴露。

(4) 调整风险暴露以确定发生的变化

(1) 和（3）部分所指的风险暴露，可根据该风险基本运作中的已知变化进行调整，但因价格或工资水平变化引起的风险暴露变化则除外。

(5) 计算综合费率

综合费率计算方法如下：

a. （2）部分的公司手册费率（受任何适用的最低保费限制），乘以（2）部分所指出的任何适用的定费调整因子，以扩展（1）部分的风险暴露。

b. （2）部分获得的公司保费总额，除以（3）部分的风险暴露，其结果就是该风险的综合费率。

c. 如果综合费率适用于期限超过一年的保单，期限折扣则不适用。

2. 接受追溯性定费的所承保的风险

如此确定的综合费率适合于在保证成本基础上承保的风险。如果风险是按照追溯性定费方式承保，则所颁布的费率调整因子的使用，应先于进行任何已核准的费用节省。这种核准的费用节省应反映在确定追溯性定费值中。

3. 新的风险

在 1（1）部分所指期间不存在的风险，其综合费率也可按照常规核保基础类似的方式计算，在综合费率基础上承保所选择的风险暴露。该保障期间预计为随后的 12 个月。

在 1（1）所指期间不存在的风险，其综合费率也可按照类似的方式计算，使用以综合费率承保的，以常规核保为基础的分类风险暴露，以及估计在随后 12 个月期间内适用，所选择的特殊核保基础上的风险暴露。

（四）增加限额

1. 如何应用

如果责任限额超过费率计算中反映的基本限额，保险公司应将合适的增加限额因子应用于根据（三）1（5）b制定的责任险基本限额综合费率。

2. 多个增加限额表

如果将一个以上的增加限额表应用于（三）1（1）中的责任风险暴露，公司保费应按每项基础增加限额表进行合计。

（五）经验费率

除了按照第（九）条的规定定费的风险之外，本计划规定的经验定费程序依然适用。

（六）"提交公司"和（a）定费分类

（a）分类是用符号（a）表示损失成本的分类。按这两种方式定费的分类，应作为确定承保这些分类的任何综合保险费率的一部分，以常规方式处理。

（七）综合费率的修订

1. 每年修订费率

综合费率应每年修订一次，以反映公司手册费率的任何变更，或在适用的定费计划项下进行调整。这种重新定费应以最新的查勘报告所载数据为基础。

2. 重新查勘风险暴露

每年或在保险人或被保险人要求的任何时候，可以对风险暴露进行一次全面的重新查勘，并对综合费率进行修订，以反映已标记的风险暴露变化的影响，否则所选择的特殊承保基础将无法充分反映这些变化。

（八）保险期间内新增的保险责任

综合费率可以调整，以包括其他种类的保险或其子险种，或在保单生效日期后增加的保险责任，或任何额外场所或运作（如果最初定费仅限于某些特定的场所或运作）。这种调整可在保险责任增加时或于下一个定费周年日进行。如果在增加这些项目时没有进行综合费率调整，则在额外风险保障开始至为包括此类风险所进行的综合费率调整日期间，公司常规手册定费程序和经验调整应适用于这些额外险种、其子险种、保险责任、场所或运作。

（九）按损失定费的风险

1. 合格

（1）所要求的损失金额

如果在不早于综合费率生效日前6年，或不迟于5年零6个月开始的5年期间内［参阅（二）部分］，该风险已产生以下（1）a、（1）b或（1）c所示的已发生损失，则可根据本规则对该风险进行定费：

a. 普通责任（GL）和/或医院专业责任（HPL）保险，或这些保险（GL和/或HPL）与机动车责任（AL）或机动车物质损坏保险（APD）的任何组合的已发生损失（包括所有已分摊损失理算费用）。就选定的限额而言，5年内的已发生损失总额必须至少等于下列金额。

附件6-16 按损失定费的风险——普通责任/医院职业责任/机动车责任/机动车物质损坏的合格标准

普通责任或医院职业责任	机动车责任	机动车物质损坏	5年中发生的损失
责任限额		每次事故	按照所选择的限额
$25000/25000	$25000	$10000	$850000
$50000/50000	$50000	$10000	$1700000
$75000/75000	$75000	$10000	$2500000
$100000/100000	$100000	$10000	$3300000
如有更高的限额		提交公司	

b. 单独承保机动车责任险，或在选定的限额下合并承保机动车责任险与机动车物质损坏险已发生损失（包括所有已分摊损失理算费用）至少为以下金额。

第六章 商用机动车责任保险经验定费、表定定费、追溯性定费和综合定费计划

附件 6-17 按损失定费的风险——机动车责任/机动车物质损坏险的合格标准

机动车责任保险 责任限额	机动车物质损坏 每次事故	5 年内发生的损失 按照选择的限额
$25000	$10000	$600000
$50000	$10000	$1350000
$75000	$10000	$2100000
$100000	$10000	$2950000
如有更高的限额		提交公司

c. 单独机动车物质损失险的已发生损失至少为 400000 美元，每次事故限额为 10000 美元。

（2）无法获得 5 年的数据

假如无法获得 5 年的数据，但如果至少在 3 年期间内（不早于综合费率生效日前 4 年或不迟于生效日前 3 年零 6 个月）产生了 5 年资格所要求的损失，则可以根据本规则对该风险进行定费。

（3）确定汽车物质损坏损失

汽车物质损坏损失的确定，不包括所有损失理算费用。要符合综合定费资格，这些损失应限制在每次事故 10000 美元。但是，一旦确定定费资格，不限于每次事故 10000 美元的总损失将用于定费。

2. 损失定费程序

（1）五年期间发生的损失

需要确定五年内发生的损失（定费责任保障按所选择的责任限额，但定费机动车物质损失保障则不规定限额）。如果没有 5 年的损失经验，那么，3 年也可以。包含在定费中的责任损失，需要用定费保险公司现在使用的、合适的损失发展因子进行调整（如果损失是期内索赔制，则采用合适年份的损

失换算因子)。所有损失应根据定费公司目前使用的因子进行调整,以确定索赔成本水平的变化。此类损失可以调整,以认可影响风险的其他已知变化。参阅以下(8)中的表格。

为提供合适的商业机动车责任损失发展因子(LDFs),美国将其划分出六个州组。州组1包括科罗拉多州、马里兰州、明尼苏达州、内布拉斯加州、新罕布什尔州、北卡罗来纳州、俄勒冈州、罗得岛州、弗吉尼亚州、华盛顿州和威斯康星州。州组3包括亚拉巴马州、佛罗里达州、密西西比州、内华达州和新墨西哥州。州组4包括路易斯安那州和密歇根州。州组5只包括加利福尼亚州,州组6只包括纽约州。州组2由其他5组中未列出的所有州组成。损失发展因子也适用于区域定费风险。

(2)特殊核保基础上的实际风险暴露

在特殊核保基础上采用综合费率的实际风险暴露,其所确定的期间,应与上述(1)项中规定的相同。这些风险暴露通过定费公司目前使用的因子予以调整,以认可从经验期水平向更合适水平的变化。这种暴露可以调整,以认可影响该风险的已知变化。

(3)选定限额的保费

所选限额的保费(机动车物质损失的保险金额)按以下方式确定:

a.分别按保险公司的预期损失率来划分每一险种或子险种的损失。如果对期内索赔制保障定价,那么,也要采用定费公司当前使用的合适年份的费率转换因子。

b.如此确定的保费应通过任何授权的费用节省措施来减少。

(4)所选限额的综合费率

所选责任限额的综合费率,或拟承保的机动车物质损失保险金额的综合费率,应按(九)2(2)部分的风险暴露除以(九)2(3)部分的保费确定。

(5)按照追溯性定费承保的风险的综合费率

如此确定的综合费率适合于在保证成本的基础上承保风险。如果风险以追溯性定费方式承保,那么,所使用的综合费率应优先于反映任何授权的费

第六章　商用机动车责任保险经验定费、表定定费、追溯性定费和综合定费计划

用节约。这种授权的费用节省应反映在确定追溯性定费数值中。但是，在第一次追溯性调整完成之前，公司可以收取在保证成本基础上合适的预收承保保费，该保费等于标准保费减去授权节省的费用。

（6）平均增加限额因子

如果一个以上的增加限额表适用于确定综合费率的险类、险种或分项险种，则应确定每一综合费率的平均增加限额因子。这种平均增加限额因子应根据所有可获得的信息确定。

（7）不采用经验定费计划的损失定费

（四）中的综合定费不受任何经验定费计划的调整。但是，可以采用适用于该保险的任何常规的表定定费计划程序。

（8）表

a. 普通责任和医院职业责任损失发展因子表

附件 6－18　$25000 限额损失发展因子——普通责任和医院职业责任

分项	最近保单年度（18个月）	前一年保单年度（30个月）	前两年保单年度（42个月）	前三年保单年度（54个月）	前四年保单年度（66个月）
责任限额 = 每次事故 $25000					
所有人、房东和租户人身伤害责任	1.622	1.298	1.131	1.061	1.037
所有人、房东和租户财产损失责任	1.937	1.540	1.385	1.331	1.246
摩托车人身伤害责任	2.509	1.692	1.304	1.139	1.074
摩托车财产损失责任	1.883	1.603	1.432	1.343	1.237
医院					
州组 A*	1.849	1.182	1.000	1.000	1.000

续表

分项	最近保单年度（18 个月）	前一年保单年度（30 个月）	前两年保单年度（42 个月）	前三年保单年度（54 个月）	前四年保单年度（66 个月）
责任限额 = 每次事故 $25000					
医院					
州组 B*	2.564	1.516	1.052	1.000	1.000
产品					
人身伤害——手册费率	3.633	2.303	1.660	1.457	1.358
产品					
人身伤害——（a）费率	5.507	2.881	1.906	1.634	1.485
产品					
财产损失——手册费率	4.137	3.016	2.285	1.898	1.629
产品					
财产损失——（a）费率	4.198	2.901	2.446	2.051	1.696
场所/运作					
综合单一限额	1.903	1.491	1.258	1.155	1.104
产品					
综合单一限额——手册费率	3.951	2.669	1.973	1.668	1.491
产品					
单一综合限额——（a）费率	5.087	3.118	2.258	1.914	1.670
产品					
单一综合限额	5.162	3.218	2.223	1.844	1.616

* 州组 B 包括佛罗里达州、伊利诺伊州、马里兰州和密苏里州。州组 A 包括所有其他司法管辖区。

这些因子仅适用于以事故发生制为基础的经验，即不适用于期内索赔制。

注：责任限额为 $50000、$100000、$250000、$500000、$1000000 的损失发展因子表省略。

第六章　商用机动车责任保险经验定费、表定定费、追溯性定费和综合定费计划

b. 机动车责任损失发展因子（综合单一限额）

附件 6－19　$25000 限额损失发展因子表——机动车责任（综合单一限额）

商业机动车类	责任限额＝$25000 每次事故，人身伤害和财产损失综合				
	最近保单年度（18 个月）	前一年保单年度（30 个月）	前两年保单年度（42 个月）	前三年保单年度（54 个月）	前四年保单年度（66 个月）
区域定费风险	1.348	1.134	1.064	1.019	1.008
州组 1					
车库	1.353	1.152	1.042	1.017	1.005
除了车库之外的所有其他风险	1.109	1.049	1.020	1.006	1.003
州组 2					
车库	1.341	1.144	1.033	1.005	1.000
除了车库之外的所有其他风险	1.171	1.063	1.017	1.006	1.002
州组 3					
车库	1.784	1.278	1.099	1.053	1.019
除了车库之外的所有其他风险	1.180	1.078	1.037	1.020	1.010
州组 4					
车库	1.506	1.144	1.007	1.001	1.000
除了车库之外的所有其他风险	1.331	1.125	1.044	1.016	1.007
州组 5					
车库	1.583	1.223	1.078	1.004	1.000
除了车库之外的所有其他风险	1.149	1.038	1.003	1.000	1.000
州组 6					
车库	1.660	1.191	1.030	1.000	1.000
除了车库之外的所有其他风险	1.350	1.110	1.034	1.011	1.006

注：责任限额为 $50000、$100000、$250000、$500000、$1000000 的机动车综合单一限额损失发展因子表省略。

c. 损失发展因子——机动车责任（个人伤害保护）

附件 6-20 $25000 限额损失发展因子——机动车责任（个人伤害保护）

商业机动车类	个人伤害保护				
	最近保单年度（18个月）	前一年保单年度（30个月）	前两年保单年度（42个月）	前三年保单年度（54个月）	前四年保单年度（66个月）
密歇根*	1.133	1.007	1.000	1.000	1.000
密歇根**	1.133	1.007	1.000	1.000	1.000
新泽西**	1.000	1.000	1.000	1.000	1.000
纽约*	1.000	1.000	1.000	1.000	1.000
纽约**	1.000	1.011	1.000	1.000	1.000
所有其他州***	1.000	1.000	1.000	1.000	1.000

* 商业汽车。
** 私人客车类别。
*** 商业汽车和私人客车类别。
注：责任限额为 $50000、$100000、$250000、$500000、$1000000 的机动车责任（个人伤害保护）省略。

d. 机动车责任、普通责任和医院职业责任趋势因子

附件 6-21 限额为 $25000 机动车责任、普通责任和医院职业责任趋势因子表

类别	年度趋势限额 $25000**	最近一年 (N=2)*	最近两年 (N=3)*	最近三年 (N=4)*	最近四年 (N=5)*	最近五年 (N=6)*
机动车责任	1.030	1.061	1.093	1.126	1.159	1.194
产品——综合单一限额	1.084	1.175	1.274	1.381	1.497	1.622
产品责任——（a）费率	1.065	1.134	1.208	1.286	1.370	1.459
产品责任——手册费率	1.100	1.210	1.331	1.464	1.611	1.772

第六章 商用机动车责任保险经验定费、表定定费、追溯性定费和综合定费计划

续表

类别	年度趋势限额 $25000**	最近一年 (N=2)*	最近两年 (N=3)*	最近三年 (N=4)*	最近四年 (N=5)*	最近五年 (N=6)*
场所/运作——综合单一限额	1.039	1.080	1.122	1.165	1.211	1.258
所有人、房东和租户	1.030	1.061	1.093	1.126	1.159	1.194
摩托车	1.059	1.121	1.188	1.258	1.332	1.411
医院	1.062	1.128	1.198	1.272	1.351	1.435

*N 是预计年度趋势的年数。

**保单限额 = $25000。

注：责任限额为 $50000、$100000、$250000、$500000、$1000000 的机动车责任、普通责任和医院职业责任趋势因子表省略。

e. 机动车物质损坏趋势因子

附件 6-22 机动车物质损坏趋势因子表

类别	年度趋势限额 25000**	最近一年 (N=2)*	最近两年 (N=3)*	最近三年 (N=4)*	最近四年 (N=5)*	最近五年 (N=6)*
机动车物质损坏（包括频率）趋势						
商业汽车						
碰撞**	1.065	1.134	1.208	1.286	1.370	1.459
综合**	1.030	1.061	1.093	1.126	1.159	1.194
所有其他车辆						
碰撞**	1.035	1.071	1.109	1.148	1.188	1.229
综合**	1.015	1.030	1.046	1.061	1.077	1.093

*N 是预计年趋势的年数。

**如果经验期在定费生效日期前一年结束。

f. 风险暴露趋势因子

附件6-23　风险暴露趋势因子表——普通责任

类别	年度趋势限额 25000**	最近一年 (N=2)*	最近两年 (N=3)*	最近三年 (N=4)*	最近四年 (N=5)*	最近五年 (N=6)*
普通责任**						
-工资**	1.028	1.057	1.086	1.117	1.148	1.180
-销售额**	1.011	1.022	1.033	1.045	1.056	1.068

*N是预计年趋势的年数。
**如果经验期在定费生效日前一年结束。

g. 普通责任期内索赔制因子

附件6-24-1　普通责任期内索赔制因子表——场所

项目年份	损失转换因子	项目年份	费率转换因子
1	1.52	1	0.70
2	1.23	2	0.83
3	1.15	3	0.89
4	1.12	4	0.91
到期	1.06	到期	0.95

附件6-24-2　普通责任期内索赔制因子表——运作

项目年份	损失转换因子	项目年份	费率转换因子
1	1.83	1	0.60
2	1.43	2	0.74
3	1.27	3	0.81
4	1.22	4	0.84
到期	1.10	到期	0.92

第六章 商用机动车责任保险经验定费、表定定费、追溯性定费和综合定费计划

附件 6-24-3 普通责任期内索赔制因子表——产品

项目年份	损失转换因子	项目年份	费率转换因子
1	1.99	1	0.56
2	1.69	2	0.64
3	1.32	3	0.79
4	1.28	4	0.81
到期	1.13	到期	0.89

(十) 计划的管理

本计划项下综合费率的确定应与经验定费计划的管理方式相同。

小结

本章介绍的经验定费计划用来调整定费风险的分类费率，以反映被保险人之前的损失对该风险价格的影响，并按照经验调整因子对该风险的基础费率进行上下调整。经验定费仅适用于部分险种。

追溯性定费是一种个别费率计划，它以当前保单年度为经验期，制定经验调整因子。根据该计划，在保险期间开始时收取临时保费，在保险期间结束后，确定该保单的实际损失经验，并收取该保单的最终保费。被保险人的保费在保险期间结束后进行调整，以涵盖其在保险期间内发生的损失和损失理算费用。

表定定费计划主要用在责任险中。它允许保险人修改最终保费，以反映类别费率不包括的风险因素或风险特征。

综合定费是一种可选定价方法，在这种定价方法中，使用定价手册中指定的保费基数以外的其他保费基数对客户进行定价。它为保险公司和被保险人提供了一种管理上的便利。

第七章 再保险

核保的目的是发展和保持一个不断增长、有利可图的整体保险业务（Book of business）。再保险是一种在保险人之间转移风险的合同安排，通过将过度的风险转移给其他保险人以促进保险人的持续增长。因此，再保险是核保管理中不可或缺的工具。

在界定了再保险一词的含义后，本章首先描述如何使用再保险以及如何安排再保险交易，以实现保险人所期望获得的利益。然后，本章提供案例来说明再保险是如何解决核保问题的。最后，本章介绍再保险的来源。

一、再保险术语

再保险（Reinsurance）指在保险人之间分担损失风险。一个保险人（再保险人）安排为另一个保险人（原保险人）的所有或部分保险单的损失风险负责。获得再保险的保险人通常被称为原保险人（Primary/original insurer）或分出公司（Ceding company），但也使用其他称呼，如分出人（Cedent）、保险人（Insurer）或再保被保险人（Reinsured）。本书使用"原保险人"一词。提供再保险的公司称为再保险人。

再保险是通过再保险协议（Reinsurance agreement）进行的。该协议规定了再保险的形式以及所再保的客户的类型或"风险"（Risks），如个别表定项目（Individual scheduled item）、单一保单、一组定义保单（A defined group of policies），或一类定义业务（A defined class of business）。一般来说，该协议允许原保险人通过将其业务的一部分分出给再保险人进行再保。因此，再保险交易被称为分出（Cession）。原保险人保留其业务的一部分，并将这部分称为自留额（Retention）。自留额可以是保险金额的一个百分比或一个美元金额，或两者兼有。例如，原保险人可能自留30%，分保70%的保单限额。如果用美元金额来表达，即原保险人自留一美元金额（如100000美元），超过该自留额的保险金额（在本例中指超过100000美元）分出给再保险人。

原保险人为所提供的保障支付再保险保费（Reinsurance premium），就像任何被保险人为所获得的保险保障支付保险费一样。再保险人可以向原保险人支付分保佣金（Ceding commission），因为后者承担了签发保单的费用。这些费用主要包括支付给业务提供者（Producer）的佣金、核保费用（如保单处理和服务成本以及损失控制报告）和保费税。正如本章后面详细解释的那样，再保险有两种形式：比例再保险，通常涉及佣金；以及超赔再保险，通常不涉及佣金。

再保险人通常通过转分保（Retrocession）获得保险保障，也就是"再保险中的再保险"。正如原保险人必须决定将一部分业务分出给再保险人一样，再保险人也必须决定哪些损失风险暴露可以自留（考虑到其财务资源），以及哪部分再保损失风险暴露必须转分。接受原再保险人再保险业务的分入人成为转分保接受人（Retrocessionnaire）。

二、再保险用途

再保险计划的设计可以满足保险人的不同需求。虽然再保险的用途有所重叠，但它为保险人履行以下职能：

1. 大额承保能力——接受和签发比保险人通常能提供给被保险人的金额更大的保单的能力。

2. 巨灾保护——需要保护保险人免受单一重大损失或单一事件造成的多重损失。

3. 稳定——需要减少每年损失率的波动。

4. 退出——指从某一险类、地区或业务来源退出的行为。

5. 盈余缓释——当保费量迅速增长时，防止保单持有人的盈余（保险人的资产净值）被消耗。

6. 核保指引——在引进一种新类型的保险或在一个新的地区扩大业务时，需要获得核保信息。

所安排的再保险通常会有多个目的，尽管原保险人可能只打算实现一个目的。

（一）大额承保能力

大额承保能力（Large-line capacty）是指保险人对单一风险提供更大的保险限额的能力，而不是根据保险人的财务状况或州保险监管机构的要求而审慎考虑的能力。

为单个仓库投保1亿美元的财产保险，可能会超过核保人愿意为单个客户接受的最大保险金额。这个最高金额，或者说承保限额，是通过考虑以下因素来设定的：

- 可获得的再保险金额、类型和成本；
- 保险法规所允许的最高限额。保险法规禁止保险人在任何一次损失暴露上自留（在再保险之后）超过保单持有人的盈余10%的保险金额；
- 保险人管理层认为可以在不损害利润或保单持有人的盈余的情况下安全自留的金额；
- 客户的具体特征（例如，对某些保险人来说，承保限额可能会根据财产是否装有喷水灭火系统，或是否存在某些风险因素而有所不同）。

再保险人通过承担大额风险中的一部分，为原保险人提供大额承保能力。再保险的这一功能，使拥有大额承保能力的保险人能够更充分地参与原保险市场的经营活动。

（二）巨灾保护

保险人使用再保险来保护自己免受单一重大损失或单一事件造成多重损失的财务后果。可承保的巨灾损失的主要原因是风暴（飓风、龙卷风和其他风灾）和地震。其他事件，如工业爆炸、飞机失事或有毒化学物质泄漏，可能导致累积财产和责任损失。如果没有足够的再保险，可能会威胁到保险人的偿付能力。

一种特殊形式的再保险，通常被称为巨灾再保险（在本章后面讨论），用于预防灾难性事件的不利财务影响。巨灾再保险的目的与再保险在稳定原保险人的损失经验方面的目的密切相关，这一点将在下面讨论。

（三）稳定

像大多数其他企业一样，保险人必须有相当稳定的利润流，以吸引资本投资和支持增长。但是，保险人的损失经验每年都在波动，导致保险人的财务结果出现易变性。平滑损失经验曲线的高峰和低谷，是除了提供巨灾保护之外再保险的主要功能。原保险人要想达到稳定损失的目的，可以购买具有以下作用的再保险。

- 将损失风险暴露限于每一项损失；
- 将损失风险暴露限于一次事件造成的多个索赔；
- 将损失风险暴露限于在一年期间内发生的累计索赔。

附件7-1表示，通过购买再保险，原保险人的损失经验能够稳定在可接受的水平。

附件7-1 保险人通过再保险稳定其损失经验例子表

稳定自留额为 $20000000 的保险人的损失经验			
1	2	3	4
年份	毛损失 （单位：$1000）	再保金额 （单位：$1000）	稳定损失水平 （单位：$1000）
1	$10000	$—	$10000
2	22500	2500	20000
3	13000	—	13000
4	8000	—	8000

217

续表

稳定自留额为 $20000000 的保险人的损失经验			
1	2	3	4
年份	毛损失 （单位：$1000）	再保金额 （单位：$1000）	稳定损失水平 （单位：$1000）
5	41000	21000	20000
6	37000	17000	20000
7	16500	—	16500
8	9250	—	9250
9	6000	—	6000
10	10750	—	10750
总额	174000	40500	133500

在上表中，原保险人有 $20000000 的年自留额，这限制了其损失风险暴露。如果未购买再保险，在 10 年期间，他得支付 $1.74 亿美元的损失赔款（第 2 列总额）。在其再保险计划到位的情况下，原保险人仅负责 1.335 亿美元损失（第 4 列总额）。该再保险项目将对每年产生影响，因为原保险人的损失限于其能接受的金额，而不会对其盈利产生不利影响。下图解释如何能够用再保险来平稳损失经验的不利波动。

附件 7-2 假设损失数据图

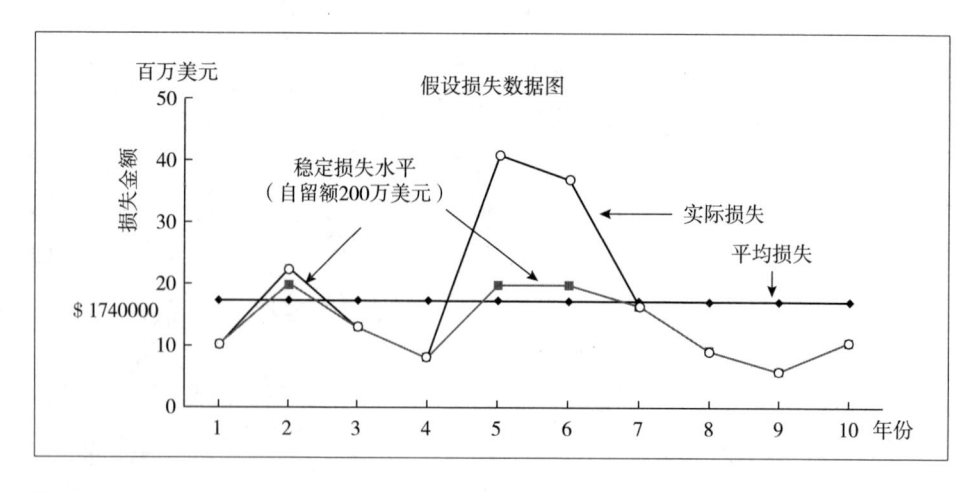

不稳定的损失经验会影响保险人的股票价值，导致其核保、理赔、营销部门的管理发生突变；削弱其营销团队（尤其是拥有其他市场的独立代理人）的信心；并在极端情况下导致资不抵债。保险人喜欢有稳定的损失经验，使用再保险可以增强这种稳定性。可以安排再保险来稳定一个险类业务（如机动车），一个险种（如汽车运输公司），或者保险人的整体业务（Book of business）。

（四）退出

当保险人认为承保某一类、某一地区或某一来源业务无利可图或不理想时，保险人有以下选择：

1. 继续承保，直至所有保单到期。
2. 取消所有保单（如果保险法规允许），并将未赚取的保费退还给每位保单持有者。
3. 通过未满期责任再保险将其在保单下的义务出售给另一家保险人。

未满期责任再保险（Portfolio reinsurance）是一种再保险交易，在该交易中，保险人的整个险类、险种、区域或整体业务分出给再保险人。例如，假设保险人由于业务量小且损失率高要终止其错误和遗漏责任险（E&O）业务，如果原保险人将自己 E&O 责任险整体业务的自留额再保，他的全部责任要转移给再保险人。同样，保险人可能希望停止其在某个州的所有保险活动，并为当前尚有效的保险责任安排 100% 的再保险。未满期责任再保险是昂贵的，因为该再保险业务通常对原保险人来说无利可图，再保险人必须设法预测未满期责任的损失发展。

（五）盈余缓释

许多保险人利用再保险来满足保险监管对过度增长的限制。保险监管机构用承保保费与保单持有人的盈余（保险人的净资产）的比率来衡量保险人是否在财务上过度扩张。

作为偿付能力监管工作的一部分，州保险监管机构会监测几种财务比率，其中，承保保费与保单持有人盈余的关系通常是一个关键比率，如果超过3:1或300%，则被认为是超限的。从监管机构的角度来看，超过这一比率的保险人，相对于其净资产规模而言，承保的业务总量超过了审慎程度。迅速增加市场份额并承担义务（负债）的保险人可能难以维持这一比率，因为保险人必须立即减少资产（或盈余），以支付获取保险业务所产生的所有费用，但在赚取保费之前，他们不能将保费作为收入。

本章后面将讨论比例再保险，它通过向原保险人提供分出给再保险人业务的佣金来促进增长。因为这一佣金抵消了原保险人的业务获取费用，该费用消耗保险人的资产净值。再保险的这一功能被称为盈余缓释（Surplus relief）。

（六）核保指引

再保险人与各种各样的保险人在不同的环境下合作。在此情况下，他们积累了大量的核保专业知识和经验。再保险人对保险运作和对保险业的理解对原保险人很有帮助，特别对那些刚进入新险类和新区域的缺乏经验的保险人。例如，一家中型保险人将其95%的伞式责任保险业务对外分保了好几年，严重依赖再保险人对该业务的核保和定价。没有再保险人的技术帮助，有些保险人很难依靠有限的专业知识赚取核保利润。

再保险人向原保险人提供的核保支持必须保密。保险人和再保险人经常密切合作，使得后者能够掌握前者的专有信息，例如了解保险人的营销和核保策略。再保险人通常会小心翼翼，避免将保险人客户的信息透露给其他保险人。

三、再保险方式

再保险方式有两种：临分再保险和合约再保险。

- 临分再保险（Facultative reinsurance）交易是指原保险人将个别风险分出给再保险人。在临分交易中，再保险人对原保险人的分出业务进行评估，可以接受或拒绝。由于临分再保险人没有义务接受原保险人提交的风险，所以临分再保险也被称为非强制性再保险（Non-obligatory reinsurance）。

● 合约再保险（Treaty reinsurance）交易涉及原保险人和再保险人之间的协议，该协议规定了风险如何转移。再保险协议根据合约适用的险类和险种界定了合格的风险，并规定了分出和分入合格风险双方的义务。

以下各节更详细地介绍临分再保险和合约再保险。

（一）临分再保险

每次临分交易过程本身是完整的。再保险人向原保险人签发临分凭证，附在接受再保险的保单上。临分凭证（Facultative certificate）规定了交易条款。临分再保险协议是在规定的时间内生效，通常任何一方都不能解除。

采用临分再保险是因为它具有灵活性。保险人通常安排合约再保险来解决他们的日常业务需求。当原保险人的再保险计划不适合某一风险时，可以在考虑到特定风险的情况下签订一份临分协议。然而，原保险人通常为他们不经常承保的客户保留临时再保险。增加使用临分再保险的原保险人可能需要审查其合约再保险计划是否充分，或确定其核保人是否正在拓展设计合约再保险计划时未预期到的市场。

临分再保险为原保险公司提供以下功能：

● 临分再保险可以为超出合约再保险限制的风险提供大额承保能力。核保人可以对超出部分进行临分，使其对该风险的保险承诺保持在原来的自留水平。

● 临分再保险可以减少原保险人在特定区域的风险暴露。例如，核保人可能在某一特定区域承保了过多的商业财产风险。为了减少风险在该地区的集中，保险人可以选择各种风险，并在临分基础上对外分保。同样，海洋核保人可能会考虑承保存放在同一仓库、属于不同被保险人的货物。核保人可以使用临分再保险安排来减少最大可能的损失。

● 原保险人可以使用临分再保险安排来减少保险人在其整体业务中不常见的风险暴露，从而保护其合约再保险良好的损失经验。保护合约损失经验是很重要的，因为再保险人对合约核保和合约定价是有所预期的。与正常整体业务不相符的风险可能会造成过度损失，导致合约终止或价格上涨。例如，商业一揽子保险的被保险人可能要求保险人为通常不承保的昂贵的艺术收藏品提供保障。艺术收藏品的临分再保险将消除核保人对合约再保险人删除这一风险暴露的担忧。临分再保险人知道在这种情况下存在逆向选择，因此，再保险人可以调查风险暴露并对临分协议进行合理的定价。

- 一般来说，原保险人可以合约再保险所剔除的特定险类或种类的风险采用临分再保险。

为了使合约再保险发挥作用，原保险人和再保险人必须就每一种风险进行广泛的信息交流。因此，管理成本相对较高，因为原保险人必须投入大量时间来完成每项分出，并将任何批单、解除、保费通知或损失证明告知再保险人。

逆向选择的可能性对再保险人来说是一个严重的问题。临分再保险下的业务量不是始终如一的，由原保险人控制业务的提交。通常，临分再保险的定价要反映逆向选择的可能性。

(二) 合约再保险

原保险人通常使用合约再保险作为其再保险计划的基础。合约再保险协议为原保险人制定核保政策和核保指引提供了必要的确定性。原保险人与再保险经纪人（或直接与再保险人）合作，制订全面的再保险计划，以满足保险人的各种需求。满足原保险人需求的再保险计划通常涉及许多再保险人的参与。在这类计划中，再保险人接受多层次的风险暴露，以提供原保险人所需的较大承保能力。许多原保险人选择对所接受的每一项风险进行部分再保险，并设计他们的再保险计划，使其在没有重要险类核保人介入的情况下运作。

合约再保险协议通常是独一无二的，因为它们是为满足原保险人的个别要求而设计。每一份再保险合约都是在动态再保险市场的背景下谈判的，这将影响其价格和条款。以下一般性观察有助于理解原保险人是如何使用合约再保险的。

- 合约再保险通常是为了满足原保险人在一段时间内转移多种风险的损失暴露需要而签订的。虽然每份再保险合约通常为一年，但原保险人和再保险人之间的关系会持续多年。保险人的管理层通常发现，与再保险人的长期关系使保险人能够为其中介人提供一个稳定的市场。
- 大多数（但不是全部）合约再保险要求原保险人将符合条件的风险转移给再保险人。原保险人通常签订合约再保险协议，以便一线核保人在使用再保险时不能随意行事。允许原保险人选择将哪些风险提交给再保险人的合约协议会使得再保险人面临逆向选择。

由于一旦签订再保险协议，合约再保险人就有义务接受分出的风险，再保险人通常希望了解原保险人管理的完整性和经验，以及其核保指引在多大程度上代表了其实际核保实践。

四、再保险合同的类型

对再保险进行分类的另一种方法是根据原保险人和再保险人承担合同损失赔偿义务的方式。分摊损失的主要方法被广义定义为比例再保险和超赔再保险。临分再保险和合约再保险都可以按比例或超赔方式承保。

附件7-3 主要再保险种类

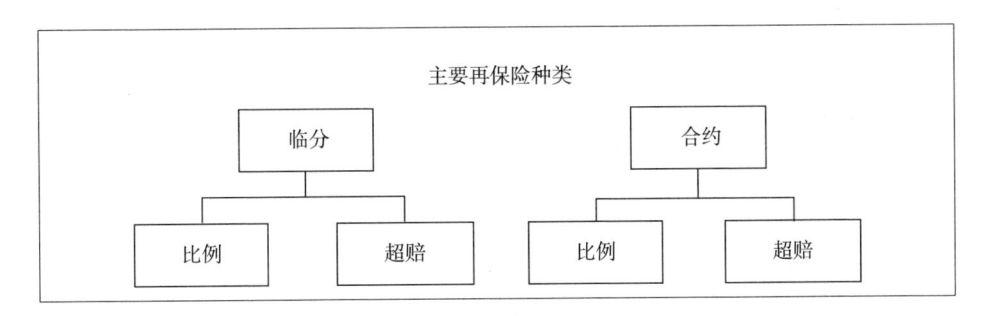

```
                  主要再保险种类
            ┌─────────┬─────────┐
          临分              合约
        ┌───┴───┐       ┌───┴───┐
       比例    超赔     比例    超赔
```

在比例再保险下（Pro rata/proportional reinsurance），每个风险的保险金额、保险费和损失在原保险人和再保险人之间按约定的相同比例划分。例如，如果在某一保单下，再保险人有义务承担35%的保险责任，那么无论损失大小，他都会获得35%的保费，并支付该保单下每项损失的35%。在合约再保险项下，再保险人通常向原保险人支付分保佣金，以涵盖其费用，并可能允许原保险人根据再保险协议产生的利润获得额外佣金。

在超赔（Excess of loss）（或非比例——non-proportional）再保险项下，再保险协议是以原保险人希望自留的损失暴露金额，以及再保险人愿意接受超过原保险人自留额之上的损失暴露规模为基础。超过原保险人自留的损失，由再保险人赔偿。超赔再保险类似于原保险人签发的包含免赔额的保险单。与比例再保险不同，超赔再保险不需要"分享"保障限额或保费。原保险人只需向再保险人支付其承保范围内的保险费，当损失超过原保险人的自留额时，再保险人的参与就开始了。

附件7-4概述了本书对再保险进行分类的方法。该附件将有助于理解以下对按比例和超赔再保险的子类的描述。在实际操作中，为了满足原保险人的具体需要，再保险协议可能包含本书所述的几种类型的协议。与原保险合同不同，再保险协议没有标准化。

附件7-4　再保险协议种类

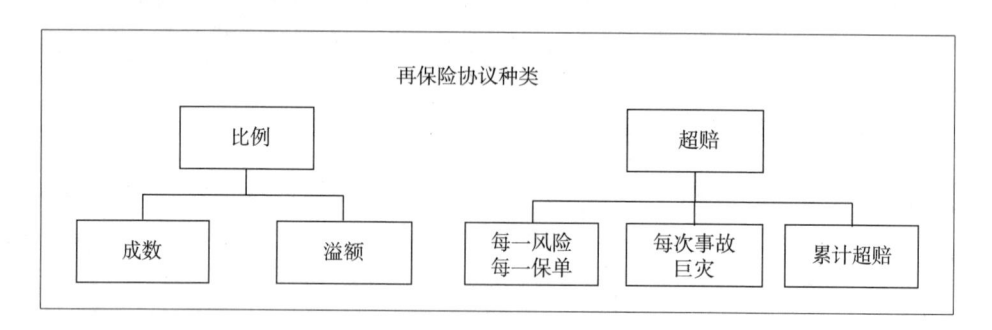

```
                    再保险协议种类
            ┌───────────┴───────────┐
           比例                    超赔
         ┌──┴──┐          ┌────────┼────────┐
        成数   溢额      每一风险   每次事故   累计超赔
                         每一保单    巨灾
```

（一）比例再保险

无论承保的是财产还是责任，比例再保险（Pro rata reinsurance）通常是资本有限的保险人的保障选择，因为这种类型的再保险为原保险人提供了盈余缓释的好处，而这种好处是超赔再保险所没有的。这种好处源于向分出公司提供分保佣金，该分保佣金是对原保险人向再保险人分出保费的适当补偿。这一特点在超赔再保险协议中并不常见。

比例再保险分保的两种类型是成数再保险和溢额再保险（有时简称为"溢额"）。这两种比例再保险的主要区别在于如何表述原保险人的自留额，这影响到保障限额、保费和损失的分担方式。成数再保险可以用于财产和责任险。溢额再保险通常只用于财产险。

1. 成数

成数再保险（Quota share reinsurance）是一种比例再保险，其中原保险人和再保险人以固定百分比分担保障限额、保费和损失。例如，保险人可能会安排合约再保险，其中，保险人自留45%的保单限额、损失和保费，同时对剩余部分进行再保。

大多数合约再保险规定了一个最高金额，超过这个金额，损失责任就归原保险人承担（或者作为原保险人再保险计划的一部分，转移给另一个再保险人）。对于比例再保险协议，其最高金额是根据协议项下保单的保障限额来规定的。例如，原保险人和再保险人可能分别以45%和55%的比例分担保单限额、损失和保费，最高金额为50万美元。

除了上述最高金额限制外，大多数合约再保险协议还包括适用于单一巨灾事件造成的每次事故合并损失限额。这种每次事故限额削弱了比例再保险在保护原保险人免受灾难性事件影响方面的效用。

附件7-5显示了合约再保险项下保险人和再保险人是如何分担三份保单的保单限额、损失和保费的。这些相同的例子在接下来的溢额再保险的讨论中重复出现，以便对这两种类型的比例再保险进行对比。根据附件7-5中对比例再保险的说明，可以得出以下几个观察结果。

- 虽然自留和分出金额都是固定的百分比，但自留额和分出金额会随着保单规模的变化而变化。在限额较大的保单上，原保险人会有较大的自留额。

- 由于在成数再保险协议项下原保险人分出一个固interferes的百分比，即使原保险人可以安全地自留低限额保单，该保单也要分给再保险人。溢额再保险

核保原理和技术

（下文讨论）是原保险人在不愿意分出小额而且有利润的保单时的另一种选择。成数再保险一般比溢额再保险提供更多的盈余缓释效果，因为更多的保单将被分出。

- 与其他类型的比例再保险相比，成数再保险的管理并不复杂，因为分担的损失和保费是固定的百分比。原保险人可以将保费金额和损失金额合并起来，以此很快确定他欠再保险人的保费以及再保险人欠他的赔款金额。

由于每个风险由原保险人和再保险人分担，再保险人通常不会遭到逆向选择。再保险人和原保险人在分保业务上的损失率是相同的。

附件7-5 成数再保险例子

成数再保险例子

保险公司与再保险人有一个成数再保险合约，该合约有250000美元的限额、自留比例25%以及分出75%。以下3份保险单由保险公司出具，在比例再保险合约项下分出。

- A保单承保建筑物A，保额25000美元，保费为100美元，有一笔损失金额8000美元。
- B保单承保建筑物B，保额100000美元，保费为1000美元，有一笔损失金额10000美元。
- C保单承保建筑物C，保额150000美元，保费为1500美元，有一笔损失金额60000美元。

在成数合约项下划分保险金额、保险费和损失。

保单	保险人（25%）	再保险人（75%）	总额
保单A			
保额	$6250	$18750	$25000
保费	$25	$75	$100
损失	$2000	$6000	$8000
保单B			
保额	$25000	$75000	$100000

续表

保单	保险人（25%）	再保险人（75%）	总额
保费	$250	$750	$1000
损失	$2500	$7500	$10500
保单 C			
保额	$37500	$112500	$150000
保费	$375	$1125	$1500
损失	$15000	$45000	$60000

2. 溢额

溢额再保险（Surplus share reinsurance）是一种比例再保险，在这种再保险中，原保险人和再保险人分享保障限额、保费和超过原保险人自留额的保单损失。与成数再保险不同（成数再保险中的原保险人自留额是固定的百分比），溢额再保险中的自留额是一个美元保障金额。对于每一份受溢额合约约束的保单，原保险人必须确定适用的保障限额、损失和保费的百分比。例如，原保险人可能会安排一份溢额再保险协议，其中，自留额50000美元。如果保险人在该合约项下承保限额为200000美元的保单，那么，用于与再保险人分担的保障限额、损失和保费的百分比将是25%自留（50000美元÷200000美元）和75%的分出（150000美元÷200000美元）。与成数再保险一样，大多数溢额再保险协议都包含最高限额。

附件7-6显示了在溢额再保险协议项下，与附件7-5所示相同的三份保单中，保险人和再保险人是如何分担保单限额、损失和保费的。

根据附件7-6中对溢额再保险的说明，可以得出以下几个观察结果：

● 原保险人可以确定最高自留额。与成数再保险不同，原保险人的自留额不会随着合约项下保单的责任限额增加而增加。

● 合约项下的保单，如果责任限额小于原保险人的自留额，则不予分出。许多原保险人使用溢额再保险来替代成数再保险，这样他们就不必分出任何可以安全自留的那部分业务。

● 业务规模太小而无法纳入合约的业务，可能由于无再保险而遭受灾难性损失。例如，一辆16人的载客货车，其无保险驾驶员的限额为每人500000美元，该车涉及交通事故，导致8000000美元的损失。

● 由于每张保单所分担的损失和保费都可能不相同，溢额合约比成数合约管理成本高。原保险人必须作好记录，定期向再保险人提供所有溢额再保险合约项下分保的保单报告，称为分保明细表（Bordereau）。

● 由于再保险人向原保险人支付再保险佣金，溢额再保险合约项下原保险人提供盈余缓释。由于保单限额低于原保险人自留额的保单不进行分保，因此，对于相同的整体业务，溢额再保险合约提供的盈余缓释作用小于成数再保险合约。

附件7-6 溢额再保险例子

溢额再保险例子

保险人与再保险人有份溢额再保险协议。该协议的自留额为25000美元，限额为250000美元。以下三份保单由保险人出具，并受与再保险人签订的溢额再保险协议的约束。

第七章 再保险

- A 保单承保建筑物 A，保额 25000 美元，保费为 100 美元，有一笔损失金额 8000 美元。
- B 保单承保建筑物 B，保额 100000 美元，保费为 1000 美元，有一笔损失金额 10000 美元。
- C 保单承保建筑物 C，保额 150000 美元，保费为 1500 美元，有一笔损失金额 60000 美元。

溢额合约下的保额、保险费和损失划分如下：

	保险人（%）		再保险人（分出%）		总额
保单 A					
保额	$25000	100%	$0	0	$25000
保费	$100		$0		$100
损失	$8000		$0		$8000
保单 B					
保额	$25000	25%	$75000	75%	$100000
保费	$250		$750		$1000
损失	$2500		$7500		$10000
保单 C					
保额	$25000	16.67%	$125000	83.33%	$150000
保费	$250		$1250		$1500
损失	$10000		$50000		$60000

保单C
$ 150000

保单B
$ 100000

16.67%   83.33%

25%   75%

保单A
再保险人不参与

□ 原保险人自留额

■ 分出给再保险人

229

根据原保险人自留额的大小，溢额再保险合约为原保险人提供可变的大线数承保能力。

在溢额再保险协议项下，原保险人的最低自留额被称为"线"（Line）。如果原保险人的保单限额超过线的金额，那么，被称为"溢额"，即将超过该线金额部分分给再保险人。

溢额再保险合约的限额——总限额或总承保能力——以原保险人的线的倍数表示。例如，原保险人拥有 5 条线的溢额合约，其合约项下的承保风险的能力超过自留额的 5 倍。

线的最低额度通常是根据原保险人的线数授权指引（Line authorization guide）确定的。"线数指引"用于控制所接受的保障限额，并指出应采用再保险时的情况。线数指引反映了原保险人对承保高限额保单及其再保险计划的满意程度。一些线数指引规定了某一险类业务的最低自留额。另一种方法是用风险特征，如施工质量和保护等级，来确定最低线。原保险人对认为是优质的业务，通常想要较高的自留额。一些线数指引将最低线表述为一个范围内的价值，从而使原保险人的核保人在确定自留额时具有一定的自由裁量权。有些线数指引不是根据保障限额来确定最低线数，而是根据可能最大损失来确定。可能最大损失（Probable maximum loss，PML）是保险人对可能发生的最大损失的估计。许多原保险人鼓励他们的核保人以 PML 为基础评估损失暴露。对于这些保险人来说，用 PML 来表达线数指引是有意义的。由于 PML 评价是主观的，本书将使用保障限额来描述溢额再保险的运作。

溢额再保险有时是按"层"来安排的。在这种情况下，一层是指另一个再保险人在另一溢额合约限额之上提供额外承保的能力。最低层被称为"第一溢额"，这意味着它在任何额外溢额合约之前使用。可能需要两个或两个以上的分层溢额合约来处理较大或较高的风险。一般来说，第一溢额层被设计为承保原保险人的大部分风险所需的唯一溢额合约。例如，如果原保险人认为，他的承保能力一般为自留额八倍的范围内，则第一溢额再保险应是七线合约。如果安排第二溢额，则一般承保异常大的风险或特殊的风险群体。一般来说，在使用第二协议之前，必须先用完第一溢额保障。然而，有些合约设计包含第二溢额，即使承保能力仍然在第一溢额范围内。

(二) 超赔再保险

在超赔再保险（Excess of loss reinsurnce）协议下，只有当损失超过原保险人的自留额（常指起赔点，Attachment point）时，再保险人才对损失作出反应。超赔再保险可用来满足前面概述的几种再保险需求。但是，在稳定损失经验以及防范由于巨灾事件造成的不利财务结果上，超赔再保险最有价值。

超赔再保险经常按层次承保。例如，超赔再保险协议可以提供"超过100000美元以上的400000美元"［$400000 excess（or "xs"）of $100000］保障，这意味着再保险适用于100000美元至500000美元的损失。超过自留额和该层次限额（本例中为500000美元）合并的损失，仍由原保险人负责，原保险人可以自留这些损失，也可以将其分出给提供更高层次保障的另一个再保险人。

与比例再保险不同（其再保险的定价按照原保险人的定价），超赔再保险保费是根据损失超过自留额或基础层次的可能性进行协商的，从而涉及再保险人的损失层。向原保险人收取的超额再保险价格通常以原保险人收取的保费（称为标的保费，Subject premium）的百分比表示。一般来说，再保险人在超赔协议下不支付分保佣金，但有时保险人通过支付佣金或调整超赔再保险费率来奖励原保险人良好的损失经验。

超赔再保险定价反映了再保险人的参与程度。起赔点越低，该水平上发生损失的可能性越大，超赔再保险的价格也就越高。

原保险人的自留额通常被设定在一个水平，以排除那些预期经常发生、适合于自留的索赔。然而，有时超赔协议使用较低的起赔点，期望第一层再保险将经常参与原保险人的损失经验。具有低起赔点的再保险协议被称为险位超赔再保险（Working covers），或使用超赔再保险时，称为险位超赔合约（Working excess of loss treaties）。险位超赔允许原保险人将损失分摊到若干年，以便用盈利年份抵消不盈利年份。如果原保险人在承保某一险类时没有什么专业知识，他们可能会选择使用险位再保险，直到他们对该险类的损失模式有了更好的了解。

超赔再保险协议有时包含共同义务条款（有时称为"分摊"）。共保义务（Coinsurance obligation）条款要求原保险人分担超过其自留额的损失。例如，可以签订超赔再保险协议，提供超过100000美元的400000美元保障，以及承担超额层的5%的共保义务。附件7-7显示了当共同保险义务条款适用时，原保险人和再保险人如何分担不同层次的损失。共保义务为原保险人提供了一种激励，使其有效地管理那些超过其自留额的损失。

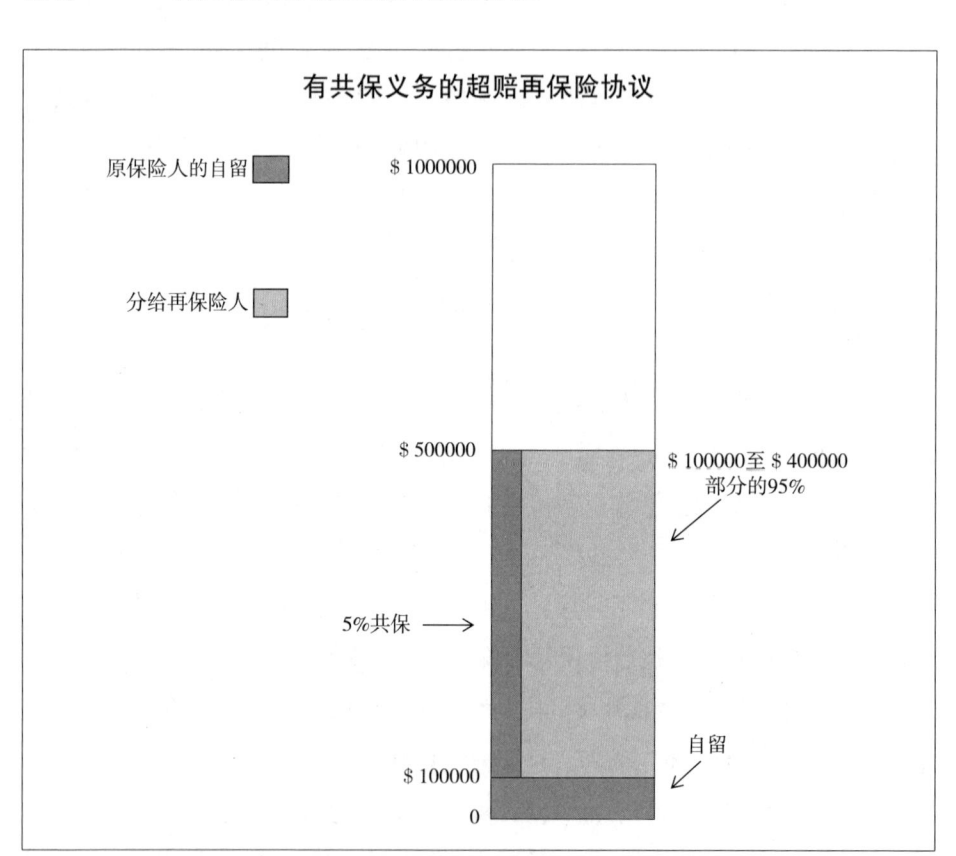

附件7-7 有共保义务的超赔再保险协议

超赔再保险分为几种类型，它们在自留额和限额的定义上有所不同。这些类型包括以下几种：

- 每一风险超赔；

- 巨灾超赔；
- 每一保单超赔；
- 每次事故超赔；
- 累计超赔。

再保险从业人员使用的术语具有非常特定的含义。当再保险从业人员提到每一风险超赔或巨灾超额时，其通常指的是财产业务的再保险。"每一保单超赔"和"每次事故超赔"，通常指的是责任险业务的再保险。

1. 每一风险超赔

每一风险超赔（Per risk excess）再保险协议分别适用于每一保险标的或每一"风险"发生的每一损失。原保险人通常作为什么是构成某一"风险"的唯一判断者。附件7-8显示了如果原保险人在每一风险超赔协议下将三个独立的建筑物定义为三个单独的风险，再保险人将如何应对。在这个例子中，龙卷风在一次事件中损坏了全部三座建筑物。由于每座建筑都是一个风险，自留额和再保险限额分别适用于每座建筑。

附件7-8 三个单独风险的每一风险超赔协议例子

三个单独风险的每一风险超赔协议例子			
建筑物序数	损失金额	原保险人自留	再保险人付款
1	$500000	$50000	$450000
2	$350000	$50000	$300000
3	$700000	$50000	$650000
总数	$1550000	$150000	$1400000

前面提到的每次事故限额对每一风险超赔协议都是一样的。每一事故限额是对由于包括多重风险的单一事件或事故造成再保险人赔偿的限额。附件7-8所示的例子中，如果每次事故限额为1000000美元，则再保险人只需负责1000000美元（而不是1400000美元），因为这三种损失是由同一事件（龙卷风）造成的。

233

2. 巨灾超赔

财产巨灾超赔（Catastrophe excess）再保险的目的是赔偿原保险人因灾难性事件（如龙卷风、飓风、地震或任何其他导致许多被保险财产损失的事件）而遭受的财产损失的总和，这些事件由原保险人的财产险保单所承保。这类事件，尤其是大型飓风，可造成总计数十亿美元的损失。

与每一风险超赔再保险一样，巨灾超赔再保险的自留额和限额也以美元表示。一般来说，巨灾自留额设定得足够高，只有在同一灾难事件造成许多损失时才会被超过。直到原保险人赔偿的金额超过自留额，再保险人才会支付损失赔款。此外，超过自留额的损失通常要受共保义务的约束。

> **两个损失保证（Two – loss warranty）**
>
> 在原保险人的再保险计划中，单一风险的单一重大损失可能不构成灾难性损失。巨灾再保险合约通常包含双重损失保证，将保障范围限制在同时造成由多份保单承保的损失或多处承保地点的财产损失的事件。

由于自留额和限额分别适用于保单期间发生的每一次巨灾，因此，巨灾超赔再保险协议中对巨灾事件的定义对原保险人和再保险人都很重要。损失发生条款（Loss occurrence clause），有时称为"小时"条款，规定了在以小时为单位的一段时间，原保险人因同一巨灾事件而导致的损失可以被加总，并适用于巨灾超赔协议的自留额和限额。飓风造成的损失通常有连续72小时（三天）的期限，地震造成的损失通常有连续168小时的期限。在巨灾超赔再保险项下提出索赔时，原保险人通常可以选择连续小时期间开始的日期和时间，以增加协议项下的赔付金额。

附件7–9说明了巨灾超额再保险协议中的损失发生条款，以及原保险人如何选择对其有利的保险期间。在这种情况下，原保险在四天的飓风期间承受了800万美元的损失。原保险人有一份超过100万美元的限额为600万美元的巨灾超赔协议，其中有一项损失发生条款，规定飓风发生的时间为连续72小时。在这个简化的例子中，具体时间的选择不是问题，也不适用共保义务。

考虑到四天内损失的分布情况,主保险人应选择在第二天开始 72 小时期间,以使其再保险赔偿金额最大化。

巨灾超赔再保险协议包含一项条款,要求原保险人在损失发生后支付额外保费以恢复协议约定的限额。这一条款允许再保险人获得额外的资金,并向原保险人保证,如果发生另一场灾难,依然有足够的限额。

附件 7-9 巨灾超赔再保险协议中的损失事故条款例子

巨灾超赔再保险协议中的损失事故条款例子		
日期	损失	保障期间
1	$1000000	
2	$1000000	索赔最大化
3	$2000000	
4	$4000000	
合计	$8000000	

3. 每一保单超赔

每一保单超赔(Per policy excess)再保险主要用于责任保险,原保险人签发的每份保险单分别适用自留额和限额。附件 7-10 显示了再保险人在自留额为 10000 美元时的每一保单超额再保险协议下是如何应对的。在这个例子中,发生了一起机动车交通事故,涉及同一家保险人签发的三份独立机动车保单。

附件 7-10 带有 10000 美元自留额的每一保单超赔再保险协议的例子

带有 10000 美元自留额的每一保单超赔再保险协议的例子			
保单序号	损失金额	原保险人自留额	再保险人的付款
1	$30000	$10000	$20000
2	$50000	$10000	$40000
3	$60000	$10000	$50000
合计	$140000	$30000	$110000

235

由于损失理算费用在责任索赔中往往相当大，超赔再保险协议通常规定，在采用自留额时是否将这些费用包括在损失金额中。原保险人通常倾向于将已分摊损失理算费用包括在损失金额中，以确定自留额是否得到满足。超赔再保险协议通常要求损失理算费用由原保险人和再保险人按比例分摊。协议限额较低的原保险人有时选择不将损失理算费用包括在损失金额中。

4. 每次事故超赔

每次事故超赔再保险（Per occurrence excess reinsurance）将自留额和限额用于影响原保险人的一份或多份保单的单一事件所引起的索赔总额。附件7-11显示了每次事故超赔再保险协议是如何适用于同前所述的每一保单超赔再保险的损失情景。在本例中，自留额适用于该事件中涉及的所有保险单，即原保险人签发的保单所涉及的机动车交通事故。在实践中，承保企业责任险类业务的每次事故超赔偿协议，通常会有一定自留额，它等于或超过原保险人所承保的最高保单限额。

附件7-11　每次事故超赔再保险协议例子

带有10000美元自留额的每次事故超赔再保险协议例子

保单序号	损失金额	原保险人自留额	再保险人的付款
1	$30000		
2	$50000		
3	$60000		——
合计	$140000	$10000	$130000

5. 累计超赔

累计超赔再保险（Aggregate excess reinsurance），有时称为超赔比率或止损协议（Excess of ratio or stop loss），适用于在特定期间（通常是12个月）损失超过预定金额或赔付率的情况。与其他形式的超赔再保险相比，累计超赔协议并不常见。其通常用于农作物冰雹保险和与解决小型保险人需求相关的情况。

在累计超赔保险协议下，原保险人的自留额以损失率而非金额来表示，损失是在一段时间内累积的。例如，再保险人可能同意支付超过95%损失率的损失，并在损失率超过110%时停止支付。自留额通常受最低金额的限制，限额通常受最高金额的限制。多数累计超赔协议要求有5%至10%的共同保险义务。尽管累计超赔再保险协议的所有要素都需要协商，再保险人通常希望确保原保险人不保证承保利润，或者在满足自留额要求后，索赔将继续得到有效处理。

如前所述，巨灾超赔再保险协议仅保护巨灾损失。累计超赔再保险协议为原保险人提供了更宽泛的保护，因为它包括了特定期间的巨灾和不可预见的累积损失。

因为累计超赔再保险限制了原保险人的损失率，所以可以说它是唯一需要再保险的形式。然而，如前所述，累计超赔再保险的可用性有限。在使用这种再保险的情况下，累计超赔再保险人通常期望赔偿超过综合再保险计划的损失。

有限风险再保险

有限风险再保险（Finite risk reinsurance）是合约再保险，其中，只有明确规定金额的风险才能被转移。再保险协议通常通过确定自留额和最高责任限额来限制所转移的损失暴露金额。有限风险再保险（也称为财务或非传统再保险）通常转移有限和可衡量金额的风险。有限风险再保险并不是一种独特的再保险形式，任何类型的再保险合同都可以用来创建有限风险再保险协议。有限风险再保险可以在合约或临分再保险及比例或超赔再保险的基础上签订。

有限风险再保险不同于大多数再保险协议，因为损失超过保费的可能性较小，而且，即使发生这种情况，再保险人可能损失的金额也受到严格控制。在某种意义上，有限风险再保险协议下的大部分保费为原保险人自己的损失创造了一只基金，而再保险保费的余额则用于将有金额的风险转移给再保险人。

核保原理和技术

有限风险再保险具有以下一些（但不一定是全部）一般特征：

- 有限风险再保险通常适用于危险性较大的保险项目，如环境责任和巨灾险，包括风暴和地震，再保险人对这些险种的传统承保能力是有限的。

- 一般来说，有限风险再保险的保费占再保险限额的比例很高。例如，再保险人可能为700万美元的保费提供1000万美元的累计限额。再保险人的风险是有限的，因为再保险人最多只需要赔偿1000万美元，而在支付损失之前，它可以从这700万美元保费中获得投资收益。

- 有限风险再保险协议通常会转移投资风险和时机风险。投资风险（Investment risk）是指再保险人的投资组合产生低于预期回报的可能性。时机风险（Timing risk）是赔付损失的速度比预期快，从而产生的投资收益低于预期的风险。

- 再保险人一般与原保险人分享合同利润。

- 有限风险再保险合同通常为多年期。

原保险人购买有限风险再保险的动机是改善其盈余状况。然而，由于1992年实施的会计限制，美国保险人受到限制，无法从某些形式的有限风险再保险中获益，因为美国全国保险监督官协会（National association of Insurance commissioner）规定不允许为再保险提供信贷。

根据现行的会计准则，一笔交易在保险人的财务报表中有资格获得"再保险"待遇，必须具备以下条件：

1. 再保险人必须在基础保险合同的再保险部分承担"重大"保险风险。

2. 再保险人在交易中遭受重大损失的可能性必须是合理的。

虽然"保险风险"一词在指引中有定义，但"合理可能"和"重大损失"却没有定义。因此，确定有限风险再保险协议是否符合这些会计要求通常是相当困难的。

五、再保险案例研究

通过案例研究，可以很好地说明不同类型的再保险可以用来解决核保问题的各种方法。接下来的案例展示了各种再保险形式的组合是如何用于财产保险和责任保险的。

财产再保险计划通常将比例和超赔再保险结合起来，以提供所需的承保能力、稳定性、融资和巨灾保护。责任再保险计划通常包括超赔合约，辅以临分再保险，以获得必要的承保能力。

（一）财产再保险计划

以下案例描述了商业财产保险人（一个虚构的保险人）如何使用再保险来实现其目标。

案例 1

商业财产保险人（CPI）开发了一项为办公公寓提供保险的计划，该计划很受业务提供者的欢迎。有一家中介人特别积极地推销这一项目，并试图承保一些需要高财产保额的客户。CPI 担心这个项目增长过快，以及如果无法承保大型客户会带来的负面后果。

CPI 及其再保险人制订了一项再保险计划，为其未来的增长提供融资，并为 CPI 提供大险类承保能力。该计划包括一个 5 条线的溢额再保险合约，CPI 公司自留 75000 美元。两家再保险人参与该计划，每家公司各有两条线。CPI 的核保人必须为保障限额超过 375000 美元（5 条线的承保能力）的客户安排临分再保险。CPI 再保险计划的每次事故限额为 1000000 美元。附件 7-12 说明了 CPI 办公室计划下的两个客户的保障限额、保费和损失是如何分担的。第一个客户的保障限额在 5 条线合约范围内，第二个客户则超出了 5 条线合约的承保能力。

附件 7-12 关于案例 1 的解释

客户限额在溢额合约内

这是一个医生办公室客户,其保单限额是 200000 美元。CPI 公司按以下方式自留以及与再保险人分担保险责任、保费和损失。

商业财产保险人的再保险计划	所承担的责任金额	所承担的责任比例
自留额	$75000	37.5
第一溢额(2 条线)	$125000	62.5
第二溢额(2 条线)		
临分再保险(最高限额 $750000)		
	——	——
总责任	$200000	100.0

客户限额在溢额合约外

客户切斯特布鲁克办公园区的财产保障需求为 650000 美元。由于该客户的保障需求超出了 CPI 公司的溢额再保险合约的限额,CPI 公司安排了同样以溢额合约为基础的临分再保险。CPI 公司按以下方式自留以及与再保险人分担保险责任、保费和损失。

商业财产保险人的再保险计划	所承担的责任	承担责任占比
自留额	$75000	11.5
第一溢额(2 条线)	$150500	23.5
第二溢额(2 条线)	$150000	23.0
临分再保险	$275000	42.0
	——	——
总责任	$650000	100.0 *

* 该栏实际总额为 99.5。原保险人和其再保险人可能会确定实际占比,但在该案例中我们并没这么做。

假设医生办公室和切斯特布鲁克办公园区都遭受了龙卷风造成的重大损失(50%)。CPI 的再保险计划将作出如下反应。

第七章 再保险

商业财产保险人的再保险计划	医生办公室客户 损失金额 100000 美元	切斯特布鲁克办公园区 损失金额 325000 美元
自留额	$37500	$37375
第一溢额（2 条线）	$62500	$74.750
第二溢额（2 条线）		$74750
临分再保险	——	$136500
总责任	$100000	$325000*

由于该事故造成 CPI 的总损失并未超过 $1000000，每次事故限额并不是一个因子。

* 本栏实际总损失为 $323375，因为它使用附件 7-12 中计算的四舍五入百分比。

案例 2

商业财产保险人（CPI）担心自己的再保险计划不能够合适地处理其正在发展的巨灾风险保障。CPI 修改了再保险计划，在 750000 万美元的基础上增加了 5000000 万美元的巨灾超赔再保协议。（CPI 与临分再保险人的关系良好，CPI 相信，他可以为几乎所有符合办公室项目条件的客户安排最高为 75 万美元的临分再保险。）附件 7-13 包括一个大得多的客户，并显示了该修订后的再保险计划将如何应对影响所有这三个风险的巨灾。

附件 7-13 关于案例 2 的解释

除了医生办公室客户和切斯特布鲁克办公园区客户外，CPI 还承保了技术办公大楼客户，保险金额 4000000 美元。

商业财产保险人的再保险计划	所承担的责任金额	所承担的责任比例
自留额	$75000	10.0
第一溢额（2 条线）	$150000	20.0
第二溢额（2 条线）	$150000	20.0
临分再保险（最高限额 $750000）	$375000	50.0
总责任	$750000	100.0
巨灾超赔（$5000000 xs $750000）	$3250000	
总责任	$4000000	

241

如果发生飓风灾害，也损坏了科技办公室大楼 50% 的财产，CPI 再保险项目将按以下方式应对。在其他再保险赔偿后，巨灾超赔再保险介入赔偿。

商业财产保险人的 再保险计划	医生办公室 客户损失金额 $100000	切斯特布鲁克 办公园区损失 金额 $325000	科技办公室 损失金额 $2000000
自留额	$37500	$37375	$75000
第一溢额（2 条线）	$62500	$74750	$150000
第二溢额（2 条线）		$74750	$150000
临分再保险（最高限额 $750000）	——	$136500	$375000
总责任	$100000	$323375	$750000
巨灾超赔（$5000000xs $750000）			$1250000
总金额	$100000	$323375	$2000000

　　CPI 再保险计划包括每次事故 1000000 美元的限额。在采用巨灾超赔协议之前，该再保险计划项下的总损失为 1173375 美元，即比每次事故限额高出 173375 美元。CPI 的再保险计划规定，巨灾再保险人承担超过其每次事故限额的损失。在这种情况下，巨灾再保险人将支付 1423375 美元（1250000 美元加上 173375 美元）。

（二）责任险再保险计划

　　责任风险具有法律费用上涨、陪审团裁决金额增加、已发生但未报告（IBNR）损失以及索赔意识增强等固有问题。为责任险类业务设计的再保险计划认识到这些问题，并通过使用超赔再保险来解决其高责任限额问题。当原保险人需要超过其再保险计划中的承保能力时，他会购买临分超赔再保险。

　　例如，商业责任保险人（CLI）及其再保险人可能会同意采用超过 100000 美元，限额为 900000 美元的每次事故超赔再保险合约。对于保障限额超过其承保能力的客户，CLI 购买临分再保险，为其承保的特定风险提供超过 100 万美元限额为 500000 美元的超赔保障。如果被保险风险遭受 1400000 美元损失，CLI 将有权获得如附件 7-14 所示的损失赔偿。

附件 7-14　商业责任保险人的超赔损失再保计划

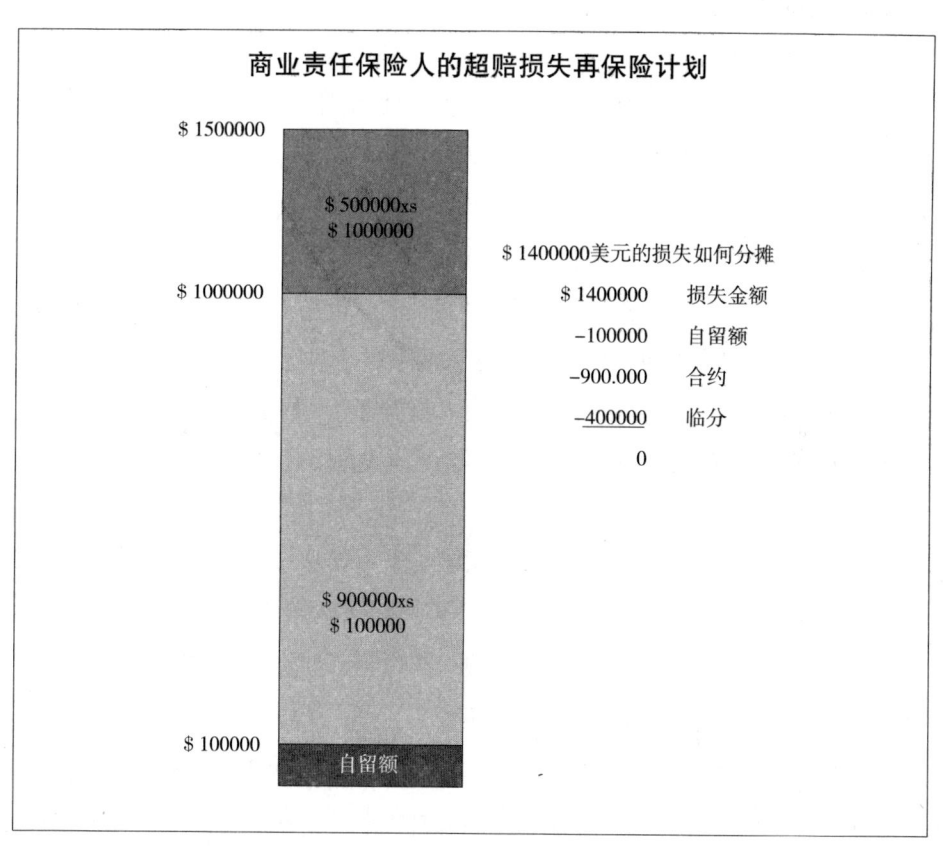

商业责任保险人的超赔损失再保险计划

```
$1500000
         ┌─────────────────┐
         │  $500000xs      │
         │  $1000000       │      $1400000美元的损失如何分摊
$1000000 ├─────────────────┤      $1400000    损失金额
         │                 │       -100000    自留额
         │                 │       -900.000   合约
         │                 │       -400000    临分
         │  $900000xs      │           0
         │  $100000        │
         │                 │
         │                 │
$100000  ├─────────────────┤
         │     自留额      │
         └─────────────────┘
```

六、再保险的来源

再保险市场在业务范围上通常是国际性的，其主要包括以下参与者：
- 专业再保险人；
- 原保险人，他们从其他保险人那里接受再保险业务；
- 保险池、辛迪加和协会。

(一) 专业再保险人

专业再保险人（Professional reinsurers）是指其主要业务活动是服务原保

险人的再保险需求。在原保险市场也是如此，专业再保险人要么直接运作，要么通过经纪人运作。

直接再保险人（Direct reinsurers）与他们所服务的原保险人直接接触。再保险人的雇员与原保险人合作，制订合适的再保险计划。

再保险经纪人（Reinsurance brokers，通常被称为再保险中介）与原保险人合作，并将业务分给通过经纪人运作的再保险人。在美国，几乎所有的直接再保险人通过再保险经纪人扩大其分销渠道。

上述两种购买再保险的方式均能满足原保险市场需求。因为有多种专业再保险人，以下对专业再保险人的陈述作出总结。

- 与直接再保险人打交道的原保险人只需管理一种关系。
- 再保险经纪人为原保险人制订再保险计划时可能需要一个或多个再保险人。
- 再保险经纪人通常可以获得高限额和巨灾保险。
- 再保险经纪人可以从多个市场获得各种再保险解决方案。
- 再保险经纪人通常能够以优惠的条件和有竞争力的价格获得再保险，因为他们了解当时的市场情况。

除了核保分入的风险之外，再保险人还核保原保险人。在评估原保险人时，再保险人要了解其财务实力。这些信息可以直接从保险人的财务报表中获得，也可以从金融评级机构以摘要形式获得。有关原保险人稳定性的其他信息可从国家保险部门公告和行业报刊中获得。

再保险人还会考虑原保险人的经验、声誉及其管理能力。再保险人通常想知道谁在管理保险人以及他们在保险业务中的经验。再保险人必须依靠原保险人管理层职业操守，一般来说，信任关系是再保险交易的基础。无论是一次性临分交易还是持续的合约安排，原保险人和再保险人之间的关系都被认为是一种"最大诚信"关系。这个短语意味着原保险人自由地与再保险人分享协议项下风险的信息，并且不会隐瞒有害事实、低估先前的损失，或未能披露有害风险。正如再保险人应当核保原保险人一样，原保险人应当评估再保险人的理赔能力和管理能力。

(二) 原保险人的再保险部门

部分原保险人同时兼任再保险人，接受其他保险人的临分和合约再保险业务。尽管少数原保险人有大量的再保险业务，但大部分原保险人仅以有限的方式参与再保险市场。通常，原保险人参与再保险市场的业务活动与专业再保险人没什么区别。原保险公司的再保险运作通常与其主营业务分开，以便其他保险人作为再保险人与该公司分享的保密信息不会泄露给公司的其他部门。

与其说原保险人的再保险部门作为再保险市场为其他无关的保险人提供服务，倒不如说这些再保险部门可以以内部再保险机制的方式运作。许多保险人实际上是共同拥有保险公司集团，集团内部的再保险安排既满足了个别成员的需求，又保证了集团的财务评级。集团内部再保险安排的使用并不妨碍保险人集团使用专业再保险人将风险转移给他人。

(三) 保险池、辛迪加和协会

保险池、辛迪加和协会是指一组不相关的保险公司，它们的目标通常是通过再保险分担风险。保险池的规模可以从几家保险公司到100多家不等。在大多数情况下，这些保险人同意根据预先安排的比例，要么对成员公司承保的每项风险的一部分进行再保险，要么对分给保险池的风险进行再保险。这些风险可以是某种类型的，也可以是特定地理区域内的。一般来说，一个保险池的每个成员公司根据其承担的每种风险的比例分担保费和损失。

决定保险池是否为再保险机制的因子有组织结构、所签发的合同类型、内部会计程序等。尽管存在一些细微的差异，保险池、辛迪加和协会通常可以互换使用。不幸的是，一个组织的名称可能仅采用一种术语，尽管公司实际上是在另一种术语的定义下运作的。

在再保险池（Reinsurnce pool）中，由成员公司签发全额保险的保单，并由池中其余成员公司按照预定的百分比进行再保险。有时，保险池只核保不是由成员公司承保的业务类别。因此，每个成员的整体业务不会直接受到保险池经验的影响。例如，相互再保险局旨在向相互保险人提供再保险能力。这个组织与其他参与的互助保险人分担转移来的风险。

在辛迪加（Syndicate）中，每个成员承担一定比例的风险，并以共同的名义分担风险。辛迪加作为一个独立的实体以自己的名义签发保单。例如，美国船舶保险辛迪加（American Hull Insurance Syndicate）为其成员公司提供船壳保险。它的每个成员公司都接受每一风险的固定比例。

协会类别包括使用再保险和风险分担技术的所有成员公司。在很多情况下，成员公司会签发自己的保单，但每份保单都附有再保险证书，根据该证书，每家公司承担保险总额的固定比例。通常由其中一家成员公司负责检查和调查。核保政策由成员公司的核保主管组成的核保委员会制定。美国东南部的几个州有以这种方式运作的风暴协会。

这种类型的组织背后的基本理念是提供一种方法来分担需要特殊保险或特殊核保技术的风险。使用再保险协会可以大大提高原保险人承保额外风险的能力。再保险协会将所有分给它的风险集中起来，然后按照预先安排的比例将这些风险分给成员公司。这个过程很像本章前面讨论的成数分保合约。

保险池、辛迪加和协会让其成员公司有机会以有限的资本参与某一险类保险业务，按比例分摊管理费用，而不必雇用为成功经营所需的专家。

小结

再保险是一种核保工具，可以帮助核保管理部门实现其发展盈利、不断增长的整体业务目标。再保险在某种意义上是灵活的，它可以用来满足许多原保险人的需求。这些需求包括：（1）能够承保比一般情况下或保险人能够审慎自留的更大的客户；（2）具有抵御灾难性事件后果的能力；（3）能够使利益相关者和其他人相信，保险人的经营在每个时期都是稳定的；（4）能够从业务种类或地理区域撤出；（5）能够为增长融资；（6）能够获得核保指导。分保有两种方式：临分和协议。临分再保险协议涉及个别风险的再保。在临分交易中，再保险人没有义务接受原保险人提交的风险。合约再保险协议描述了一种持续的风险转移关系。合约再保险人有义务接受协议规定的风险分出，而原保险人通常也有义务分出这些风险。

所有再保险合同都可分为比例和超赔两类。在比例再保险中，再保险人分担损失的比例与分担保费和保单金额的比例相同。比例再保险既可以是按成数分保，即按合约规定的每项风险的固定比例分保；也可以是按溢额分保，即只分保那些保险金额大于自留额的风险。在超赔（非比例）再保险中，只有当原保险人的损失超过预定的自留额水平时，再保险人才向保险人支付损失赔款。超赔再保险可以按照以下方式承保：（1）每一风险超赔，（2）巨灾超赔，（3）每一保单超赔，（4）每次事故超赔，（5）累计超赔。损失是如何累积的，以确定原保险人的自留额是否已被超过，是这些形式的超赔再保险的区别性特征。

存在几种再保险来源，包括专业再保险人；原保险人的再保险部门；以及保险池、辛迪加、协会等。再保险市场具有国际性，参与者众多。

再保险的两种主要营销方式是直接的，即交易直接在保险人的核保人和再保险人的同行之间进行，以及通过中介将原保险人的业务提交给再保险人。

核保人在再保险安排中的作用因保险人而异。然而，大多数核保人在执行保险人的再保险计划方面发挥着积极作用。对再保险和原保险人的再保险计划的了解能使核保人作出支持保险人目标的明智决定。

第八章　费率制定

费率制定（Ratemaking）是由精算师执行的定价职能的一部分。精算师（Actuaries）使用数学技术为保险人的整体业务确定费率。定价（Pricing）是指为产品或服务设定价格。正如第五章《保险产品定价》中所描述的那样，核保人对保险人的定价活动负有责任。核保定价活动通常包括客户分类、确定费率以及实施相关的保费调整计划。在大多数情况下，核保人将精算师制定的费率和分类计划应用于每个客户。保险人要想在竞争激烈的商业保险市场中有效运作，就需要核保人、精算师和营销人员的合作，非精算人员参与者需要了解精算师所执行的定价任务。

本章介绍了费率制定的以下方面：

- 费率制定基础；
- 制定费率的方法；
- 开发制定费率的统计数据；
- 精算服务。

精算师

精算师接受过将数学技术应用于保险运作的培训，并且必须通过完成精算专业组织举办的笔试来证明自己的能力。对于财产责任保险，美国主要的精算专业组织是北美产险精算学会（Casualty Actuarial Society，CAS）。CAS 有两个级别的会员。任何人须通过七项考试，方可成为北美产险精算学会的准会员。通过另外三门考试后，该会员才有资格成为该协

> 会的会员。CAS 的大多数成员同时也是美国精算学会（American Academy of Actuarles, AAA）的成员。AAA 代表美国和加拿大的各种精算专业机构执行某些教育、公共关系、政府关系、纪律和其他职能。该学会的会员可以在自己的名字后面写上"MAAA"来表明他们的会员身份。
>
> 国家监管机构通常要求精算师在为保险人提供某些服务之前，必须是 CAS 或 AAA 成员，或以其他方式证明其精算能力，例如，证明损失和损失费用准备金的充分性。

一、费率制定基础

精算费率制定活动的目标是制定保险费率，该费率将足以涵盖所有的损失和费用，同时，为保险人的利润和或有事件（Profit and contingencies）留下合理费用。这些术语将在本章后面定义。精算制定费率活动的目标是对核保目标的补充，该目标是发展不断增长、有利可图的业务。费率制定活动还必须满足费率适当、不过高、不存在不公平歧视的监管要求。这些潜在的目标冲突在 CAS《关于财产和意外损害保险费率制定的原则》，以及费率制定过程中的原则、定义和考虑事项中作了说明。

> **CAS 费率制定原则声明**
>
> 费率制定是前瞻性的，因为财产和损害保险费率必须在风险转移之前制定。
>
> 原则1：费率是对未来成本的预期价值的估计。
> 费率制定应涵盖所有成本，以使保险制度在财务上健全。
> 原则2：费率涵盖与风险转移有关的所有成本。
> 费率制定应当提供每个风险转移成本，以保持被保险人之间的公平。当个别风险的经验不能为估计这些成本提供可靠的基础时，应考虑类似风

险的综合经验。根据此类经验建立的费率是对该类中每个风险转移成本的估计。

原则3：费率提供了与个体风险转移相关的成本。

如果费率估算是以原则1、原则2和原则3为基础，则费率制定产生的成本估算在精算上是合理的。这种费率符合精算师常用的四个标准：合理、不会过高、不会不足、不存在不公平歧视。

原则4：如果费率是对与每个风险转移相关的所有未来成本预期价值的合理精算估计，则费率是合理的，而不会过高、不充分或不存在不公平歧视。

费率的制定是具有挑战性的，因为在制定费率时，潜在风险转移的成本（损失、费用、利润和或有事件）是未知的。精算师使用各种数学技术来弥补保险产品未来潜在成本的不确定性。对于许多业务，精算师发现某些费率制定方法已被证明比其他方法更成功。精算师通常用许多方法来解决费率制定的问题。读者应该认识到，制定费率既是一门科学，也是一门艺术。精算师广泛依靠他们的判断和精算经验来制定精算合理的费率。

大多数核保人都熟悉风险定价的基础知识，即使他们自己不执行这项任务。核保人通常得到核保技术人员的协助，这些技术人员负责执行客户定价或定费的大部分机制。定费（Rating）是指将费率和定费计划应用于被保险人的风险暴露单位的过程。定费公式，用以下最基本的形式表示：

保费＝已赚风险暴露单位数×费率

风险暴露单位（Exposure unit）是衡量保险人承担损失暴露的基本指标。已赚风险暴露单位（Earned exposure units）是指已提供全年保障的风险暴露单位的数量。例如，精算师使用车辆年作为机动车保险的风险暴露单位——一辆汽车承保12个月。车辆年是机动车保险合适的风险暴露单位或风险暴露基数，其他险类使用的风险暴露基数也能合适地反映特定险类业务的潜在损失。保险人和核保技术人员用于客户定价的定费手册经常将术语"风险暴露基数"与"保费基数"互换使用。保费基数（Premium base）是用一个变量表示的风险暴露单位,该变量近似于某一险类业务的潜在损失,如总销售额、工资、入场费、总成本、单位数和以数百或数千美元为单位的保险金额。

费率(Rate)是每单位风险暴露的价格。该费率应足以支付与为风险暴露单位提供保险相关的成本的未来价值,并为保险人提供利润和或有事件备付金。以下各节描述了保险费率的构成,如下述等式所示:

保险费率的构成 = 损失 + 费用 + 利润和或有事件备付金

(一) 损失

损失(Losses)是保险人为索赔支付的金额,通常包括与理赔直接相关的费用。大多数险类中,损失金额是费率的最大组成部分。精算师处理特定时期(或多个时期)的损失数据,并对损失的定义进行仔细区分,以便提高损失预测的准确性。精算师使用的数据收集方法将在本章后面讨论。某一特定时期的已发生损失(Incurred losses)是该时期发生的所有已支付的损失金额和未来为该时期发生的损失赔款金额之和。已发生损失的第二部分称为已发生但未报告的损失[Incurred but not reported(IBNR)losses]。IBNR 损失由几个组成部分,但主要是毛 IBNR 损失。毛 IBNR 是一个准备金金额,它反映了保险人对已经发生但可能要到以后才会发现的损失的最佳估计。准确估计毛 IBNR 是精算师必须解决的一个重要问题,因为它对定价的充分性产生影响。

损失理算费用(Loss adjustment expenses,LAE)是特别与理赔过程相关的费用,如赔案处理、损失评估和法律费用。虽然 LAE 费用与损失是分开的,但精算师通常将已发生损失包括在 LAE 内。由于 LAE 代表的是一项重要成本,精算师需要对成本进行更精细的区分,并将 LAE 分为两类:(1)已分摊损失理算费用,(2)未分摊损失理算费用。已分摊损失理算费用(Allocated loss adjustment expenses,ALAE)是那些可以与特定索赔相关的损失理算费用。为某一特定索赔辩护而支付给律师的费用是 ALAE 金额的一个例子。未分摊损失理算费用(Unallocated loss adjustment expenses,ULAE)是指那些与索赔相关的费用,但不能与具体索赔联系起来。此类费用通常包括与保险人理赔功能相关的一般费用。

已分摊和未分摊损失理算费用

全国保险专员协会（NAIC）规定了可归类为已分摊或未分摊损失理算费用的类型。通过定义这些费用，NAIC 可以降低保险人操纵损失率和核保费用率的可能性。

NAIC 将已分摊的损失理算费用定义为包括：

- 监测费用；
- 控制医疗成本的固定费用；
- 诉讼管理费用；
- 按事故年度申报的，参与自愿和非自愿市场池的损失理算费用；
- 为索赔抗辩的评估师、私家侦探、听证代表、检查员、欺诈调查员的费用或工资，以及康复护士的费用或工资（如果该费用未包括在损失的金额中）；
- 即使保险人没有赔偿被保险人的义务，但由于有辩护义务而产生的律师费；
- 聘请专家的费用。

NAIC 规定了未分摊损失理算费用，包括：

- 理算师和理算代理人费用；
- 按日历年度报告的，参与自愿和非自愿市场池的损失理算费用；
- 确定保险责任所产生的律师费，包括保险人与投保人之间的诉讼费用；
- 如果以理算师的身份工作，评估师、私家侦探、听证会代表、复核员和欺诈调查员的费用和工资。

保险咨询机构从许多保险人处收集费率统计数据，并汇总这些数据，以提高其预测未来损失的可靠性。与 20 世纪 80 年代前公认的制定"最终费率"的做法不同，保险咨询机构使用历史数据并制定预期损失成本。预期损失成本（Prospective loss costs）是经过必要的损失发展、趋势和可信度过程调整的损失数据，但不包括保险人的利润和或有事件备付金。保险人将预期损失成本与保险人制定的费用增加值（包括利润和或有事件费用）结合起来，以创建用于保单定价的最终费率。

精算师通常使用损失发展因子和趋势因子来调整损失数据，以反映在收集损失数据期间（称为经验期）和新费率的建议生效日期之间发生的变化。

经验期

经验期（Experience period）是为了制定利率而收集损失、保费和风险暴露单位数据的时间。经验期的长短因业务种类而异。例如，机动车保险和其他责任险类的经验期通常是一到三年。对于火灾保险，在许多州的保险法规要求下，精算师通常使用五年经验期。随着经验期延长，精算师通常更重视最近几年的经验期，以促进费率的响应。除了火灾以外的许多损失的经验期，如风暴，可长达20年或更长时间。设定较长的经验期的目的是避免当一场大飓风或一系列大飓风袭击一个地区时，保险费用产生大幅波动。在确定合适的经验期长度时，需要考虑的因素有：（1）法律要求（如果有的话）；（2）损失随时间的变化；（3）由此产生的费率制定数据的可信度。第（2）项和第（3）项在某种程度上是相关的。

（二）损失发展

损失发展因子用于调整已发生的损失，以纠正赔款准备金估计中的系统性错误。保险人在首次报告索赔时建立赔款准备金。赔款准备金反映了保险人对已经发生的损失在未来支付的义务。赔款准备金随着理赔和最终赔款的支付而减少。因为索赔的最终价值在理赔前是不知道的，所以精算师使用损失发展因子来提高在制定费率时使用的累计已发生损失数据的准确性。

损失发展因子计算示例

保险人的理赔代表在被保险人提出索赔时为每个索赔建立准备金，但他们必须经常调整这些赔款准备金，以反映他们对索赔最终价值不断变化的估计，其包括理赔金额及相关费用。保险人的精算师审查汇总的损失数据，以确定公司理赔代表的估计在多大程度上是正确的。

比如，保险公司估计其某一险类业务的损失在20×1年末是10000000美元。如下所示，随着损失的支付和未偿赔款准备金的调整，这些损失的估计价值每年都在变化。保险公司的精算师认为在20×5年底之后损失不会有任何进一步发展，因此，20×1年的实际损失为1100万美元，而不是最初估计的1000万美元。

20×1年事故报告损失　　　　　　　　单位：1000美元

事故年度	20×1	20×2	20×3	20×4	20×5
1	10000	10500	12000	11500	11000

为了制定费率，保险人的精算师可能会确定，预期损失成本应采用因子1.1（1100万美元÷1000万美元），以反映对赔款准备金的系统性低估。因为保险人不能等到数据成熟后再修改费率，精算师会评估几年的损失数据，以确定损失发展趋势。根据表中数据的形状，下表所示的连续几年损失数据表，被称为损失三角形（Loss triangle）。

损失三角形——20×1—20×5年事故年报告的损失事故

单位：1000美元

事故年度	20×1	20×2	20×3	20×4	20×5
1	10000	10500	12000	11500	11000
2	9000	10000	11000	10750	
3	10500	12000	12000		
4	9750	11000			
5	10250				

如前所述，保险公司精算师认为20×1年的损失在5年后已经成熟。然而，接下来的每一个事故年都是最近的，这些损失的最终价值依然未知。精算师在计算损失发展因子时进行判断，因为在不成熟年份估计趋势存在不确定性。

第八章　费率制定

趋势（Trending）分析是一种统计技术，用于分析环境变化（如影响保险损失的通货膨胀、监管变化和法律规则），并将这些变化预测到未来。在发生损失的时间和将这些损失反映在向消费者收取的费率之间存在固有的滞后。这一延迟可能长达三年，尽管一些保险人可以将其缩短一些。费率反映损失经验的滞后源于被保险人向保险人报告损失的延迟，分析损失数据和准备费率申报所需的时间，获得州监管部门对申报费率的批准的延迟，以及向代理商和经纪人沟通费率变化所需的时间。以通货膨胀为例，延迟时间越长，通货膨胀率越大，从损失数据中得到的指示费率就越不充分。附件 8-1 显示了一份费率申报年表，它说明了可以通过趋势措施来使费率制定的时间滞后最小化。

附件 8-1　费率申报年表

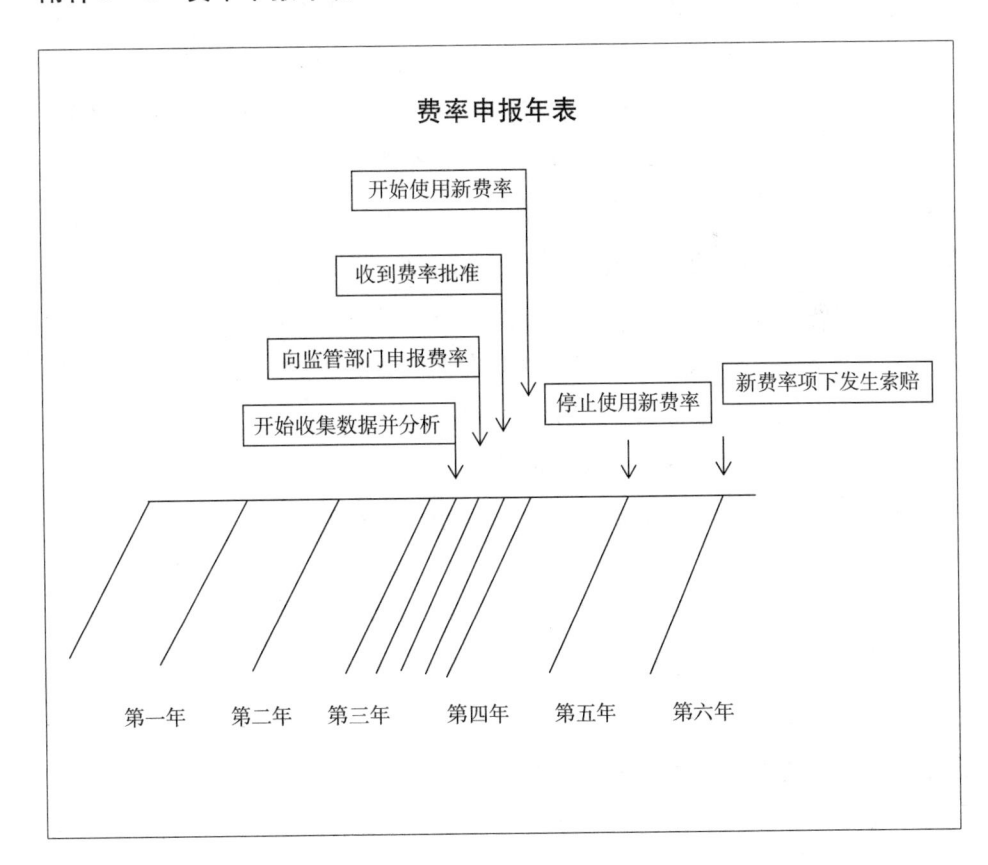

精算趋势分析活动通常侧重于分析损失频率和损失严重程度的趋势。损失频率（Loss frequency）是指在某一特定时期内发生的损失数量。损失严重程度（Loss severity）是指每次损失所造成或可能造成损失的金额。趋势措施因险类而异。对于某些险类业务，当风险暴露单位（如保险金额）受通货膨胀影响时，除了趋势损失外，趋势保费也会受到影响。

（三）费用

费用（Expenses）是指保险人承保和服务客户方面发生的费用。因为保险人通常将损失理算费用包括在已发生损失中，所以他们通常将与损失相关的费用以外的其他费用称为"其他核保费用"或简称为"核保费用"（Underwriting expenses）。核保费用通常按照 NAIC 保险费用表中规定的监管报告要求进行分类。该表中广泛的监管类别包括：（1）业务获取、实地查勘和收款费用；（二）一般费用；（三）税金、证照、费用。业务获取费用（Acquisition expenses）主要包括支付给代理人和经纪人的佣金。一般费用（General expenses）包括与处理客户业务相关的承保费用；在整个保单期间内向保单持有者提供相关服务的费用；以及其他费用，如损失控制服务、保费审计、参加保险咨询机构等费用。税收、执照和开支（Taxes, license, and fees）包括保费税、保险人和代理人的执照费用以及杂费。联邦所得税不包括在这一类中。

相对于已发生损失，核保费用通常在保险费率中所占的比例要小得多。核保费用的百分比因业务而异，通常占保险费率的 15% 到 40% 不等，平均约为 25%。由于核保费用通常以保费的百分比确定（例如，代理人的销售佣金可能是保单保费的 15%），所以核保费用通常以百分比表示。

1. 核保利润和或有事件备付金

保险费率包括核保利润和或有事件备付金。核保利润（Underwriting profits）是保险人承保业务所赚取的资金。核保利润曾经被认为是独立于保险人将保单持有者的资金拿去投资获得收益之外的部分。然而，现在许多州的保险部门要求核保利润拨备反映此类投资收益。或有事件（Contingencies）是指在保险费率中为损失数据无法预测的巨灾损失提供的准备金。由于巨灾损失可能对某些险类业务产生影响，或有事件备付金被包括在保险费率中。传统上，保险人在其费率中包括了5%的利润和或有事件备付金。

2. 投资收益

保险人可以通过其保险业务产生可观的投资收益。资金的主要来源是预付保险费所产生的正现金流。保险人投资保费，以及其净值——被称为保单持有者盈余（Policyholder purplus）——直到索赔发生产生对这些资金的需求。投资收益包括来自以债务为基础的投资，如债券及以资产净值为基础的投资，如股票。此外，已实现的资本收益（Realized capital gains）——当投资以超过其成本的价格出售时实现的利润——也包括在投资收益中。未实现的资本收益（Unrealized capital gains）——如果资产出售可以实现的利润——不包括在投资收益中。

投资收益通常反映在保险费率中，以抵销利润和或有事件备付金。例如，如果保险人预计保单持有者提供的资金（来自赔款准备金和未赚取保费准备金的收益）将产生3%的税后投资收益，那么，传统的5%的利润和或有事件备付金将减少3个百分点，即从5%减少到2%。尽管这种将投资收益反映到保险费率的方法被广泛采用，但精算师通常必须证明，他们将投资收益分配给每一险类业务时，所采用的方法是合理的。另外，这种抵销方法之所以有争议，是因为包括5%的利润和或有事件备付金是一种历史惯例，其很难证明保险人的核保运作回报率是否足够。精算师有时会通过确定目标回报率，考虑如何进行核保运作、如何从保单持有者盈余的投资中获得收益来解决回报率合适性的问题。

（四）可信度

可信度（Credibility）是指精算师对损失数据预测值的信任程度。可信度经常在大数法则（Law of large number）的背景下讨论。大数法则指出，当相似、独立的风险暴露单元数量增加时，基于这些风险暴露单元对未来损失的预测的相对准确性也会增加。相似或同质的风险暴露单元是指那些预期损失率和损失严重程度都近似相同的单元，精算师制订分类计划，将风险特征相似的客户（损失暴露）进行分类。然而，精算师必须在由严格分类系统创建的费率的公平性，以及成本和损失数据进行精细分组可能造成其可信度降低这两者之间进行权衡。当精算科学从一般的数学领域出现时，可信度发展成为一种预测工具。

可信度因子（Credibility factors）被用来使纯粹由损失偶然性引起费率变化的可能性变得最小。可信度因子数值从 0（无可信度）到 1（充分可信）。应用可信度的一个简单方法是将预测费率乘以可信度因子。例如，如果可信度因子为 0.30，并且数据表明费率需要增加 10%，费率则需要调高 3%（10% × 0.30）。可信度因子的使用通过缓和新数据对费率水平的影响来稳定费率。

可信度因子

精算师对过去损失数据预测能力的信心随着数据中损失数量的增加而增加。精算师通常希望使用保险人的损失经验，而不是保险咨询机构提供的累积损失经验。保险人的损失经验反映了它对市场的态度和承保选择标准。此外，保险人自己的损失数据可能比累积损失经验更有利。当从保险人的数据中得出的地域和分类相关性因子不完全可信时，精算师可以使用保险人和累积经验的加权平均值。例如，一家小型保险人可能在某些地区或分类中具有完全可信的经验，但在其他地区或分类中则没有。精算师可以使用可信度因子，如以下为机动车责任开发的可信度因子表，来缓和保险人损失经验的影响。根据保险人数据中提出的索赔数量，选择可信度因子（Z）。可信度因子的补值（1−Z）用于对累计损失数据加权。

可信度百分比（%）	所要求的索赔数量
1.00	1084 及以上
0.90	878 ~ 1083
0.80	694 ~ 877
0.70	531 ~ 698
0.60	390 ~ 530
0.50	271 ~ 389
0.40	173 ~ 270
0.30	98 ~ 172
0.20	43 ~ 97
0.10	11 ~ 42
0.00	0 ~ 10

(五) 费率相关性因子

费率相关性因子（Rate relativity factors）通过调整费率高低以反映客户的潜在损失，从而在客户之间实现费率公平性。虽然某一险类的数据经常被合并用于制定费率的目的，但精算师认识到，将客户分组忽略了某些客户比其他客户更有利可图的属性。费率相关性用于调整总体费率水平的变化，以区分向损失风险较大或较小的客户收取的费率。例如，公共消防是财产保险中常用的一个客户属性，通常用于保护财产，可以作为一种费率相关性因子使用。

精算师使用类别相关性（Class relativities）来区分分类计划中分类客户的预期损失。分类计划用于对类似的损失风险暴露进行分组，他们通常考虑许多客户属性，使保险人能够为每个客户制定合适的费率。

同样，损失金额因客户所在地而异，在保险定价中称为地域（Territory）。地域相关性（Territorial relativity）反映了索赔频率和严重程度的差异，这些差异可能由诸如警察保护质量、公路拥堵、天气模式和其他环境因素等造成。

精算师通过分析历史损失数据，确定这些分类和地域的适当定价差异。费率相关因子应用于统一分类中的费率，以确定每个分类和地域的合适费率。统一分类是一种费率分类或费率地域，通常被选择作为基准，以将所有其他费率分类和费率地域与之进行比较。

二、制定费率的方法

制定费率的方法有以下三种：
- 纯保费法；
- 损失率法；
- 判断法。

（一）纯保费法

纯保费费率制定法（Pure premium method of ratemaking）是对前面描述的

费率制定基础知识的直接应用。纯保费费率制定法最简单的形式包括三个步骤：

1. 计算纯保费（Pure premium）；
2. 计算费用增加值（Expense loading）；
3. 将纯保费和费用增加值合并成毛费率（Gross rate）。

精算师经常使用术语"纯保费"指用于支付损失（以及通常包括损失理算费用）的费率部分。对于大多数行业来说，纯保费和损失成本是同义词。计算纯保费的公式如下：

$$纯保费 = \frac{损失及损失理算费用}{已赚风险暴露单位}$$

费用增加值（Expense loading）是毛费率中的一项准备金，涵盖保险人的核保费用、利润和或有事件备付金。精算师可以通过检查过去保险人的费用数据或从总行业费用数据中确定某一险类业务的增加值。毛费率是每个风险单位的价格。计算新毛费率的公式如下：

$$毛费率 = \frac{纯保费}{1 - 费用增加值}$$

纯保费方法制定费率的例子

步骤1：纯保费计算

对于特定的险类，保险人的损失和损失理算费用总计为2500000美元和10000个已赚风险暴露单位。

$$纯保费 = \frac{损失及损失理算费用}{已赚风险暴露单位}$$

$$\$250 = \frac{\$2500000}{10000}$$

步骤2：计算费用增加值

保险人的精算师确信，该险类业务的核保费用将保持在毛费率的20%左右。

第八章　费率制定

步骤3：计算新的毛费率

$$毛费率 = \frac{纯保费}{1-费用增加值}$$

$$毛费率 = \frac{\$250}{1-20\%}$$

$$\$312.50 = \frac{\$250}{0.80}$$

精算师通常必须将保险人的经验与合计行业数据进行调整。纯保费计算公式可以按以下公式修改，以反映可信度。

$$毛费率 = \frac{[（纯保费\times可信度）+（1-可信度）\times 以行业数据为基础的纯保费]}{1-费用增加值（仅包括可变费用）}$$

纯保费方法，包括可信度例子

保险人的精算师确定其对该险类业务的损失经验为80%可信。这意味着，基于咨询机构损失成本数据的纯保费必须被赋予20%的权重。基于咨询机构损失成本数据的纯保费为200美元。包括可信度在内的新毛费率计算如下所示。精算师用"Z"来表示可信度，这一项包含在下面的等式中：

$$毛费率 = \frac{[（纯保费\times Z）+（1-Z）\times 以行业数据为基础的纯保费]}{1-费用增加值}$$

$$毛费率 = \frac{[（\$250\times 0.80）+（1-0.80）\times \$20]}{1-0.20}$$

$$\$300 = \frac{200+40}{0.80}$$

精算师通常将费用增加值分为固定费用和可变费用，以使被保险人之间的费率更加公平。如前所示的纯保费公式中使用的费用增加值假设，费用与损失成比例变化。有些费用，如佣金和保费税，确实会随着保险金额和相关保费的增加而增加。其他核保费用，如保单签发成本，不随保单金额或损失而变化。州保险监管机构通常不愿批准不区分这些费用类别的费率申报。下面的纯保费方程经过了修改，以反映固定费用和可变费用。

$$毛费率 = \frac{纯保费 + 固定费}{1 - 费用增加值（仅包括可变费用）}$$

> **纯保费方法，包括固定和可变费用**
>
> 保险人的精算师确定，在之前使用的20%费用增加值中，只有15%随着客户规模的变化而变化，并且无论其规模大小，处理保单的成本为12.50美元。下面的纯保费公式经过了修改，以反映固定费用和可变费用。
>
> $$毛费率 = \frac{[（纯保费 \times Z） \div (1-Z) \times 以行业数据为基础的纯保费] + 固定费用}{1 - 费用增加值（仅包括可变费用）}$$
>
> $$毛费率 = \frac{[（\$250 \times 0.80） \div (1-0.80) \times \$200] + \$12.50}{1 - 0.15}$$
>
> $$\$297 = \frac{\$252.50}{0.85}$$

制定费率的纯保费方法是调整现有费率或制定全新费率的合适方法。上面的例子说明了如何使用纯保费费率制定法来调整现有的毛费率。然而，在为新分类或新业务制定新费率时，精算师必须使用他们的判断来预测用于制定预期纯保费的损失和风险暴露单位的数量。

（二）损失率法

损失率费率制定法（Loss ratio of ratemaking）是一种向上或向下调整现有费率以反映条件变化的方法。损失率法最基本的形式是比较两种损失率——实际损失率和预期损失率。实际损失率（Actual loss ratio）是保险人在选定的经验期内实现的已发生损失与已赚保费之比。预期损失率（Expected loss ratio）是精算师在保险人某一险类的过去损失经验或累计行业损失数据的基础上预期发展的损失率。

保险人的预期损失率可以通过评估预期费用水平来计算，其中包括利润，并确定损失率应为多少才能支持保险人的利润目标。例如，费用增加值为40%的保险人要求预期损失率为60%。预期损失率和预期费用增加值的总和应始终为100%。

使用损失率费率制定法计算新毛利率的公式如下：

$$毛费率 = \frac{实际损失率}{预期损失率} \times 现有的毛费率$$

损失率费率制定法例子

保险人的精算师已经确定，某一险类的费率需要调整，因为该业务的实际损失率大于预期损失率。就该险类业务，预期损失率为60%，实际损失率为75%，现在毛费率为\$50。

$$毛费率 = \frac{实际损失率}{预期损失率} \times 现在毛费率$$

$$\$58.33 = \frac{0.70}{0.06} \times \$50$$

与纯保费费率制定法一样，精算师应该考虑保险人损失数据的可信度，并确定相对于行业数据应该在多大程度上信赖该数据。下面损失率公式经过修改，并纳入了可信度。

损失率法，包括可信度例子

保险人的精算师对自己的损失数据没有完全的信心，认为适度使用保险人制定的赔率标准是谨慎的。在这个特定险类业务上，保险人的实际损失率被赋予75%的权重。

$$毛费率 = \left(\frac{实际损失率 \times Z}{预期损失率} + (1-Z)\right) \times 现在毛费率$$

$$毛费率 = \left(\frac{0.70 \times 0.75}{0.6} + (1-0.75)\right) \times \$50$$

$$毛费率 = \left(\frac{0.525}{0.6} + 0.25\right) \times \$50$$

$$毛费率 = 1.125 \times \$50$$

前面所示的损失率法公式假设核保费用与保费成正比，随着保费增加，费用也会增加。正如在讨论纯保费法费率制定时所提到的，一些州的保险监管机构不会批准使用这一假设的费率水平修订，这使损失率法不适合在这些州使用。

（三）判断法

费率制定判断法是三种方法中最古老的，核保人在某些业务领域仍在使用。在费率制定判断法（Judgment method）中，核保人根据自己的经验和判断来选择一个费率。这种判断法至今仍用于海上保险、某些种类的内河海洋保险，以及航空保险业务上。一般来说，如果找不到足够的统计信息适用其他方法时，就必须采用判断法。

与纯保费和损失率法不同的是，没有公式可以确定判断性费率。从事判断性费率业务的核保人通常遵循一个流程，使他们可以持续、迅速地为投保人定价。通常，这个过程的第一步是对客户的可接受性作出初步判断。如果对客户的粗略评估显示它不值得接受，那么制定判断性费率可能既耗时又无结果。第二步是评估投保人所在行业的总体吸引力，以及该险类的竞争程度。在判断性定费险类业务上有经验的核保人，通常对竞争性收费和市场所能承受的费率有一定的了解。对于竞争激烈的险类，如果核保人想赢得或保留客户，就必须在一定限度内收取保费。在这种情况下，核保人必须依靠市场来确定合适的费率。第三步是找到一个类似的费率，并将其作为定价基础。对于许多判断性定费的内陆海洋保障来说，一种常见的方法是从该客户的财产险赔付率开始。对于许多内陆海洋险保障，主要的风险暴露是火灾损失。在这种情况下，核保人可能会为内陆海洋保险单通常提供的"一切险"设置费率增加值。

费率制定判断法例子

保险公司的核保人收到一份可接受的投保书，要求购买洗衣店和干洗店的受托人客户保单，核保人现在必须为这一不受控制的内陆海洋险种业务确定费率。他可能采取几种方法来为该客户定价，以下是保险公司的核保指引所认可的方法。

受托人客户保单为被保险人所接受的、为按保单描述的方式处理的财产损失提供直接保障。损失赔偿不取决于被保险人的法律责任，但任何由保险风险造成的损失赔偿都以保单的限额为限。核保人首先要确定被保险人需要赔偿客户财产的价值，再用这些财产的平均周转率来估计任何时候被保险人所在地客户财产的价值。

年度毛收入额	$1500000
客户财产估计价值（20倍收入）	$30000000
平均寄存物周转率	4天
周转次数	91
客户财产的平均价值	$329670

火灾保险费率的基本因子是被保险人场所财产的平均价值。在此基础上，还要加上保险公司的受托人客户保单所承保的其他风险事故（包括入室盗窃、盗窃、抢劫、运输和员工不诚实）的费率增加值。

火灾费率（来自保险人的费率手册）	$0.55
其他风险增加值	$0.20
总费率	$0.75
保费（0.75 × $3297）（每100美元风险暴露基础）	$2473

保险公司通过其核保指引，指导其核保人用这种特殊的方法对此类和其他适用判断性定费的业务进行定价。然而，核保人在决定对受托人客户保单中包含的其他风险收取多少费用时，需进行必要的判断。

三、开发制定费率的统计数据

开发制定费率的统计数据（Development of ratemaking statistics）的第一步是确定要收集的统计数据种类和收集统计数据的方式。对于纯保费法，精算师需要的数据包括已发生损失、已赚风险暴露单位和费率增加值。对于损失率法，精算师需要已发生损失和已赚保费数据。如果费率因定费类别和地区而异，则必须从每个类别和地区分别收集统计数据，费用增加值数据可除外。

理想情况下，应由同一组被保险实体产生已发生损失和已赚保费数据。在实际操作中，这种精确匹配只能通过保单年度法来实现，但这种方法有相应缺点。随后讨论的保单年度和事故年度法为了达到及时性而牺牲了精确度。

（一）保单年度法

收集统计数据的唯一方法是由特定被保险实体群体提供精确匹配的损失、保费和风险暴露单位，有时称为保单年度统计期。保单年度（Policy year）包括在特定的12个月期间（通常是一个日历年度）签发的所有保单。当使用保单年度法收集统计数据时，所有属于特定年度的保费交易都直接与该保单关联。这些交易包括原始保费以及因保费审计、追溯定费计划、保单变更和类似交易而产生的额外保费或返还保费。风险暴露单位的计算方法类似。保单年度法还将已发生损失和已分摊损失理算费用与提供保险的保单年度联系起来。有了这些数据，精算师只需要将所得保费、风险暴露单位和属于特定保单组的已发生损失相加，就可以获得保单年度统计数据。

保单年度法有两个主要缺点。首先，或许也是最重要的一点，与下面讨论的其他两种方法相比，它在收集统计数据方面的延迟时间更长。此外，它还涉及一些额外费用，因为保单年度统计数据仅用于制定费率的目的。其他两种方法中使用的统计数据在某种程度上是作为保险人会计操作的副产品而收集的。

延迟是保单年度法所固有的。例如，假设保单年度从日历年的第一天开始。那么，该保单年度的最后一份保单将在日历年的最后一天签发，并且，如果是一年制保单，则在下一个日历年的最后一天到期。因此，一个保单年跨越两个日历年。

在总结所收集的数据方面的延误，可以通过估计尚未获得的最终值来克服。然而，估计这些值的潜在误差降低了保单年度法的"苹果对苹果"（横向比较）的优势。

从历史上看，编制保单年度统计数据的额外成本是该方法的主要缺点。然而，在计算机的帮助下，编制保单年度统计数据的额外成本已经变得不那么重要了。

（二）日历年度法

日历年度法为制定费率而收集统计数据，是最古老和最不准确的方法，有时也被称为日历年度统计期。然而，这种方法有两个优点：统计数据很快就能得到，而且编制这些数据的费用也很少。这些优点源于这样一个事实，即日历年度的统计数据来源于为会计目的而编制的数据。

保险人的会计记录不显示已发生损失、已赚保费或风险暴露单位。已赚保费必须从承保保费和已赚保费准备金估计：

已赚保费＝年初未赚保费＋当年承保保费－年终未赚保费

这个公式对实际已赚保费提供了一个比较准确、但并不精确的估计。由于额外保费，或因保费审计或早期保单的追溯性定费计划而产生的退费，已赚保费可能不会与特定被保险客户精确匹配，但这些问题对于大多数保险人来说相对较小。

已发生损失也必须根据以下日历年度法的公式进行估计：

已发生损失＝年末赔款准备金＋当年已支付的损失－年初赔款准备金

这个公式有时可能导致在估计实际发生损失时出现严重误差，特别是在责任险类上。当使用该公式时，某一年的估计损失可能会因前几年发生的损失的赔款准备金变化而失真。

为什么日历年度发生的损失数据可能会被扭曲

用一个简化的例子来说明为什么在采用日历年度法公式计算时，已发生损失可能会失真。假设20×8年初，保险人只有一个未决赔款。该索赔发生在 20×6 年，保险人在 20×8 年初为其计提了 100000 美元的未决赔款准备金。20×8 年底，该索赔仍未结清，保险人决定将赔款准备金增加 500000 美元，使该索赔的总赔款准备金达到 600000 美元。

在 20×8 年，保险人因 20×8 年发生的两起保险事故而遭到两个额外索赔。这两个赔案中的一个在 20×8 年赔偿 200000 美元结案，另一个在 20×8 年底仍未决，并为此计提了 300000 美元的赔款准备金。因此，保险人在 20×8 年对这两项索赔的实际损失为 500000 美元，但该公式将显示估计的损失为 1000000 美元。计算方法如下：

年末赔款准备金	$900000
当年赔偿金额	+200000
年初赔款准备金	-100000
20×8 年已发生损失	$1000000

实际上，对于一个保险人来说，估计误差不太可能如此之大。然而，对于那些在支付赔款上延迟时间很长的险类业务来说，误差可能是相当大的。对于类似商业财产和机动车物质损坏险类业务来说，其误差可能不太明显，因为这些业务的损失通常很快得到处理。对于这些险类业务，日历年度统计数据在实际用途上可能足够准确。

保险人的会计记录通常不包含风险暴露单位的数据。因此，日历年度统计数据通常不包括风险暴露单位数据，不能单独用于纯保费费率制定法。风险暴露单位信息必须与一般会计数据分开收集。

（三）事故年度法

收集统计数据的事故年度法（Accident-year method）（也称为日历—事故—年度法，Calendar-accident-year method）是保单年度法和日历年度法两者的折中，它实现了保单年度法的大部分准确性，同时，保留了日历年度法的大部分经济性和时效性。

事故年度法的已赚保费计算方式与日历年度法相同。两种方法的唯一区别在于计算已发生损失。

在事故年度法中，一定期间内的已发生损失包括该期间内发生的保险事件所引起的所有损失和索赔。索赔可以是未决或已决，但如果它们是由所考虑的期间内发生的保险事件引起的，则包括在该期间的已发生损失中。

由于该方法下的已发生损失仅包括该期间发生的保险事件引起的索赔，因此，不受之前发生事件的赔款准备金变化的影响。因此，事故年度法避免了日历年度法固有的最大误差来源。

然而，在事故年度法下，已赚保费和已发生损失都不像保单年度法那样直接与特定保单持有者群体联系在一起。事故年度法统计数据比日历年度法统计数据稍贵一些，因为会计记录不区分在所考虑的期间内发生的保险事件和之前发生的保险事件。

附件8-2说明了几项索赔，并指出了如何根据三种收集统计数据方法对每一项索赔进行分类。附件8-2中的所有保单都是一年期保单。在保单年度和事故年度两种方法下，每项索赔都只归在一年中，尽管两种方法所属年份可能不同。

日历年度法可能导致单个索赔的部分被包括在几年内，这取决于赔款准备金变更的时间以及最终准备金与损失赔付之间的差异（如果有的话）。这些日历年度法的特殊结果使这种方法不适合收集责任保险和劳工补偿保险的费率统计数据，因为这些保险的损失支付延迟可能很长，赔款准备金相对于已赚保费可能更大。对于这些险类业务，应采用保单年度法或事故年度法。

对于其他一些业务，如火灾、内河海运和机动车物质损坏，损失得到迅速赔偿，赔款准备金相对于赚取的保费往往较小。对于这些业务，日历年度法在制定费率方面可能是令人满意的，尽管仍不如其他两种方法准确。附件8-3总结了保险人使用的数据收集方法。

附件 8-2 日历年度、事故年度和保单年度统计法比较

日历年度、事故年度和保单年度统计法例子的解释—假设数据

(1) 赔案序号	(2) 发生日期	(3) 保单生效日[1]	(4) 索赔报告日	(5) 原始赔款准备金	(6) 赔款准备金的更改	(7) 准备金更改日期	(8) 结案赔款金额	(9) 赔款日期	(10) 保单年度[2]	(11) 事故年度[3]	(12) 日历年度[4]	(13) 日历年度准备金
1	1996-07-01	1996-01-01	1997-02-01	$100000	—	—	$100000	1998-06-03	1996	1996	1997	
2	1997-11-01	1996-12-15	1998-01-01	$200000	—	—	$200000	1999-09-01	1996	1997	1998	$100000
3	1996-10-03	1996-02-04	1996-12-20	$100000	+$200000	1998-03-01	$300000	1999-04-06	1996	1996	1996	$200000
											1998	$50000
4	1996-09-13	1996-02-02	1997-03-14	$50000	+$100000	1998-04-04	$300000	1999-05-03	1996	1996	1997	$100000
											1998	$150000
5	1997-12-01	1996-12-15	1998-01-10	$100000	−$50000	1999-03-01	$150000	2000-02-01	1996	1997	1998	−$50000
											2000	$100000

注：1. 所有保单都是一年期。
2. 按保单年度法计提赔款准备金的年度。
3. 按事故年度法计提赔款准备金的年度。
4. 按日历年度法计提赔款准备金的年度。

附件 8-3 制定费率数据收集方法的比较

制定费率数据收集方法的比较

保单年度

1. 要求单独保存统计记录。
2. 将保单年度定义为包括所有起始日期在该年度的保单。
3. 所有保费及损失均在该保单年度项下计提。
4. 准确的结果是可以获得的,但有相对较长的时间滞后。

日历年度

1. 使用法定会计记录计算。
2. 使用以下公式计算已赚保费:

已赚保费 = 年初未赚保费 + 当年承保保费 − 年终未赚保费

3. 使用以下公式计算已发生损失:

已发生损失 = 年末赔款准备金 + 当年已支付的损失 − 年初赔款准备金

4. 已赚保费和已发生损失都不能准确反映某一年的业绩。

事故年度

1. 使用与日历年度法相同的已赚保费数据。
2. 某一特定日历年度发生的所有损失,无论何时结案,都应计算在该年度项下。
3. 不如保单年度法准确,但获得费率变化指标的速度更快,并且不需要保单年度法所需的广泛的数据收集系统。

四、精算服务

保险人可以通过几种方式获得精算服务。大型保险人通常雇用精算师,他们提供这些保险人所需的大部分精算服务。小型保险人通常依靠精算顾问提供精算服务。聘请精算师的保险人也可能不时地聘请精算顾问，以核实精算师工作的准确性和合理性，监管部门通常会要求这样的核实。精算服务也可以从保险咨询机构获得。以下重点介绍保险咨询机构为保险人提供的精算服务。许多保险人从他们自己的精算师或精算顾问那里获得这些相同的精算服务。

保险咨询机构可能会提供以下部分或全部服务：

1. 为费率或损失成本备案收集数据；
2. 对数据的分析和费率或损失成本的计算；
3. 准备费率或损失成本文件；
4. 向州监管机构提交费率或损失成本文件。

保险咨询机构还与监管机构保持联系，以便在需要监管机构批准的情况下，促进费率或损失成本备案的批准。如果需要进行与费率或损失成本备案相关的监管听证会或司法程序，保险咨询机构为此类程序提供必要的精算和法律服务。费率备案（Rate filing）是一份包含费率以及必要的数据和统计分析的文件，以表明费率符合监管要求。保险咨询机构还提供一些非精算服务，如起草保单合同。

有些保险咨询机构只充当统计代理人，也就是说，他们只收集和报告数据。统计代理人的工作既支持费率制定，也支持监管报告需求。统计计划（Statistical plan）是一份手册，它规定了每一险类业务的数据元素、可接受的代码、格式、媒介和向统计代理提交数据的截止日期。

主要的保险咨询机构是：（1）保险服务局（ISO），（2）美国保险服务协会（AAIS），（3）全国赔偿保险委员会（NCCI），（4）美国担保协会（SAA），（5）全国独立保险人协会（NAII），（6）国家独立统计局（NISS），（7）汽车保险计划服务办公室（AIPSO）。另外还有几个更专业的保险咨询机构。

（一）保险服务局

保险服务局（ISO）为财产责任保险市场参与者提供统计和索赔信息、精算分析和咨询、保单语言以及相关信息和技术服务。ISO 为 2900 多家保险人和再保险人,以及代理人、经纪人、自保人、监管机构和风险管理者提供 17 种财产责任险类业务的信息。ISO 在全美 50 个州、哥伦比亚特区和波多黎各持证或注册。

ISO 成立于 1971 年,但其起源可以追溯到 19 世纪中期开始的定费局系统。在该系统下,保险人集团成立了当地和区域的火灾定费局,该局引入标准保障附表(Forms of coverage)以及统一费率,旨在减少由于巨灾导致保险人资不抵债的风险。ISO 代表了许多以前的地区和国家局的合并。自成立以来,ISO 的服务随着保险业和客户需求的变化而不断发展。

ISO 提供服务的险类业务

ISO 支持以下险类业务:

- **商业险类**:机动车、锅炉和机械、企业主、商业多险类,犯罪、与就业相关的实践责任、农场、普通责任、玻璃、内陆海洋,职业责任和财产。
- **个人险类**:机动车、住宅物业、家主、内陆海洋和责任。

ISO 的产品和服务包括:

- 咨询预期损失成本。ISO 编制和汇总保险人报告的每个保险交易的保费和损失数据。该数据库使每个保险人能够制定精算合理的费率,并作为每个保险人数据对比的标准。
- 附表。ISO 提供标准化的保单附表(Policy forms)和批单,供保险人向保单持有人提供保险。由于这种标准化,与包含不同保险条款的保单相比,来自这些保单的数据可以被汇总和分析,得到更有意义的结果。使用标准化附表还可以帮助保险人更快地解决索赔问题,并避免因保单解释而引发诉讼,因为保单语言被理解而且经过法庭检验。此外,再保险关系往往得到改善,因为再保险人了解标准化保单提供的责任范围。ISO 根据立法、司法、监管、社会、人口和市场的变化修改其附表。
- 规则。ISO 帮助保险人制定和修改规则,并可以代表保险人申报这些规则。ISO 的规则手册包括为定费目的对保险地区进行定义和对被保险人进行分类。

- 特定地点服务。ISO 对个别财产进行现场查勘，为特定大型商业财产制定预期损失成本，并报告财产的风险特征。来自 200 多万份评级调查的信息保存在 ISO 的特定财产信息（SPI）数据库中，客户可以访问该数据库。ISO 的地理核保系统（GUS）为评估被保险人提供与地址相关的特定信息。
- 统计代理服务。ISO 作为美国各州的注册统计报告代理人提供服务，使得保险人能够通过 ISO 向监管部门提交他们所要求的保费和损失数据报告。
- 理赔信息。通过其美国保险服务集团（AISG）部门，ISO 为索赔管理、核保损失控制和保费审计提供有用的信息服务。
- 专业服务。ISO 提供许多保险人使用的专门产品和服务，包括对市政当局灭火能力和建筑规范执行和有效性评估。
- 定制服务。ISO 提供精算和巨灾咨询服务，以及与保单附表和监管申报相关的咨询服务。

（二）美国保险服务协会

美国保险服务协会（American Association of Insurance Services，AAIS）是一个全国性的保险咨询机构，它为 20 多个个人和商业险类开发和申报保单附表、手册规则和定费信息。AAIS 在几乎所有州作为统计代理机构。作为统计代理人，AAIS 为它所服务的每一险类维护单独的统计计划。AAIS 成立于 1975 年，是前运输保险定费局的接替者，一个由其成员保险人所拥有的非营利组织。

AAIS 提供服务的险类

AAIS 为以下险类提供支持：

- 个人业务：住宅财产、家庭业务、房主、农场财产、移动房主、个人和场所责任、个人内河海洋、个人伞式责任。

> - 商业险类：企业主、商业责任、商业内陆海洋、商业一揽子、商业财产、犯罪、玻璃、商业伞式/超额责任。
> - 专业险类：工匠、船主、商业生产、承包商、农场主、农场伞式责任。
>
> AAIS是机动车保险的统计代理，但不为这一业务开发保单附表或手册。

AAIS系统也是财产责任保险人的产品开发资源，这些公司需要响应迅速、创新的信息服务。产品开发、精算和申报人员与AAIS成员合作，制作和申报特定保险人版本的AAIS保单附表和手册。这些服务正变得越来越有价值，因为保险人需要为其选定的市场量身定制保险产品。其他支持性服务包括教育材料、文件指南、定费软件、会议和研讨会，以及各种技术出版物。

（三）国家赔偿保险委员会

国家赔偿保险委员会（NCCI）是一个非法人保险人协会，这些保险人承保劳工补偿保险，对美国劳工补偿赔偿管理产生主要影响。它通过提供数据库产品、软件、出版物和咨询来服务劳工补偿市场。它的客户包括国家基金自保被保险人、独立机构、代理商、监管机构、立法机构、顾问和700多家保险公司。在33个州和哥伦比亚特区，NCCI是根据国家法律运作的有执照的定费局。其他州有独立的局，依靠NCCI提供的精算和统计服务，或严格遵循NCCI的方法。即使在拥有垄断的国家工伤保险基金的州，NCCI也可以提供咨询服务。

通过要求提供数据和劳工补偿统计计划，附属保险人向NCCI提供其承保范围内的风险信息、保费信息和损失信息。通过研究其作为注册费率制定机构在每个司法管辖区的统计趋势，NCCI确定何时需要修订费率。一些修订的原因是修改了州劳工补偿法，改变了向受伤雇员提供的福利；为了跟上通货膨胀的步伐，偶尔也需要进行其他修订；还有一些修订可能是由于技术或社会发展显著改变了特定定费类别的损失经验。无论如何，费率修订为保险人提供了足够的保费收入来支付所有劳工补偿索赔要求和与索赔相关的费用。需要在特定州修订时，NCCI 或相关定费机构通常会向保险部门提交所需数据。在某些州，允许保险人通过向定费局备案来更改费率。NCCI 也可能只提供预期损失成本，保险人可以在其个别费率申报中添加相关费用数据。在法律允许的情况下，NCCI 承诺停止咨询费率的使用。

NCCI 还监测社会、经济和监管趋势，以分析它们对劳工补偿制度的潜在影响。NCCI 在这些领域的活动使其能够进行研究，并根据需要向其他组织提供咨询意见。

（四）美国保证协会

美国保证协会（Surety Association of America，SAA）作为一家保险咨询机构、统计代理机构和会员公司的行业协会提供服务，其会员公司从事忠诚保函、商业犯罪保险和保证保函的承保。SAA 收集统计信息，包括成员公司的保费和损失数据。这些统计信息用来计算咨询损失成本，成员公司可以利用这些成本来制定自己的忠诚保函、犯罪保险和保证保函的费率。美国保证协会出版了《忠诚/伪造和保证保函规则、程序和分类手册》以及其他相关出版物。

作为保险咨询机构的一部分，SAA 代表其成员公司制定和申报犯罪保险附表，并代表提供这种专业保险的成员公司制定和申报金融机构保函。

（五）全国独立保险人协会

全国独立保险人协会（National Association of Independent Insurers，NAII）是一个向公众和政策制定者倡导其成员立场的行业协会。大约 675 家 NAII 成员公司获得了重要的信息来源，而这些信息通常无法从任何其他单一来源获得。该协会还与各个地方、州和联邦立法机构以及保险监管机构合作，以促进对其成员在相关问题和法律上的立场得到更好理解。立法者、监管者和新闻媒体通常会听取 NAII 的意见，考虑到其成员广泛，包括各种类型和规模的保险人。

NAII 主要在立法、咨询和技术服务、监管联络、年会、教育研讨会和讲习班、公共事务、研究、财产保险、责任保险、劳工补偿、人事、交通安全及超额保障等领域提供服务。虽然该组织不制定或申报费率，但它向其成员提供数据，以协助他们制定费率。NAII还就新出现的趋势和监管建议向其成员公司提供咨询。

（六）国家独立统计服务处

国家独立统计服务处（National Independent Statistical Service，NISS）是一个为保险人提供咨询和统计服务的非营利性组织。它编制全国统计数据（除得克萨斯州以外的所有州和除劳工补偿以外的所有险类），以便为州保险部门准备法定报告。它保持独立于所有行业协会和立法或游说团体，为其会员和订户提供平等和公平的代表服务。NISS还提供简化的统计计划、数据处理、审计和办公服务。NISS与国家保险监管机构和其他保险咨询组织充分合作，收集和提供统计信息。

（七）机动车保险计划服务局

汽车保险计划服务办公室（Automobile Insurance Plan Service Office，AIPSO）是面向共享汽车保险市场的保险服务机构。共享市场为那些找不到愿意为自己承保的保险消费者提供保险服务。在40多个州，机动车保险计划按照每个保险人在该州承保的保险金额比例，将这些消费者分配给不同的保险人。在其余州，这些消费者的损失经验通过联合承保协会、再保险机构或州基金来分配。共享市场构成了保险业务的重要组成部分，约有600万驾车者通过这种方式获得机动车保险。

AIPSO的主要目的是通过提高运作效率和开发合适的费率水平为整个共享市场提供服务。AIPSO是一个由900多家机动车保险人组成的非营利性服务协会。几乎所有的保险人都加入了AIPSO。

AIPSO的管理委员会，全国工业委员会，在美国机动车保险人的主持下成立于1947年，最初被称为全国机动车保险计划咨询委员会。如今，由12名成员公司官员组成，他们代表三个国家行业协会以及不隶属于任何行业协会的公司。

AIPSO 是一家在 43 个州和哥伦比亚特区有执照的定费机构。在这些司法管辖区，所有 AIPSO 用户必须使用 AIPSO 代表他们申报的费率和定费规则。每一保险人，或每一保险人指定的统计代理人，必须向 AIPSO 提供制定费率所需的所有统计数据。在另外三个州，AIPSO 作为一项服务，准备并向注册费率申报机构提交申报材料。

由于保险人分担运营共享市场机构的费用，AIPSO 确定每个保险人在预算费用中的份额，代表所有共享市场机构向使用 AIPSO 的定费服务的每个保险人开出账单，并收取和拨付资金。

小结

保险定价具有挑战性，因为保险交易的基本成本——主要是索赔成本——在保险单定价和签发时是不知道的。保险人依靠精算师来预测损失，并制定出足以涵盖所有损失和费用的费率，同时，允许保险人为利润和或有事件备付金留有余地。尽管核保人通常不参与费率制定，但核保人和其他参与定价决策的人需要了解精算师是如何执行定费任务的。

精算师收集损失和费用数据，为他们的损失预测建立历史性基础。已发生损失包括已支付金额和已发生但未报告赔款（IBNR）准备金。精算师使用 IBNR 以包括损失预测中未处理的索赔。损失理算费用是指与理赔直接相关的保险人费用。损失理算费用根据能否与某一特定索赔相关联，分为已分摊损失理算费用和未分摊损失理算费用。

精算师通常会对历史损失数据进行调整，使这些数据提供更准确的损失预测。损失发展因子用来纠正准备金估计中的错误。精算师分析损失如何从初始准备金发展到最终付款，以发现赔款准备金中的系统性错误。将损失发展因子应用于未成熟准备金，以更准确地描述最终损失金额是多少。精算师使用趋势因子使损失数据与当前情况保持一致，损失金额根据通货膨胀、监管变化和扩大的保险责任进行调整。

第八章 费率制定

除损失相关的费用之外的其他费用称为核保费用。核保费用分为业务获取费用、实地查勘费用和托收费用、一般费用，以及税费、证照费等。在这些费用中，支付给代理人和经纪人的佣金通常是最重要的组成部分。对于大多数业务来说，与损失相比，核保费用相对较小。由于核保费用比损失更容易控制，保险公司管理层往往会关注和控制这些费用，以保持竞争优势。

核保费用通常包括保险人的利润和或有事件备付金。核保利润是在核保运作中赚取的，或有事件是指可能造成费率不足的意外事件。一般来说，保险人用5%系数来计算利润和或有事件备付金。许多州的保险监管机构要求保险人在费率中反映投资收益，以抵消利润和或有事件因子。

制定费率的主要方法有纯保费、损失率和判断法三种。

- 费率制定纯保费法可以用来制定新的费率，也可以用来调整现有费率。纯保费是费率组成部分，用于支付损失和损失理算费用。纯保费法通过将纯保费与费用增加值相结合，计算出一种新的毛利率。

- 损失率法通过对实际损失率与预期损失率的比较而产生的调整因子来制定新的毛费率。损失率法用于调整现有费率，不能用于创建新费率。

- 判断法主要用于不受控制的险类业务，或在没有足够数据的情况下，用纯保费法制定费率。

在赔付损失之后，精算师对费率的充分性有了更好的了解。然而，损失数据随着时间的推移而发展，由于损失报告可能滞后，索赔解决可能需要数年时间。本章描述的收集费率统计数据的三种方法——保单年度法、日历年度法和事故年度法——反映了及时性和准确性之间的折中做法。

保险人通常从员工精算师、精算顾问和保险咨询机构获得精算服务。这一章介绍了各大保险咨询机构、他们提供的精算服务，以及他们向保险人提供的其他产品和服务。

第九章 核保人的量化技术

本章描述用于总结定量信息的技术，这些技术属于概率论和统计学的范畴，其通过组织数据将其转化为核保人可以用来决策的信息。作出知情而理性的决策是核保过程的本质。本章介绍的技术有助于评估每个客户和每种险类、核保人和中介人的业绩以及保险人的盈利能力。损失频率、损失严重程度、损失率、费用率和费率是核保人日常使用的统计数据。核保人也使用更复杂的统计工具，如回归分析和风险评分模型。由于核保人是信息使用者，他们往往把计算工作留给其他人，比如员工精算师、保险咨询机构或外部顾问。大多数核保人不需要深入了解这些技术，但每个核保人至少应该对可以用来评估他们收到的信息的定量技术有一个基本的了解。

一、数据的组织

数据可以用几种方式组织和呈现，以便对用户有使用价值。原始数据（Raw data），即没有以任何方式转换的数据，对核保人来说很少有用。数据既可以组织成阵列，也可以组织成频率表。

（一）数据阵列

最基本的数值工具是数据阵列（Data arrays），其中，原始数据被组织成有序的格式。数据既可以从最低值到最高值排序，也可以根据某种定性标准进行排序。定性标准是非数值属性，如机动车类型或建筑结构类型。

附件9-1 假设保险人的劳工补偿索赔数据阵列

假设保险人的劳工补偿索赔数据阵列			
索赔原始数据			
$100	手臂割伤	$750	脚踝扭伤
100000	心脏病发作	4500	手臂骨折
250	手上切口	1750	切割手臂
5000	背部扭伤	2500	脚趾骨折
75	前臂割伤	850	拇指被压碎
1250	眼睛内有金属	3350	背部受伤
2195	颈部扭伤	150	手臂上切口
数据阵列			
$75	前臂划伤	$1750	切割手臂
100	手臂割伤	2195	颈部扭伤
150	手臂上的切口	2500	脚趾骨折
250	手上切口	3350	背部受伤
750	脚踝扭伤	4500	手臂骨折
850	拇指被压碎	5000	背部扭伤
1250	眼睛内有金属	100000	心脏病发作

(二) 频率表

在许多情况下，数据量非常大，以至于简单的数据阵列会变得很复杂。有效地使用数据需要一些方法来简化表示。例如，一个数据阵列显示一年内所有劳工补偿索赔，可能会占用很多页。对这种形式的数据进行系统的审查实际上是不可能的。因此，频率表被用来将数据归纳成更紧凑的表示。

频率表（Frequency table）是按组排列的数据表格。它是通过将单个数据元素收集到范围（或统计堆栈）中来构建，以便可以评估观测值落入每个特定堆栈的频率。附件9-2是劳工补偿索赔频率表。每个劳工补偿索赔根据第一列显示的索赔金额范围被组织到堆栈中。例如，275美元的索赔金额将包括在151~350美元的统计堆栈中。附件9-2的第（2）列显示了每个统计堆栈中单个索赔的总数。例如，在151~350美元的堆栈中，有2141个索赔。

然而，知道有2141项索赔属于这个特定类别，用处还是有限的。因此，相对频率（Relative frequency），即每个堆栈中数据元素合计的百分比，提供了更有用的核保信息。附件9-2显示，总共有12425项索赔。这意味着该数据集中落在151~350美元范围内的索赔的相对频率为17.23%，计算为2141÷12425=0.1723。每个堆栈的相对频率如附件9-2的第（3）列所示。

附件9-2　劳工补偿索赔频率表

劳工补偿索赔频率表

（1）美元金额		（2）索赔数量	（3）相对频率（%）	（4）累计频率（%）
从	至			
0	150	4927	39.65	39.65
151	350	2141	17.23	56.89
351	750	1800	14.49	71.37
751	1250	1060	8.53	79.90
1251	1750	622	5.01	84.91
1751	2250	380	3.06	87.97
2251	4000	679	5.46	93.43
4001	6250	359	2.89	96.32
6251	8750	161	1.30	97.62
8751	11250	86	0.69	98.31
11251	13750	50	0.40	98.71
13751	16250	32	0.26	9897
16251	18750	22	0.18	99.15
18751	21250	30	0.24	99.39
21251	23750	10	0.08	99.47
23751	26250	16	0.13	99.60

续表

（1） 美元金额		（2）索赔数量	（3）相对频率（%）	（4）累计频率（%）
从	至			
26251	28750	6	0.05	99.65
28751	37500	21	0.17	99.81
37501	75000	19	0.15	99.97
75001	125000	3	0.02	99.99
125001	175000	0	0.00	99.99
175001	250000	1	0.01	100.00
250001	400000	0	0.00	100.00
合计		12425	100.00%	
总索赔金额			$15829450	
平均数			$1274	
中值			$250.50 或 $151~$350	
状态			$75 或 $0~$150	

通过表示相对于观察总数的结果的频率，可以获得关于任何特定索赔将落入特定堆栈的概率的更有用的信息。通过观察过去事件得出的结果的相对频率也被称为经验概率或后验概率。本章后面将更详细地讨论这个概念。附件 9-2 第（3）列是本数据集中每个堆栈的相对频率或经验概率分布情况。

累计频率（Cumulative frequencies），如附件 9-2 的第（4）列所示，是相对频率之和。保险人可能使用累计频率来确定在既定免赔额情况下，被保险人将自留多少损失。比如，8868 件索赔的金额低于 751 美元（4927 + 2141 + 1800）。这些索赔在分布表中的占比为 71.37%。

（三）图形表示

除了数字阵列和数据表外，图形是另一种以可视形式表示信息的方法。用于表示每个规模组内观测值相对数量信息的常用方式是柱状图（Histogram）。柱状图是一个分布图，横轴表示每类数值间隔，纵轴表示每类结果的频率或概率。附件 9-3 显示了附件 9-2 中索赔情况的柱状图。要注意的是，纵轴既可以用每个堆栈中的实际索赔数来表示，也可以用每个堆栈中的索赔数量占总索赔数量的百分比来表示。无论哪种方式，柱状图的形状都保持不变。附件9-3以一种简单、直接的方式描述了每个堆栈中的索赔的相对数量。当只需要一个快速摘要，而不需要数据的详细信息时，这种表述所传达的信息特别有用。从此类图表中可以明显地看出每个大小类别中索赔的相对数量，并且该信息以这种可视化形式快速有效地呈现出来。

柱状图也可以包含多个数据序列。附件9-4将两个数据序列放在同一个柱状图中：所有持照驾驶员按年龄组的分布和同一年龄组所有驾驶员的事故分布。

通过检查该附件中两个数据系列的相对分布，很明显，年轻司机的事故率与其群体规模不成比例。这种差异由年轻司机组的相对高度显示出来。例如，年龄在20岁以下的司机大约是所有持证司机的5%。然而，发生交通事故的20岁以下司机的相对比例约为15%。由这两个系列柱状图的相对高度可以一目了然地看出每个驾驶员群体的相对事故频率。此外，每个细分市场的相对规模也很明显，也就是说，人们一眼就能看出，这些细分市场中规模最大的是属于25岁至34岁年龄段的司机群体。

附件9-3　根据附件9-2劳工补偿索赔数据制作的柱状图

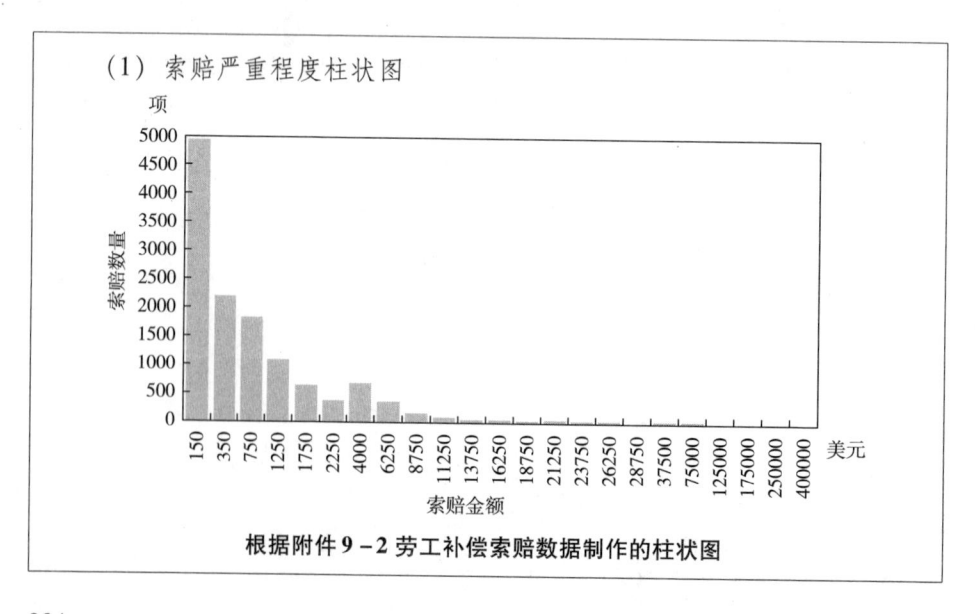

（1）索赔严重程度柱状图

根据附件9-2劳工补偿索赔数据制作的柱状图

（2）按索赔金额分组的索赔严重程度柱状图

根据附件9-2劳工补偿索赔数据制作的柱状图

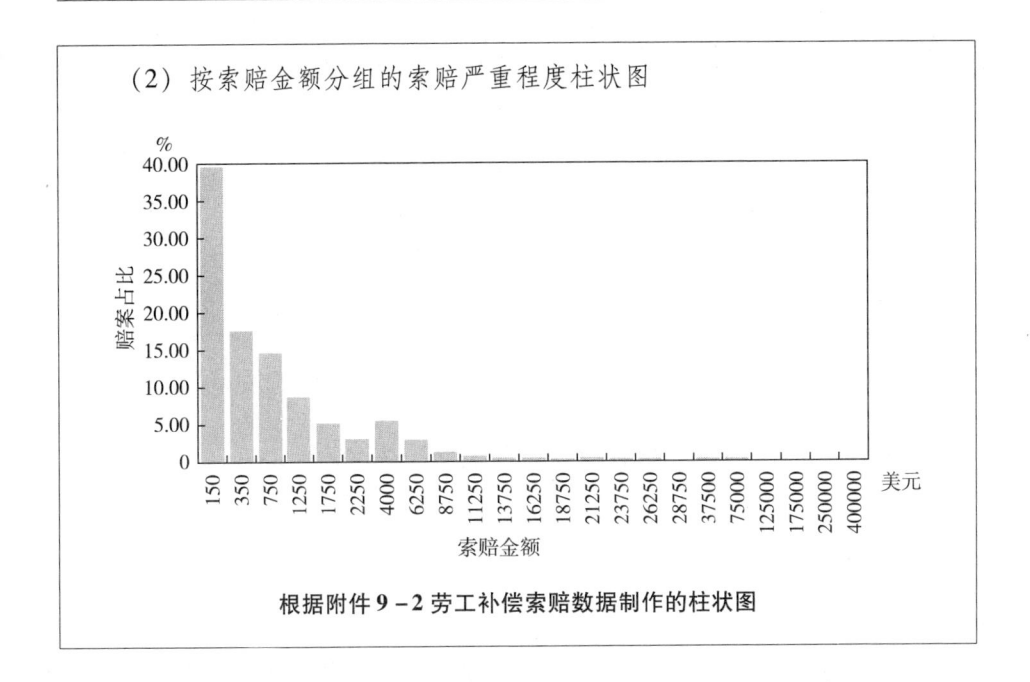

附件9-4 多个数据系列柱状图

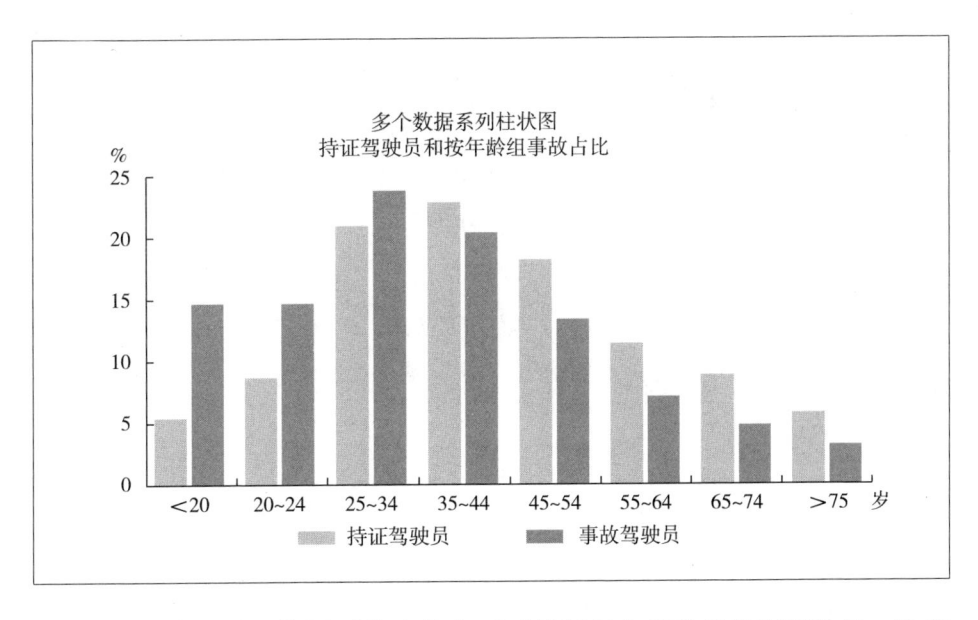

多个数据系列柱状图
持证驾驶员和按年龄组事故占比

还要注意的是，使用百分比分布而不是每组中驾驶员的实际数量，这些数据系列会自动转换为相同的比例，即使涉及事故的驾驶员数量远小于持证驾驶员总数，由此，使用百分比分布便于对不同尺度的数据进行比较。

图表和其他视觉辅助工具经常包含在管理报告和摘要中，管理层对这些摘要相比于对数据的详细介绍更感兴趣。试图分析实施免赔额对整体业务的影响的核保人，概括性图表不能为他提供足够的信息来有效地分析数据。核保人会需要一个数据阵列或频率表来衡量这种变化的影响。

数据组织的形式取决于用户的需求。同一组数据既可能为许多用户组织成不同的形式，也可能为单个用户组织成不同的形式。详细程度和预期信息决定了特定数据组织形式的有用性。核保人在其工作中使用各种形式组织数据，选择用哪种形式很大程度上取决于其执行怎样的核保任务。

二、描述性统计数据

用于描述或总结整个数据集的某些特征的单个数字称为描述性统计数据（Descriptive statistic）。描述性统计数据有几种类型，每种类型都以缩写形式描述一组数据（或数据集）的一个方面。集中趋势的度量根据数据集中的期望值或最可能出现的值来描述数据集。集中趋势的度量可以表示为不同类型的平均值。离散度的度量描述了个别值或范围值的可变性。数据集也可以用理论分布来描述，根据已知的分布数学性质，它传达了大量关于数据集成员的预期行为信息。这些度量方式的每一种都对核保人很重要。这些统计数据的有用性根据所实施的核保活动而有所不同。

对于核保人来说，知道如何计算这些指标不如知道如何将这些指标应用于决策过程。例如，核保人不需要知道计算标准差的公式，就可以将其作为风险评估工具。

（一）集中趋势的度量

集中趋势的度量（Measures of centra tendency）表示数据集的平均值或中心值。本章介绍了集中趋势的三种度量方法：均值、中位数和众数。每一种指标都有其自身的重要性，这三个指标之间的关系也是如此。这些统计数据与其他描述性统计数据一起使用，用于测量数据集的分散和分布形状。这些集中趋势的度量用于以简略方式描述数据集的"典型"值。由于集中趋势的度量提供了一个典型值，因此，分析人员经常使用这些值作为未来值的预测因子。

1. 均值

数据集变量的算术平均值（Arithmetic mean）是每个结果值的总和除以观测值的个数。统计学家也称均值为期望值，用"μ"（希腊字母）或"x"表示，这被称为"bar – x"或"x – bar"。算术平均数（通常称为"平均值"）最广泛地被用来衡量集中趋势。

平均值的计算涉及数据集中的每个项目，但平均值可能会受到一些极端值（非常高或非常低的值）的过度影响。附件 9 – 1 中数据阵列的损失均值为 8766 美元，为总损失 122720 美元除以 14 项索赔的计算结果。如果将 10 万美元的心脏病发作索赔从数据集中剔除，则平均值降至 1748 美元（22720 美元÷13）。这一单笔高价值索赔对计算出的平均值有很大的影响。当这些极端值或离群值（Outlier values）出现在数据集中时，它们会削弱平均值作为集中趋势度量的有效性。核保人通常会从损失数据中剔除"冲击损失"（Shock losses），以更好地了解客户的典型损失。

然而，数据集当中的观测值越多，个别离群值对平均值的影响就越小。附件 9 – 2 频率表的平均值为 1274 美元（15829450 美元÷12425），再加上 100000 美元索赔金额，将整个中值略微提高到 1282 美元（15929450 美元÷12426）。随着数据集的观察值增加，对平均值预测未来结果的信心水平也会随之增加。

2. 中位数

数据集变量的中位数（Median）是恰好落在有序数组中间的值。在有奇数观测值的数据集中，有一半的观测值会大于中位数，另一半的观测值会小于中位数。当数据集有偶数观测值时，使用中间两个观测值的平均值作为中位数。附件 9 – 1 中数据阵列的中位数为 1500 美元，即 1250 美元（第七个观测值）和 1750 美元（第八个观测值）的平均值。

在度量频率表中的中位数时，可以使用累计频率达到 50% 的组区间的平均值（或中点）。在某些情况下，使用组区间描述本身也是可以接受的，具体取决于如何使用中位数。附件9-2数据集中的索赔成本的中位数为250.50美元，即151美元和350美元的平均值，或累积分布达到50%的区间的终点。

在许多情况下，中位数比平均值更能说明最有可能出现的值。单个观测值的大小并不影响中位数，因此，异常值对中位数几乎没有影响。中位数可能更好地粗略估计包含在一些随机极值的频率分布中最可能出现的值。然而，使用中位数会丢失一些关于数据集的信息。例如，知道了平均值和观测值的数量，核保人可能会通过将两个统计量相乘来重现变量的总和。除非中位数和平均值恰好相等，否则用中位数乘以观测值的个数并不能得到有意义的统计量。

3. 众数

众数（Mode）是数据集中出现最频繁的一个（或多个）值。附件9-5给出了四个众数的例子。对于数据集A，5比任何其他值出现的次数都多，因此是众数。对于数据集B，7比其他任何数字出现的次数都多。对于数据集C，1和3出现的次数相同，但没有其他数字出现的频率与之相同。因此，1和3都是数据集C的众数。同样，2、3和4在数据集D中出现的次数最多，因此，数据集有三个众数。

附件9-1的数据中的每个观测值只出现一次，因此，每个值都是该数据的众数。附件9-2中数据的众数在第一个堆栈（$0~$15）中找到，其中，4927个索赔是任何等级区间观测值的最大数量。

尽管有时在将数据集按同质聚类分组时很有用，但众数很少单独使用。众数在描述数据集时可能有用，它可以与集中趋势的其他度量法进行对比。

附件9-5 确定数据集的众数

确定数据集的众数				
观测值	数据集A	数据集B	数据集C	数据集D
1	3	2	1	2
2	4	2	1	2

续表

观测值	数据集 A	数据集 B	数据集 C	数据集 D
3	4	6	1	2
4	5	7	1	3
5	5	7	3	3
6	5	7	3	3
7	5	7	3	4
8	6	9	3	4
9	6	9	4	4
10	6	10	5	6
11	7	10	5	6
12	7	10	6	7
众数	5	7	1, 3	2, 3, 4

（二）离散度度量

集中趋势的度量提供了关于数据中变量的最可能值的信息，而离散度度量（Measures of discersion）提供了关于数据中值的分布信息。变量的值越分散，集中趋势的度量就越没有用。数据集的可变性可能会影响企业决策或公司政策。例如，如果某一险类业务的损失率是高度可变的，则保险人可能不愿意进入这一业务领域，尽管长期预期平均损失率是有利的。这里介绍的四种离散度衡量包括范围、标准差、方差和变异系数。

1. 范围

极差（Range）是最大和最小观测值之间的差值。它通常表示为最高值和最低值（端点）之间的差，或者作为端点之间的差。附件9-1中数据集的范围可以表示为"从75美元至100000美元"或99925美元（100000美元-75美元）。在确定客户可能发生的最大损失时，保险人可能会考虑该客户过去损失的范围。

虽然它很容易计算，但该极差几乎不能提供有关数据分布的信息。包含99个为1美元的观测值和一个为100美元的观测值的数据集的范围，与包含单个观测值的数据集在1美元到100美元的每一美元增量（1，2，3，4，…，100）的数据范围相似。第一个数据集的离散度与第二个数据集的离散度明显不同，但数据集的范围相同（1美元到100美元或99美元）。

2. 标准偏差和方差

标准偏差（Standard Deviation）是对离散度的度量，它表示数据集当中每个观测值与数据集平均值之间的可变量。虽然这里不讨论标准偏差的计算，但知道标准偏差的计算涉及对每个观测值与平均值的可变性测量，然后计算这些偏差的平均值是有用的。

方差（Variance）衡量的是数据集当中每个变量与均值的偏差。方差的计算是计算标准偏差的中间步骤。标准差是方差的平方根。

分布的标准差是最重要的离散度衡量指标。它提供了大量关于均值预测未来值的能力的信息。小的标准差表明数据集中的变量接近均值，因此，均值非常能代表数据集。相比之下，大的标准差表明数据的离散度更大，表明平均值低于数据集中变量的典型值。当比较具有相同均值的两个数据集时，具有较小标准差的数据集更具可预测性，因此风险更小。

标准偏差衡量的是相对离散度，受数据集中所有值大小的影响。因此，在比较两个数据集的标准差以查看哪一个数据集的离散度更大时，只有在分布的均值相同或近似相同的情况下才能进行直接比较。如果数据集的均值几乎不同，则必须计算变异系数。

3. 变异系数

变异系数（Coefficient of variation）是标准差除以均值。变异系数是衡量两个数据集相对离散度的有用指标。变异系数越大，相对离散度越大。例如，假设两类业务的平均损失率分别为60%和70%，两者的标准差均为2%。仅因为标准差相等就说这两类业务风险相等是不正确的。第一个损失率值的变异系数为0.0333（0.02+0.60），第二个损失率值的变异系数为0.0286（0.02+0.70）。第一类业务比第二类业务的风险相对较高，因为第一类业务的损失率在不同时期之间存在更大的相对分散（0.0333＞0.0286），尽管其平均值在绝对值上较小。

(三) 理论分布

理论分布（Theoretical distributions）是遵循定义良好的模式的分布，分析人员可以从中作出假设。最重要的理论分布之一，也是最容易解释的正态分布。正态分布（Normal distribution）在作图时，会产生对称的钟形曲线。许多自然发生的变量都是正态分布的。例如，人的身高是正态分布的，相对于平均身高的人，很少有极矮或极高的人。

附件 9-6 显示的正态分布趋势说明了为什么这种类型的分布对精算师和统计学家而言很有价值。曲线上升到一个峰值，表明数据聚集在分布区域的中间。在正态分布中，集中趋势的三个度量值（均值、中位数和众数）是相等的。

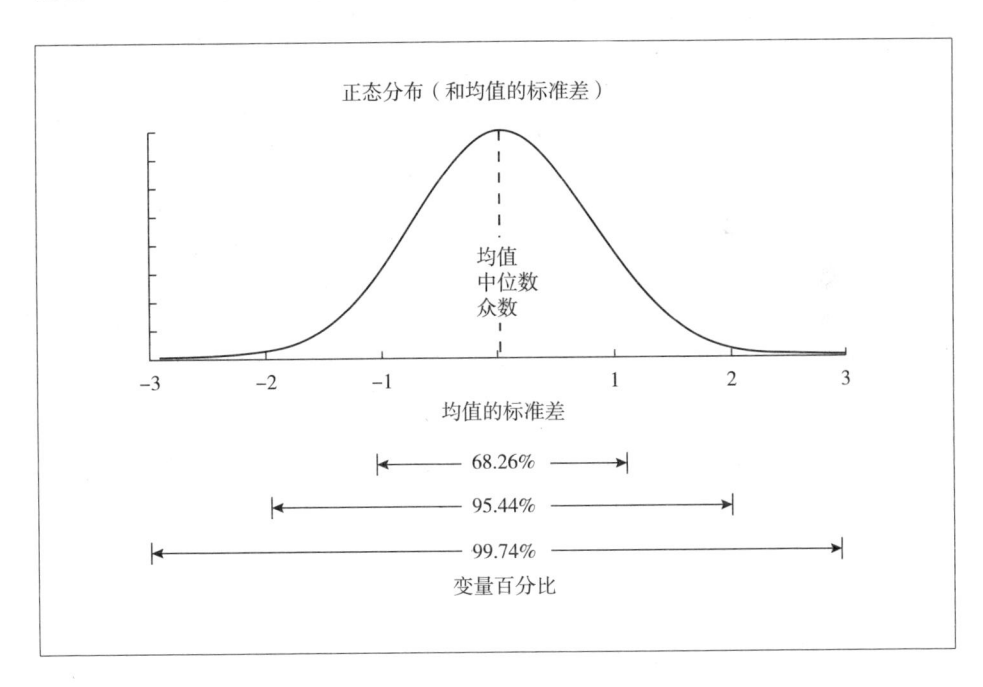

附件 9-6　正态分布（和均值的标准差）图

虽然正态分布中的数据聚集在平均值周围，但数据也分布在平均值两侧。曲线从两边的中心开始倾斜，表明在平均值、中位数和众数以下和之上的数据量在减少。曲线的两端被称为"尾部"。在正态分布中，尾部从不接触水平轴，这表明存在极值的可能性。

正态分布的一个有价值的性质是，曲线上特定区域的数据百分比是已知的。如附件9-6所示，68.26%的全部数据落在均值上下一个标准差范围内，95%以上的全部数据落在均值的两个标准差范围内，99%以上的全部数据落在均值的三个标准差范围内。

基于正态分布数据的这一已知性质，精算师和统计学家可以从数据中进行估计或推断。例如，一个核保人知道某一整体业务的平均损失率为60%，标准差为5%，就可以推断出下一年的损失率有68%的机会落在55%到65%之间（0.60 - 0.05 和 0.60 + 0.05）。预计未来平均值下降的数值范围称为信心区间（Confidence interval）。

不幸的是，大多数损失数据都不是正态分布的，而是倾斜的。偏态分布受到极低值（负偏斜）或极高值（正偏斜）的影响，损失数据通常是正偏斜的，因为大多数损失很小，只有少数损失很大。附件9-7显示了正偏斜的损失分布以及正偏态分布中的平均值、中位数和众数之间的关系。对于偏态分布，更合适的集中趋势度量可能是数据集的中位数或众数，而不是平均值。

附件9-7　正偏态分布中的均值、中位数和众数

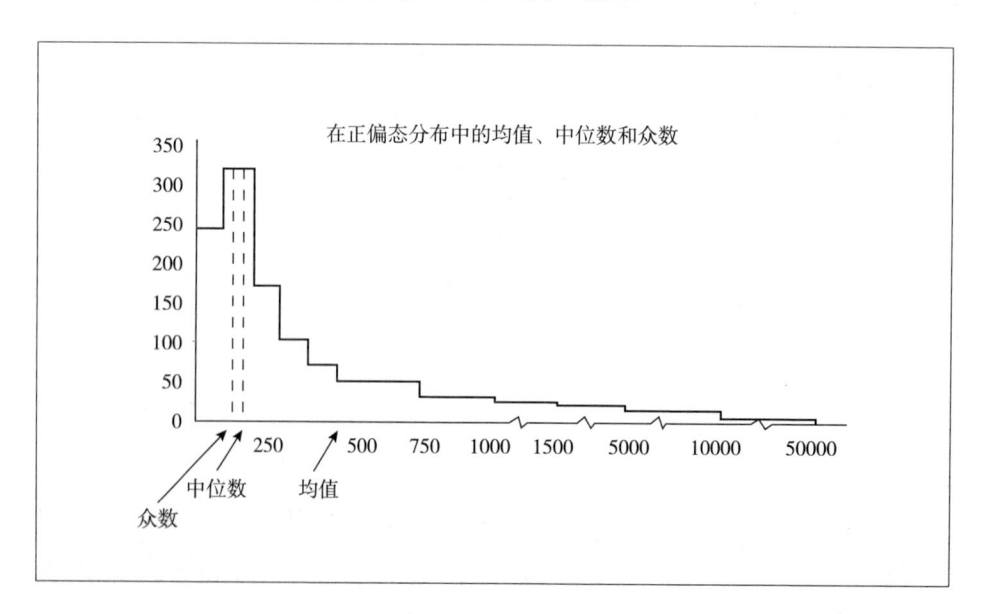

在偏态分布中，均值和标准差之间的关系不像数据集正态分布时那么简单。然而，偏态分布通常具有允许对描述性统计量和那些估计的置信区间进行一致性估计的属性。除此之外，还有许多方法可以转换数据点，使这些点更接近正态分布钟形曲线。尽管如此，核保人还是应该了解数据集分布的一般形状，以判断集中趋势和离散度衡量的准确性。

三、概率

一个事件的概率（Probability）是该事件发生的长期相对频率。概率表示为0到1之间的一个值。一定会发生的事件，比如太阳升起，概率为1，也就是100%；相反，太阳不升起的可能性是0。在这两个绝对值之间，许多事件或多或少都有可能发生。概率分为以下几种：

- 已知或先验概率；
- 经验或后验概率；
- 判断性概率。

概率类型会影响用户对概率估计准确性的信任程度。

（一）已知概率

一些概率有已知属性。从52张牌中抽到一张A的概率，或者在一对骰子单次掷到7的概率是已知概率（Known probabilities）的两个例子，通常被称为先验概率。先验粗略翻译为"先验知识"，指的是这些概率是基于已知的数学规律可以计算出来的事实。因为在一副正常的52张扑克牌中有4张A，所以在洗牌良好的扑克牌中，任何给定的抽牌都能抽到A的概率是4/52，也就是大约7.7%。一对骰子单次掷到7的概率是6/36或16.7%。如果已知概率占主导地位，保险将是一件非常简单的事情。

（二）经验概率

基于历史数据度量的概率被称为经验概率或后验概率（后验概率粗略

翻译为"事后")。保险人雇用精算师和统计学家来估计其整体业务中个别保单持有人的长期索赔概率。然而，估计每个投保人的这些概率几乎是不可能的。相反，保险人倾向于将每个风险分组为定费组，并估计该组而不是每个风险的概率。然后，使用经验概率，每个保单持有者是基于该群体的平均值。

本章前面介绍的频率表可用于测量特定观测值落在某类区间的概率。附件 9-2 中，在总索赔 12425 项中，落在 151 美元至 350 美元的索赔数为 2141 项，占 17.23%。如果从这些索赔文件中随机抽取一个索赔档案，则索赔总额落在 151 美元至 350 美元的概率为 0.1723，大约每 6 个索赔中就有 1 个属于该业务类别区间。

（三）判断性概率

在某些情况下，由于历史数据的稀缺性，很难准确地衡量经验概率。有些情况下根本没有历史数据作为决策的依据，比如企业在 1999 年底面临的千年虫问题。

世界形势的变化可能会使历史数据变得无关紧要，在这种情况下，基于过去历史数据的概率可能会导致灾难性结果。如果没有可以作为概率估计基础的历史数据，而且先验概率是未知的，那么概率估计就必须基于判断。

判断性概率（Judgmental probabilities）是对某一事件发生概率的主观估计。虽然这些估计的概率可以得到事实和数据的支持，但它们本质上仍然是猜测。大量的支持依据不会使这些猜测比现在更准确。如果这些估计仅基于历史数据，那么它们就不是真正的判断，而是经验之谈。将经验概率和先验概率与判断概率区分开是很重要的，判断概率应该被清楚地标记出来，以防止信息使用者产生任何误解。

判断概率应用于相对较少的保险领域，这些例子包括海洋保险和某些专业保险，如卫星发射保险。虽然确实有一些卫星发射失败的历史数据，但根本没有足够的经验数据可供核保人准确估计卫星发射失败的概率。因此，需要进行大量的主观估计。

附件9-8 计算事故频率时经验概率分布与已知概率分布的比较

<table>
<tr><th colspan="9">计算事故频率时经验概率分布与已知概率分布的比较</th></tr>
<tr><th>事故数量</th><th>总驾驶员</th><th>总事故</th><th>驾驶员的经验概率分布</th><th>事故的经验概率分布</th><th>基于伽马概率分布估计驾驶员数量</th><th>基于伽马概率分布估计事故数量</th><th>基于伽马分布的驾驶员概率分布</th><th>基于伽马分布的事故概率分布</th></tr>
<tr><td>0</td><td>2234577</td><td>0</td><td>0.893031</td><td>0.000000</td><td>2237690</td><td>0</td><td>0.894275</td><td>0.000000</td></tr>
<tr><td>1</td><td>235080</td><td>235080</td><td>0.093948</td><td>0.768773</td><td>229069</td><td>229069</td><td>0.091546</td><td>0.749115</td></tr>
<tr><td>2</td><td>27919</td><td>55838</td><td>0.011158</td><td>0.182605</td><td>30539</td><td>61078</td><td>0.012205</td><td>0.199741</td></tr>
<tr><td>3</td><td>3953</td><td>11859</td><td>0.001580</td><td>0.038782</td><td>4241</td><td>12723</td><td>0.001695</td><td>0.041608</td></tr>
<tr><td>4</td><td>584</td><td>2336</td><td>0.000233</td><td>0.007639</td><td>600</td><td>2400</td><td>0.000240</td><td>0.007849</td></tr>
<tr><td>5</td><td>99</td><td>495</td><td>0.000040</td><td>0.001619</td><td>86</td><td>430</td><td>0.000034</td><td>0.001406</td></tr>
<tr><td>6</td><td>18</td><td>108</td><td>0.000007</td><td>0.000353</td><td>12</td><td>72</td><td>0.000005</td><td>0.000235</td></tr>
<tr><td>7</td><td>10</td><td>70</td><td>0.000004</td><td>0.000229</td><td>2</td><td>14</td><td>0.000001</td><td>0.000046</td></tr>
<tr><td>8</td><td>0</td><td>0</td><td>0.000000</td><td>0.000000</td><td>0</td><td>0</td><td>0.000000</td><td>0.000000</td></tr>
<tr><td>9</td><td>0</td><td>0</td><td>0.000000</td><td>0.000000</td><td>0</td><td>0</td><td>0.000000</td><td>0.000000</td></tr>
<tr><td>10</td><td>0</td><td>0</td><td>0.000000</td><td>0.000000</td><td>0</td><td>0</td><td>0.000000</td><td>0.000000</td></tr>
<tr><td>11</td><td>0</td><td>0</td><td>0.000000</td><td>0.000000</td><td>0</td><td>0</td><td>0.000000</td><td>0.000000</td></tr>
<tr><td>12</td><td>0</td><td>0</td><td>0.000000</td><td>0.000000</td><td>0</td><td>0</td><td>0.000000</td><td>0.000000</td></tr>
<tr><td>合计</td><td>2502240</td><td>305786</td><td>1.000000</td><td>1.000000</td><td>2502239</td><td>305786</td><td>1.000000</td><td>1.000000</td></tr>
<tr><td>平均频率</td><td></td><td>12.220%</td><td></td><td></td><td></td><td>12.220%</td><td></td><td></td></tr>
</table>

(四) 概率的应用

保险人很少被要求提供正式的概率估计,但他们经常使用概率估计。尽管人们可能没有意识到这一点,但大多数人在日常生活中经常使用概率。

当司机在停车标志前停车，并在进入车流前扫视街道时，该司机已经下意识地计算出了安全停车的主观概率。当电视天气预报员宣布有20%的下雨可能性时，观众会对天气预报的准确性作出自己的主观估计，并计算出自己需要带伞的概率。核保人通常会主观地估计某一特定风险所产生的保费是否足以弥补与该风险相关的所有损失、费用和利润。他们目前仍只评估两种风险潜在结果：要么有足够的保费，要么没有足够的保费。

这两种结果——保费充足或不足——被认为是相互排斥的（Mutually exclusive），因为只有一种结果是可能发生的。两个或两个以上具有互斥结果的概率之和为1。如果有10%的概率没有足够的保费来支付所有的费用，那么根据定义，有90%的概率存在足够的保费。任何保险交易都有无数种可能的成本结果，但这些结果可以用这两种可能的结果来重新表述：成本超过保费或成本不超过保费。

有时，承保人会混淆索赔频率和索赔概率。事实上，索赔频率是一个经常用概率推导出来的数值，但它本身并不是概率。附件9-8显示了一个典型的机动车索赔业务的频率分布，按照驾驶员在体验期间提出的索赔数量进行分类。司机被分成互斥的组，根据他们经历的事故数量进行分类，每组的概率之和等于1。该附件展示了历史经验概率。最后四列显示的是驾驶员和事故数量相同的事故分布，来自另一种理论分布的结果——伽马分布。

四、统计方法

虽然核保人使用统计信息，但他们不需要开发统计信息。下面对统计方法的讨论，并不是要把核保人变成统计学家，而是要让核保人更多地了解可用于满足其信息需求的工具类型。核保人应该熟悉这些工具，以便更明智地使用他们的信息支持系统和人员。如果使用得当，统计方法可以改善核保决策。

（一）相关性分析

相关性是指变量之间存在某种关系。例如，一个变量增加，另一个变量也会增加，一个变量减少，另一个变量也会减少；或者一个变量增加，另一个变量减少。有两个变量看起来是相关的，但实际上不是；相反，它们可能都与已知但未包括在分析中的第三个变量有关。在其他情况下，第三个变量可能是未知的，这使分析人员很难解释变量之间明显存在的关系。相关性分析（Correlation analysis）是评估变量之间的关系（如果有的话）的过程，以确定它们的关联强度。

保险行业中存在许多相关变量的例子。众所周知，劳工补偿的数量随着裁员和失业而增加，因此，保险人在评估劳工补偿计划的经验时必须了解整体经济状况。劳工补偿损失的概率是直接受管理层实施和监控安全和损失控制项目的影响。

相关系数（Coefficient correlation）是描述两个变量之间关系的描述性统计量。相关系数，或者更简单地称为相关性，范围从-1.00到1.00。相关系数为零表示没有任何关系，这意味着两个变量在统计上是相互独立的。统计独立性（Statistical independence）意味着一个变量的较高值并不意味着另一个变量的较高值或较低值。例如，一个人的生日（例如，2月3日）与他或她的驾驶经验不相关。然而，一个人的出生年份（例如，1962年）与事故经验相关。事故经验和驾驶员年龄之间存在已知的关系（见附件9-4），因为平均而言，年龄较大的驾驶员往往比青少年驾驶员发生的事故更少。因此，当一个人的年龄超过25岁时，这个人的预期事故率就会下降。这是一个负相关（Negative correlation）的例子，意味着这些值的移动方向相反，因此，一个变量的增加与第二个变量的减少相关。或者两个变量可能表现出正相关（Positive correlation），这意味着一个变量的值倾向于随着另一个变量的增加而增加。平均索赔严重程度和平均房屋价值是两个正相关的变量。随着房屋变得越来越贵，发生保险索赔后维修或更换房屋的成本也会增加。附件9-9显示了在绘制图表时，正相关和负相关的变量分别是如何呈现的。

附件9-9 相关性

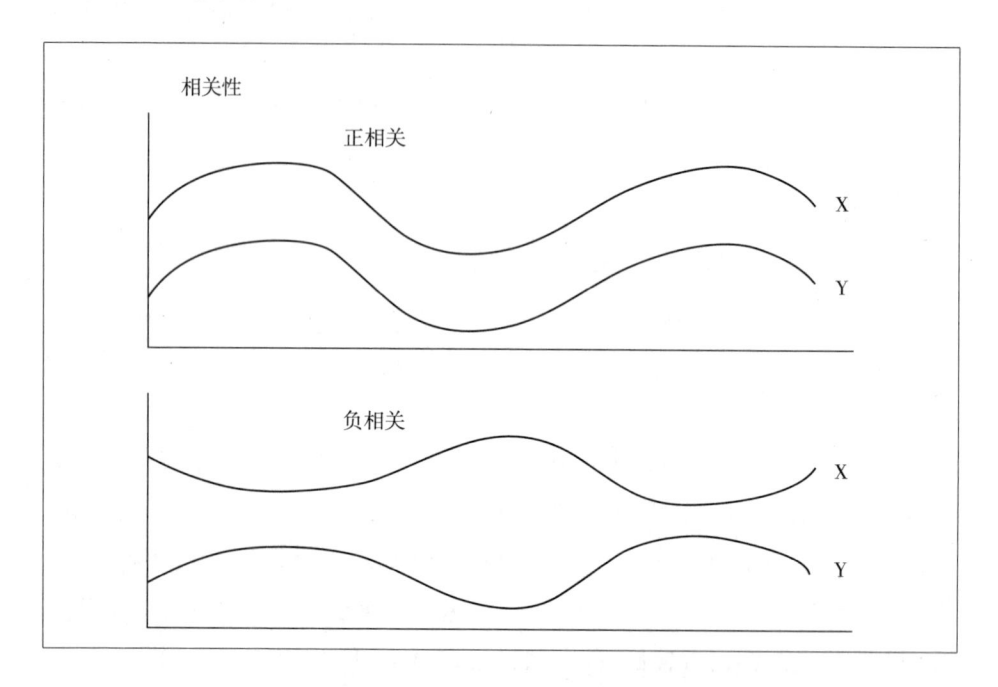

[图：正相关与负相关示意图，显示X和Y两条曲线的变化趋势]

相关性可以在定量变量、定性变量或两种变量的混合之间衡量。例如，"良好的房屋管理"通常与良好的商业财产保险经验有关。变量"良好的内务管理"是一个定性变量，与核保盈利能力呈正相关关系。也就是说，在其他条件相同的情况下，内务管理越好，核保盈利能力就越高。

个人电脑的电子表格程序和许多主机的统计软件包都包含相关功能。这些计算机软件包使核保人不必应用复杂的数学公式就能确定数据的相关系数。

附件9-10 定价因子之间的相关性

定价因子之间的相关性				
年龄组（岁）	中位年龄（岁）	司机人数	事故司机人数	酒驾被捕人数
<20	18	9370	2660	70
20~24	22	17116	3080	259
25~34	30	40996	5210	510

续表

年龄组（岁）	中位年龄（岁）	司机人数	事故司机人数	酒驾被捕人数
35~44	40	36426	3660	282
45~54	50	23809	2010	109
55~64	60	18917	1350	42
65+	70	22549	1530	16
合计		169183	19500	1288

相关矩阵	中位年龄	事故率	酒驾被捕率
中位年龄	1.00		
事故率	-0.85	1.00	
酒驾被捕率	-0.85	0.50	1.00

附件9-10显示了按年龄组分列的持证司机人数、涉及事故的司机人数和因酒后驾车（DUI）被捕人数的数据。司机年龄，事故率和DUI被捕率的相关矩阵也列了出来。驾驶员年龄中位数与事故率（每1000名驾驶员的事故率）的相关系数为负，表明驾驶员年龄越大，事故率越低。年龄与DUI被捕率之间也存在负相关关系，这表明随着司机年龄的增长，他们因酒后驾驶被捕的可能性也在降低。这两者都呈负相关关系。然而，事故率和DUI被捕率之间存在正相关关系。事故率和DUI被捕率之间的高度关联表明，至少部分由于司机年龄导致的高事故率，也可能受到年轻组中较高程度的酒后驾驶的影响。

相关性是核保人重要的统计工具。在评估定费因子或评估未包含在费率中的风险因子时，它尤其有用。相关矩阵提供了一种相对简单的方法来推导变量之间的关系。

（二）散点图分析

散点图（Scatterplot）是显示两个变量之间关系的图表，其本质上是对相关性的图形的处理。虽然相关分析提供了变量之间关系的数学解释，但分析师通常可以通过创建散点图来更好地理解这种关系。

将自变量绘制在x轴上，因变量绘制在y轴上，可以创建散点图。散点图的示例如附件9-11所示。前三个图例显示了具有线性关系的两个变量形成的散点图，一条直线可以拟合到散点图上。第四个散点图显示了两变量间的曲线关系——一条具有曲线路径的直线。最后一个散点图显示变量之间不存在任何关系。

附件 9-11　散点图例子

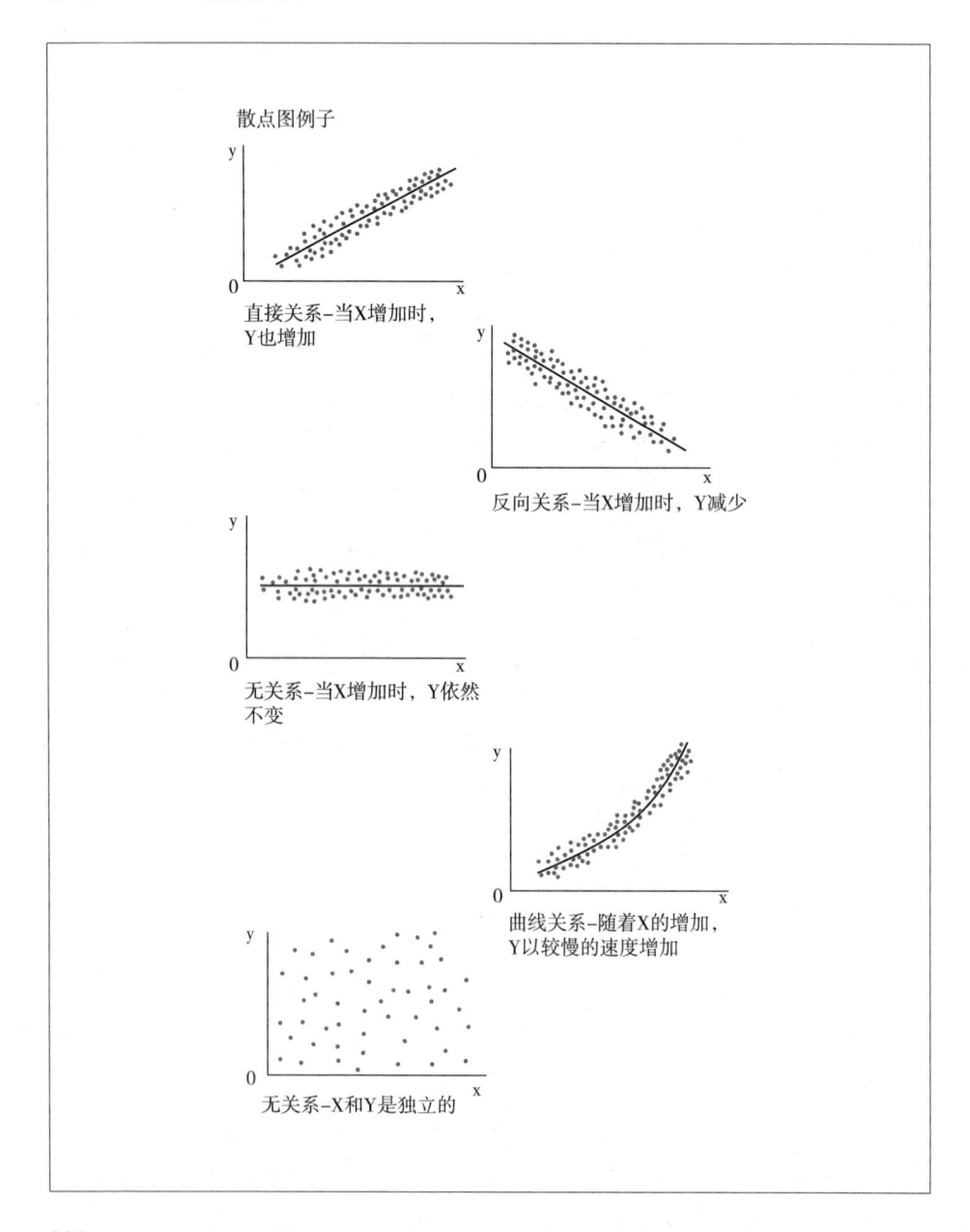

散点图例子

直接关系-当X增加时，Y也增加

反向关系-当X增加时，Y减少

无关系-当X增加时，Y依然不变

曲线关系-随着X的增加，Y以较慢的速度增加

无关系-X和Y是独立的

附件 9-12 显示了附件 9-10 中选定数据的散点图。其中，将驾驶员年龄中位数指定为 x 变量，将每1000名驾驶员的事故率指定为 y 变量。

从相关性分析来看，已经确立了驾驶员年龄与事故率之间存在负相关关系，即随着驾驶员年龄的增长，事故率下降。通过使用散点图，保险人可以更好地了解这种变化发生的速度。散点图显示，变化不是一条平滑的直线，而是一条曲线。事故率的改善在年轻时明显更好，但随后往往会以递减的速度继续改善。事故率的改善速度是非线性的，这意味着人们不能通过所有的点画出一条直线。

附件 9-12　按事故率年龄散点图

（三）回归分析

前面描述的相关性用于确定变量之间的关系，并指出一个变量与另一个变量的关系如何。回归分析（Regression analysis）开发了变量之间关系的数学表达方式（或模型）。回归分析将一条线拟合到散点图中，如附件 9-11 所示。

简单的回归模型（Simple regression model）执行的功能类似于相关分析。它描述了两个变量（因变量和自变量）之间关系的方向和强度。回归分析中的因变量是被自变量的变化所解释的变量。因变量（Dependent variable）的值随着自变量值的变化而增加或减少。自变量（Independent variable）通常也被称为解释性（Explanatory variable）变量。

由附件9-13所示数据进行回归模型计算，得到如下回归方程：

$$y = 0.67 + 2.72x$$

这意味着自变量（方程中的x）每增加1个单位，因变量就增加2.72个单位。

附件9-13　由回归模型产生的直线图

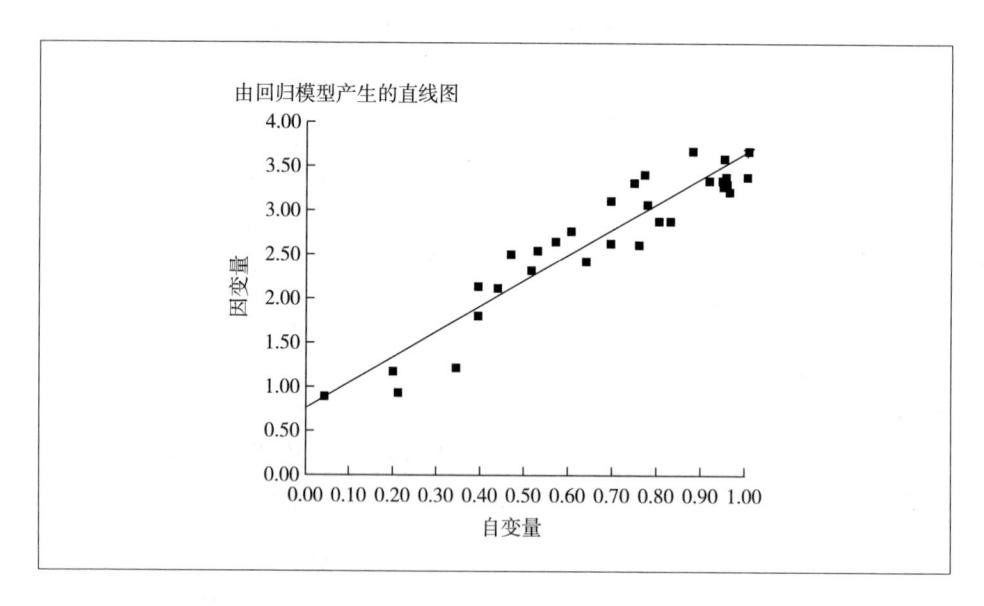

单个因变量和多个自变量之间的关系需要进行多元回归分析（multiple regression analysis）。简单回归分析与多元回归分析的区别在于分析中解释变量的数量。

开发描述变量之间关系的方程的过程超出了本书的范围。然而，个人计算机的电子表格程序已经涵盖计算回归方程的大部分工作。

回归分析的两个主要用途是解释和预测。

● 解释性回归模型（Explanatory regression model）推导出自变量和因变量之间的具体关系。举一个回归模型的例子，它通过使用每个房主保单的纯保费作为因变量，并将地区、房屋价值中位数、消防等级和房主收入作为解释性变量来计算定价因素。

● 预测性回归模型（Predictive regression model）根据观察到的因变量和自变量之间的关系来预测因变量的值。例如，核保人可能会假设特定定费区域的销售量（因变量）与某些自变量（如房屋价值中位数、人口密度、收入中位数和销售代理数量等解释性变量）之间存在某种关系。

回归模型通过数据产生最佳的拟合曲线，但这条曲线通常不会贯穿每一个数据点。在评估回归分析结果时，一个重要的问题是回归模型解释或"拟合"数据的程度。

最常被引用来衡量回归模型拟合度的方法是采用决定系数（Coefficient of determination），通常被称为 R^2。回归模型对因变量的每次观测产生一些估计值。这些估计值与因变量的观测值越接近，R^2 值就越高。

在仅根据其 R^2 值评估回归模型的有效性时应谨慎行事。大量的数据可能会导致一个模型在没有任何预测能力的情况下表现出很高的 R^2 值。例如，如果因变量和自变量都随着时间推移而增加，即使两个变量之间不存在因果关系，它们也会显得相关。同样，在回归模型中添加额外的解释性变量可以增加 R^2 值，即使新变量与因变量无关。

如果增加一个与因变量无关的解释性变量，则 R^2 的增加可能是由于该变量与其他解释性变量相关。这种现象被称为多重共线性（Multicollinearity），这意味着一些解释性变量是相关的。

另一个重要的注意事项是因果关系的方向。因变量的增加原因不一定是自变量的增加，两者之间确实可能存在因果关系，但回归模型只描述变量之间的数学关联，其不能识别哪个变量是因变量，哪个是自变量。例如，y 值实际上可能会影响 x 值，可以构建一个回归方程来模拟这种关系。

（四）因子分析

因子分析是一种为多维数据开发复合因子的统计方法。在进行因子分析时，分析人员通过将原始变量组合成因子来产生一组减少的变量。这些因子是原始变量的加权平均值。这些因子保留了所有的原始信息，但以更紧凑和简化的方式呈现。为了产生一组减少的变量，分析人员抛弃了那些解释作用最小的变量。当解释性变量高度相互关联，或大量解释性变量变得烦琐时，因子分析非常有用。与回归分析相比，因子分析是一种不太为人所知的统计工具。

核保决策中包含数十个甚至数百个变量的情况并不罕见。由于核保人发现很难将所有这些变量组合成一个单一的决策结果时，他们通常会关注几个非常重要的变量，并使用剩余的变量来支持决策。因子分析方式大致相同，但更为复杂和系统化。通过将大量变量组合成数量较少的因子，这种类型的分析缩小了核保人的关注范围，以便少数关键因子提供与许多单独变量提供数量相同的信息。

通过因子分析创造出来的因子，也可以在后续的回归分析中作为自变量使用。回归结果产生一个评分模型，该模型可用于评估未来的投保人或重新核保整体业务，本章稍后将对其作出讨论。

（五）多变量判别分析法

多变量判别分析法（Multiple Discriminant Analysis，MDA）是一种统计方法，可用于根据某些可识别的特征将个体划分为相互排斥的群体。它已被广泛用于预测破产，确定银行贷款资格，并确定忠诚保函投保人的可接受性。

银行信贷员可能想把贷款人分为两类：会偿还贷款的人和会违约的人。保函核保人可能希望将投保人分为两类：会导致索赔的人和不会导致索赔的人。营销经理可能希望将潜在的业务提供者分为三个可识别的群组：小批量、中批量和大批量业务提供者。MDA 的最终目标是确定那些能够准确区分互斥组的预测变量。

潜在应用程序的列表可能很长，但是 MDA 程序在概念上相对简单。分析师首先收集属于待识别组之一的大型历史观察样本数据。保函核保人可能会将过去的投保人分为两组：违约者和未违约者。然后，分析师选择可能区分好风险和坏风险的识别变量。例如，可能会为两组中的每组保函投保人计算一组财务比率，并考虑如经验年数、公司规模或业绩历史等其他变量。分析人员然后使用 MDA 对观察结果重新分组。一个成功的 MDA 不仅将大多数不良风险归类到不良风险中，而且还很少将好风险也归类其中。如果一个模型准确地预测了差风险，但也将大量的好风险集中到差风险类别中，那么这个模型就是无用的。

一个想要提高劳工补偿风险选择标准的核保人，可能会拿出一堆旧的核保档案，将其分为"好风险"和"坏风险"。然后，核保人会识别出可能表明索赔倾向或业绩高于平均水平的关键特征。这些基于判断的特征可能包括保险人怀疑可能影响索赔频率的特征，这些特征可能是定量或定性的。某些形式的 MDA 考虑所有变量，选择最好的变量，并丢弃其余的变量。其他形式的 MDA 只是包括所有变量，而不考虑它们的预测能力。当 MDA 分析成功时，重复核保人根据描述性变量之间的复杂关系将风险分类为好或坏的做法称为事后判断做法。当影响索赔频率的描述性变量被识别出来后，它们可能会被用于对未来的投保人进行评分，以及在需要续保时对整体业务进行审查。

（六）风险评分模型

风险评分模型（Risk scoring mode）是依靠历史数据来识别具有数据预测属性的决策工具。风险评分使保险人能够用这些系统作出客观和一致的决策。这些系统变得越来越普遍，使保险人能够简化某些险类业务的核保决策，例如，个人机动车和房主保险可以使用回归分析、因素分析和多重判别分析来创建风险评分模型。

信用评分是评分模型的一种应用。信用评分模型（Credit scoring model）使用信用报告信息（如未偿债务、信用历史长度、逾期付款数量、破产数量、新申请信贷数量以及已在使用的信贷类型）来为额外信贷申请人确定预测性信用价值得分。许多保险人使用经过调整的信用评分模型来支持传统的核保流程。这些保险咨询机构的评分可以帮助保险人区分盈利客户和不盈利客户。

评分模型有广泛的应用，从定价到风险选择再到监控。此外，它们还能让核保人专注于解决复杂的问题，将特殊的核保业务与常规情况区分开来。虽然核保人通常不进行开发这些模型所需的统计计算，但他们经常被要求通过识别可能预测"更好的业务"的风险变量来帮助构建评分模型。

小结

核保人依靠数字和统计工具来支持核保决策。由于核保人主要是信息使用者而不是信息创建者，他们通常依靠员工精算师或统计人员来生成复杂的数字工具。随着个人电脑电子表格程序的普及，许多数字工具都可使用，并且可以很容易获得。

量化分析相关信息，必须对数据进行组织，使其对支持核保决策有用。数据阵列、频率表和柱状图是一些数据组织工具，用于以逻辑格式的方式组织和呈现数据集。同时，数据呈现的方式由用户的需求决定。

描述性统计是以紧凑的形式提供特定信息数据集的简略描述。集中趋势的度量，如平均值、中位数和众数，提供了关于数据集中的平均值或最可能遇到的值的信息。离散度衡量变量的单值分布，包括范围、标准差和变异系数。一组数据遵循的已知分布提供了有关控制变量概率分布的数学规则的信息。

概率分布提供了可能发生的值的描述性统计。概率一般分为：（1）先验概率，即已知概率；（2）经验概率，即基于历史数据的概率；（3）判断概率，即很少或没有历史先例来指导估计过程的预测性概率。相比之下，先验概率最为可靠，判断概率是最不可靠的。

核保人的高级统计方法包括相关分析、散点图分析、回归分析、因子分析、多重判别分析、风险评分模型等。这些方法在核保决策中正在找寻新的用途。然而，核保人在使用这些工具时应小心谨慎，以避免使用错误的工具或误解分析结果。

第十章　设计核保政策

保险公司管理层使用核保政策（有时称核保哲学）来指导个别和整体核保决策。核保政策通常支持保险人的使命宣言。核保政策是对保险公司实体目标的粗略表述，将使命宣言转化为战略，进而确定保险人的整体业务范围。核保政策通过书面手册进行宣传，通常称为核保指引或核保指南。核保管理层，作为核保政策的建筑师，定期审核和修改他们的作品，以确保保险人的核保指引达到其目的。

本章描述了核保指引的典型组成部分，并解释了保险人如何使用核保指引来支持核保政策。由于保险人在动态市场中制定核保政策，因此，本章包含对于财产责任险业务生命周期的讨论，该生命周期通常被称为核保周期。

一、核保政策

核保政策是保险人使命宣言的延伸。对许多保险人来说，使命宣言传达了公司创始人或所有者的目标。例如，私有保险人被准许为股东赚取利润。"为我们的股东创造价值"这样的使命宣言可能会转化为一项核保政策，即"识别服务不足的细分市场，利用我们的核保能力为股东提供可接受的回报率"。另外，许多非营利性保险公司的成立是为了满足被忽视的市场的保险需求。例如，工厂互助保险人（Factory mutual companies），现在被称为FM全球（FM Global），成立于19世纪80年代，向其客户提供满足其保单持有人的保险需求。

> **保险人使命宣言的例子**
>
> 1835年，美国罗得岛纺织厂老板撒迦利亚·艾伦创立了制造商互助火灾保险人（Manufactures mutual fire insurance company），这是FM全球最古老的前身。艾伦在采取了相当多的防火措施并要求降低保费被拒绝后，决定成立一家互助保险人。为了降低保险费用，艾伦与其他愿意实施损失控制措施的工厂主联合起来。工厂互助公司发展到包括多达40家专门为高度保护风险（HPR properties）的所有者提供保险的公司，然后合并成三家保险公司，随后又合并成一个实体。FM Global的使命宣言如下所示，与其创始人的理念相呼应。
>
> "FM全球是一家具有独特管理重心的保险机构。我们的客户希望我们帮助他们保持业务持续性，开发具有成本效益的保险和风险融资解决方案，并在发生损失时将整体财务影响降至最低。
>
> 为了满足这些需求，我们提供了利用我们的专业知识和经验定制的方案：
>
> - 最先进的防损工程和研究；
> - 风险管理技能和支持性服务；
> - 量身定制风险转移能力；
> - 优越的资金实力。
>
> 我们将确保员工们有工具及他们需要的资源和培训，以支持我们的使命，并实现个人的成功和满意的职业生涯。因为我们将作为一个企业继续发展，以及作为雇主，我们会时刻注意，我们所采取的战略和作出的决策必须最终为了我们的相互保单持有人的利益。"

通常，在成立一家新的保险公司之前，其创始人或所有者确定市场上存在一种保险需求，而这种需求没有得到充分满足。这种市场需求通常反映在保险人的使命宣言和核保政策中。

保险人的核保政策还包括其管理层的态度、利益和偏好。核保经理通常

第十章　设计核保政策

将专业知识和经验带到工作中，使他们倾向于追求某些特定类型的客户。例如，一位曾为另一个保险人工作时成功实施商业汽车项目的保险经理可能有兴趣为他现在的雇主实施类似的项目。同样，在特定的细分市场、领域、险类或险种中经历过糟糕核保结果的核保经理，通常不希望重复这样的经历。例如，以前与取暖油经销商打交道的核保经理现在可能不愿意与有重大环境风险的客户打交道。由于核保管理人员的背景各不相同，承保政策往往是他们综合经验的合成物。

虽然保险人的核保政策通常比其使命宣言更具体，但许多保险人的核保政策也有较宽泛的陈述。例如，一位保险人可能会这样描述他的市场策略："我们想承保美国的大街。"这样的核保政策将使大多数代理人和经纪人以及保险人的一线核保人清楚地知道，轮胎制造厂不是保险人积极寻求承保的客户类型。

保险人承保政策的例子

即使保险人最终拒绝接受客户，他们也希望客户投保，所以保险人通常用一般术语描述他们的核保政策。下面所示的三个保险人的核保政策，是对有关核保政策的较长陈述。

- ABC 保险人不会在没有承保专业知识的情况下提供新产品或保险项目。我们将在当前的市场条件下核保，以确保我们的合作中介人有一个稳定的承保市场。我们和我们所服务的市场的稳定，只有通过将综合损失率比例保持在 100% 以下才能实现。
- MNO 的核保哲学是基于其具有盈利能力。盈利能力通过有能力和专业的核保人员保持保守的选择标准来实现。
- XYZ 的一些情况没有太大变化。我们的核保政策就是其中之一。我们核保的是客户，而不是业务类别。我们相信中介人对客户的了解，因为我们了解我们的中介人。中端市场的中小型商业客户仍然是 XYZ 的细分市场。

没有一种核保政策适用于所有保险人。许多保险人寻求他们认为好于平均水平的保险项目，这样平均保费就相对充足。这些保险人通常认为自己是

在为标准市场（Standard market）服务。其他保险人向高风险投保人推销他们的产品（保险保障），他们可以收取高于平均水平的保费。有各种各样的术语被用来指低于平均水平的客户的保险市场，本书将其称为非标准市场（Non-standard market）。还有一些客户有独特的需求，在标准市场中没有得到充分的满足。这些保险需求，例如职业责任，通常在专业市场得到承保。保险人通常会在他们所服务的市场背景下看待并制定自己的核保政策。

虽然核保政策在确定保险人的核保方向方面很有用，但它缺乏大多数保险人在日常评估客户时所需的细节。核保指引为一线承保人提供了确保核保政策得到一致和统一应用所需的特征。

二、核保指引

核保指引（Underwriting guidelines）确定了保险人愿意承保的客户的属性。保险人通常将核保指引视为其商业秘密，因为这些指引定义了保险人的市场策略。许多保险人认为，他们的核保指引使他们比其他保险人更具有竞争优势。由于核保指引的专有性质，本书仅以一般术语讨论核保指引，不提倡任何特定的核保指引或指定保险人的核保指引应包含哪些内容。其目的是使读者了解商业保险市场中采取的各种成功方法。

一些保险人已经制定了广泛的核保指引，一步一步地说明如何处理特定类别的被保险人。这些核保指引可能会确定要评估的特定危险、要考虑的替代方案、作出最终决策时使用的标准、实施决策以及监督决策的方法。该指引还可能提供与再保险计划相关的定价说明和信息。

一些保险人使用的核保指引内容可能不太全面。然而，核保指引通常至少包括以下两个部分：

- 风险选择指引；
- 线数授权指引。

（一）风险选择指引

风险选择指引（Risk selection guide）是核保管理层用来表明他们总体上

愿意（或不愿意）承保特定险类的业务指引。在制定指引中评估风险标准时，核保管理层可能会考虑以下因素：

- 保险人在其使命宣言中所表达的目标和在其核保政策中所述的市场方向；
- 核保部门要实现的业务目标；
- 核保管理层的偏好；
- 在所核保险类业务上的竞争水平；
- 一线和决策核保人处理疑难险类的能力。

附件10-1 风险选择指引例子

1. 综述

《风险选择指引》（以下简称《指引》）是一份按业务类别及字母顺序排列的综合清单，显示了IIA保险公司认为的该类平均风险中的可保范围。《指引》对商业机动车责任、劳工补偿、入室盗窃和抢劫、忠诚、场所和运作责任以及产品和完工责任的每个类别的财产进行了评级。此外，标题为"附表"的最后一栏表明，普通责任保险是否必须在期内索赔制附表上承保（用"CM"表示），或者是否提供事故发生制附表（用"O"表示）。请记住，风险选择指引只是一种指引，保险公司保留接受或拒绝任何特定风险的最终权力。

2. 分类可接受性定费

风险选择指引作为该代理人手册的一部分出版，回答以下问题："某一特定类别的风险是否可以被IIA保险公司所接受？"针对这个问题，《指引》中的风险等级定义如下：

E——优良（Excellent）

此类业务被认为具有良好的盈利潜力。除非这类业务中的某一特定风险具有不寻常的危险因素或风险暴露，它很少有任何核保问题。E级风险可以事先不经核保同意而由代理人接受承保。

G——好（Good）

这类业务被认为有较好的盈利潜力。通常情况下，这一风险可以在进行查勘或获取除投保单信息之外的其他信息之前就能承保。代理人可以在没有事先得到核保人同意的情况下承保等级为"G"的风险。

A——一般（Average）

由于此类风险具有高度的可变性，其潜在利润是边际的，核保人可能认为有必要在授权承保之前对风险进行查勘。在所有情况下，建议代理人在授权承保前致电核保人讨论风险情况。

S——提交（Submit）

此类客户几乎没有盈利的潜力。这些风险需要一份完整的书面报告才能考虑承保。在授权承保此类风险之前，保险人必须进行全面的查勘，并评估其认为必要的任何其他核保信息。

D——拒绝（Decline）

由于缺乏盈利潜力，这类风险是被禁止的，不予考虑。在任何情况下，未经商业核保副总裁的同意，这种"D"类风险不得承保。

3. 脚注

脚注有时适用于某一险类的特定险种。这些脚注在每页底部显示，旨在使保险人了解某些不可接受，或需要用一种可接受的方式予以纠正的风险因素或风险暴露。

我们希望，《指引》对理解我们公司想要承保的业务类型有一定价值。但是，如果您不确定如何对特定风险进行分类，或者如果您认为，与特定风险相关的因素使其比本指引赋予的等级更好或更差，请不要犹豫，请致电您的核保人。

描述	财产	机动车	劳工补偿	入室盗窃和抢劫	忠诚	场所和运作	产品和完工	附表
油漆——内部——楼房或结构——高度三层楼或以下	A^1	G	A	A	A	G^2	G	O
油漆——内部——楼房或结构	A^1	G	G	A	A	G^2	G	O
油漆——内部——原油或汽油罐	A^1	G	D	A	A	D	D	O

第十章 设计核保政策

续表

描述	财产	机动车	劳工补偿	入室盗窃和抢劫	忠诚	场所和运作	产品和完工	附表
油漆——船壳	A^1	G	D	A	A	D	D	O
油漆——仅商店	$S^{1,3}$	G	S	A	A	G	G	O
油画、绘画或框架商店	G	G	G	G	G	E	G	O
纸张涂层或精加工	D	A	D	A	A	G	A	O
纸张加工波纹或层压——仅适用劳工补偿险			D					
纸张起皱——仅适用劳工补偿险			D					
纸制品生产	D	A	D	A	A	G^4	G^4	O
纸张生产	D	A	D	A	A	G^4	G^4	O
纸产品分销	S	A	A	A	A	G^4	G^4	O
纸张、抹布或橡胶经销商和分销商——二手	D	D	D	D	D	D	D	O
裱糊	G	G	G	G	G	G	G	O
降落伞生产	D	A	D	D	D	D	D	O
陈列	D	D	D	D	D	D	D	O
私人停车场	A	A	S	S	S	A	A	O
公共停车场——露天	A	A	S	S	S	A	A	O
公共停车场——与其他企业共用	A	A	S	S	S	A	A	O
公共停车场——非露天	A	A	S	S	S	S	A	O
公共停车场——购物中心——（仅针对出租人风险）	G	G	S	G	G	G	G	O
公园或娱乐场	A^5	A	A	A	A	S^5	S^5	O
浆糊、油墨或胶水生产			S					

1. 易燃液体的储存必须最少化并加以控制。
2. 场所和运作保险的最低财产损坏免赔额为 250 美元。
3. 如果在未经批准的喷漆间内进行任何油漆或修补，该风险不可接受。
4. 可接受性将取决于操作的具体性质以及产品的具体类型和用途。
5. 除非这种分类只构成其他财产或操作的一小部分，否则这种风险不可接受。

风险选择指引中总结的这些主观评价，使核保人初步了解了保险人对某一类客户的立场。风险选择指引示例见附件10-1。该指引使用了分级标准，涵盖从"优秀"到"拒绝"范围。（一些保险人将这种分级标准称为危险指数。）这些分类可接受度评级的描述表明了管理层希望如何考虑每个险类中每个客户的情况。附件10-1的剩余部分是按照保险服务局（ISO）商业险类手册（Commercial line manual，CLM）分类表中使用的分类建模的分类清单的第一页。该表的顶部列出对企业运作进行分级的商业险类业务。

一线核保人使用风险选择指引来区分常规决策和非常规决策，并确定何时需要管理层的批准。一个客户投保几种险类业务是可接受的，但并不是所有投保业务都可接受。如附件10-1所示，即使分类可接受度评级表明，该险类业务应该拒绝，但如果它看起来是一个优于平均水平的客户，风险选择指引也会提出对该客户作进一步讨论。

核保管理的一项重要任务是评估这些分类中的每一项，并对分类的可接受度评级达成共识。有时，意见分歧可以通过对分类的脚注来解决，就像对"纸制品生产"所作的脚注那样。在其他情况下，一个分类可能会被评为"提交"给总部，因为管理人员之间无法达成共识。由于制定和修订风险选择指引是一项有争议的工作，核保经理往往不愿重新审核它。然而，不能跟上不断变化的核保环境的核保指引很快就会被退出服务，并且失去沟通核保政策和核保授权的重要联系。

创建风险选择指引有许多可行的方法。一些保险人列出了CLM中的每一种分类，如附件10-1所示。保险人有时会用独特的分类来补充CLM类别，这些分类只出现在劳工补偿手册中。其他保险人将分类限于他们认为可以接受的业务类别。

再保险合约通常规定，在核保指引中注明不可接受且不能分给合约的类别。例如，再保险合约通常不包括隧道和桥梁、污染引起的责任或石油和天然气输配电线路保险。核保指引是转达这些禁止承保的损失风险的方便手段。即使不为再保险合约条款所禁止，那些管理层不希望其核保人考虑的客户类型，也可能出现在核保指引中受限制的分类清单上。当被禁止的分类是另一种理想类别的附带业务时，这样的清单就特别有用。

（二）线数授权指引

线数授权指引（Line authorization guide）使核保管理部门能够控制核保人接受业务的保障限额。这里的"线数"一词指保险人对某一客户保障的自留额。保险人使用线数授权指引来确定什么时候必须获得临分再保险，或者什么时候风险太大，保险人即使采用再保险也无法接受。

线数授权指引可用于解决财产保险和责任保险的最大可接受的保障限额问题。然而，大多数线数授权指引主要用于财产险。由于总财产损失风险暴露更为明确，线数授权指引通常会考虑许多风险特征，如保护等级、建筑类型和楼层数，这些特征可能与保险人在其合约再保险计划下的自留额直接相关。对于责任险险种，线数授权指引更为简单，指引通常会说明保险人愿意接受的最高责任限额。本节剩余部分将对财产险线数授权指引作出介绍。

例如，保险人的财产风险线数授权指引可以使用分类可接受评级、公共保护种类和建筑类型，以确定保险人的净线数和毛线数。保险人的净线数（Net line）是指保险人愿意自留的，不包括合约再保险的保障范围。保险人的毛线数（Gross line）是保险人愿意接受，包括所有再保险在内的，某项风险的保险金额。保险人的线数授权指引中使用的标准通常取自保险人的再保险计划。

再保险计划旨在管理保险人的合计自留额，线数授权指引将这种控制转化为个别风险基础。按照保险人的再保险计划，保险人的自留额可能会根据风险的质量增加或减少。附件 10 – 2 显示了简化的线数授权指引。

如附件 10 – 2 所示的线数授权指引显示的是保险人的溢额再保险计划，其中，自留额随着风险质量的增加而增加。在这个例子中，核保人必须将风险分类为"可接受""良好"或"优秀"。保险人对一个被认为"良好"的客户的净自留额是 50 万美元。保险人有再保险，以适应需要高达 2000000 美元限额的风险。线数授权指引还允许核保人安排临分再保险，以满足最高 2500000 美元的"好"风险保障需求。

一个设计良好的再保险计划,通常会使保险人尽量减少临分再保险的使用。保险人和再保险人试图预测保险人的正常再保险需求,并通过合约再保险解决这些需求。与合约再保险相比,临分再保险较贵,并且将风险提交给再保险人考虑是一项耗时的任务。当然,在某些情况下,采用临分再保险,所造成的时间、管理费用和利润损失往往是合理的。例如,在顶级中介人的客户档案中,对于保险人和中介人关系来说,为最能盈利的客户安排保险是最重要的。然而,临分再保险的广泛使用表明保险人的再保险计划不能满足其需求。

除了保险人合约再保险计划的充分性外,临分再保险的可获得性和可负担性也会影响保险人的毛线数。线数授权指引允许使用的毛线数,相对于当前的临分再保险市场条件而言可能是不切实际的。当临分再保险稀缺或昂贵时,保险人通常必须依靠核保人与再保险人建立的长期关系来确保获得临分再保险。

附件10-2 线数授权指引例子

线数授权指引例子			
	可接受	好	优秀
净线数	$250000	$500000	$750000
合约再保险	$750000	$1500000	$2250000
总金额	$1000000	$2000000	$3000000
毛线数	$1250000	$2500000	$3750000

(三)核保授权

核保指引应指出,核保人在接受风险前,何时应征求核保主管或经理的许可。附件10-1中的核保指引指出,当需要更大的核保权限(Underwriting authority)时,"S"表示提交。随着客户规模的增加,大多数保险人要求获得更高管理层的许可。例如,一线核保人可能被授权只接受要求财产保险金额不超过 2000000 美元的客户。对于线数授权指引来说，承保权限的递进规模涉及核保经理、分公司经理和总公司决策核保人，这是很常见的。

其他情况下可能需要授予比通常一线核保人更高的核保权限。一些定费计划，如综合定费计划，可能很少被使用，以至于核保管理层需要评估客户的是非曲直。同样，核保管理部门可能希望审核任何要求某些批单或保障附表的客户。

有时，承保管理部门很难让一线核保人行使他们被授予的权力。核保人可能对某一险类或险种有自己的偏好，不管核保指引中的分类可接受评级如何，他们都会拒绝这些类型的客户。

如果保险人未能像其广告中宣传的那样为某类客户提供保险，就会向中介人传递一个复杂的信息。在某些情况下，中介人可能会觉得，拒绝承保是因为收到投保申请的那个核保人的缘故。下一次，他们可能会直接把投保材料寄给另一个他们认为会遵守核保规则的核保人。保险人的现场代表通常会在这种情况下进行调解，以确保中介人和核保人之间有清晰的沟通。

许多保险人向中介人提供一份核保指引，以便他们了解保险人想要的客户类型，以及保险人认为的边际客户可能存在的障碍。如果核保人拒绝了一个中介人认为根据其核保指引应该可以接受的客户，中介人会想知道其原因，因为中介人可能不想依靠不能提供始终如一的承保市场的保险人。

（四）核保审计

核保审计（Underwriting audit）是对所选择的核保档案进行审查，以确保每个核保人遵守核保指引中规定的程序和标准。此外，核保审计为核保管理层提供有关核保指引有效性的宝贵信息。

承保审计内容通常侧重于从投保申请到签发保单的整个保险交易的书面记录。典型的核保审计可能包括随机选择客户或审查重大索赔档案。然后对这些客户进行仔细审查，以确定是否遵循了规定的程序，以及核保人的行为是否符合保险人的核保政策。进行核保审计的决策核保人通常与一线核保人会面，并分享他们的发现。例如，决策核保人可能会向分公司核保人表明，

核保原理和技术

损失报告没有按照指引的要求准备，或者指引中指定为"提交"的客户没有提交给总部审批。

核保审计不一定是惩罚性的，它们还核实程序和做法是否得到普遍遵守。可能引起管理层注意的重大损失，即使遵循了公认的做法，也可能是不可预见的。对所选择的客户进行例行审查，使决策核保人有机会亲眼看到一线核保人接受的第一手客户以及客户的类型。一线核保人和决策核保人之间的定期联系通常会鼓励沟通，以便一线核保人将来在核保复杂的客户时更愿意寻求总部的协助。

在进行核保审计时，决策核保人可能会发现核保人并没有遵守核保准则中不切实际的规定。例如，当保险市场发生了变化而保险准则没有随之变化时。另外，决策核保人可能会发现，中介人并没有遵守保险人的核保准则。从核保审计中获得的信息通常是后续核保准则修订的基础。

三、核保周期

在很长一段时间里，核保周期是相当一致和可预测的，大约每 6 年重复一次。然而，在 20 世纪 70 年代初，这个周期开始延长。核保盈利的周期基本保持不变，但核保亏损周期变长了，周期也变得更加不稳定。在核保周期的高峰期（当核保人承受亏损时），综合赔付率变得更高。为了应对更大的损失，核保人变得更有选择性，他们的费率提高变得更加明显。这些市场波动产生了保险可获得性危机。核保周期的高峰和低谷见附件 10-3。

保险业似乎一直是一个延伸的软市场（Soft market），在这个市场中，保险人降低了价格，并提供了更宽泛的保险责任。保险分析师预计，1989 年的飓风雨果给保险人造成了巨大损失，将导致核保周期回到保险价格上涨（利润随之上涨）的硬市场（Hard market），但这并没有发生。即使是 1992 年的多重灾难，也没有对费率水平或综合赔付率产生广泛的影响。比如，虽然在飓风安德鲁之后，佛罗里达州和其他受影响的沿海地区的费率有所上升，但整个保险市场的价格仍在继续下降。

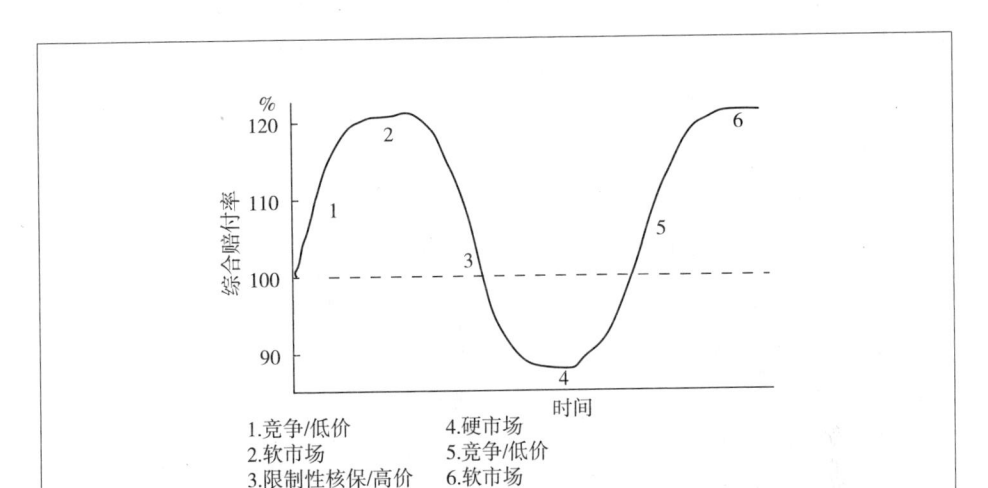

附件10-3 核保周期的各个阶段

图中横轴为时间,纵轴为综合赔付率(%)。

1. 竞争/低价
2. 软市场
3. 限制性核保/高价
4. 硬市场
5. 竞争/低价
6. 软市场

注：核保周期市场情况。

一个核保周期包括1、2、3、4四个阶段，5、6为第二个周期的前两个阶段，周而复始。

当保险业处于疲软市场时，保险人必须降低价格，否则就会失去市场份额。降价可能采取降低费率的方式，但通常还包括其他措施，如增加费率加分（Rate credit）的使用、扩大保障范围、放宽承保标准。保险人通常会持续降低价格，甚至超过其核保运作的盈亏平衡点。核保运作允许一定的亏损，因为保险人的投资收益可以弥补亏损，并保持整体盈利。此外，有些险类业务的亏损不会立即显现。然而，一旦保险人觉得由于产品定价过低导致亏损超过其可接受的程度，他就会采取挽救措施，使核保结果回升，新的核保周期开始。

保险市场坚挺导致市场竞争减少，这意味着保险人可以提高价格，而不会把客户拱手让给竞争对手。价格的提高使保险人的盈利能力得以恢复。保险人盈利时期最终会向市场疲软发展，因为保险人以牺牲盈利能力为代价寻求扩大市场份额。

在潜在利润的吸引下，新的竞争对手在市场坚挺时期进入市场。由于保险监管部门对保险人承保保费与保单持有者盈余的比例作了限制，较高的保费有效地限制了现有保险人可以承保客户的数量。新保险人以及现有保险人重新分配资源带来的额外资本满足了市场需求，又加剧了竞争，并导致承保周期转向。

附件10-4显示了1956年至2000年财产责任保险行业的核保周期情况。根据该附件可以得出几个观察结果。根据附件10-4，核保周期并非一帆风顺或有规律可循的。20世纪70年代之前，核保周期通常为6年（从高峰到高峰或从低谷到低谷）。而且，这一时期的曲线相对温和，有"U"形的低谷和适度的高峰，综合赔付率很少超过100%，趋势线相对稳定。

附件10-4显示，周期模式在20世纪70年代发生了变化。最初，疲软市场的持续时间开始变长，而坚挺市场的持续时间保持不变。始于20世纪80年代中期的疲软市场已经持续了很长时间，以至于一些保险分析师质疑这个周期是否会再次转向。这个延伸的软市场在附件10-4中由一直保持100%以上的综合赔付率所体现。

附件10-4　1956—2000年美国财产责任保险业核保周期

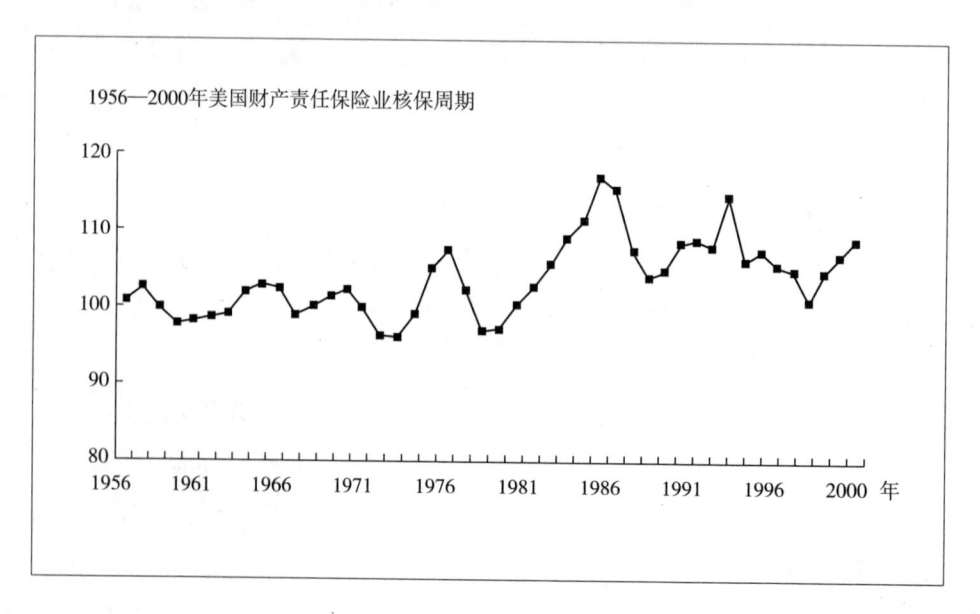

核保周期的每一个极端都会引起保险监管机构的重视。在一个坚挺的市场中，保险监管机构必须解决保险保障的可获得性和可负担性问题。两次医疗事故保险危机（一次在20世纪70年代中期，另一次在80年代中期）和20世纪80年代的普通责任危机是过去保险市场中断的显著例子。对这些市场问题的监管反应通常在周期转向后仍然存在。长期疲软的市场可能导致保险人破产。低定价以维持市场份额的软市场策略可能导致赔款准备金不足，这通常需要数年时间才能发现，而且保险人可能无法纠正。

研究财产险和责任险市场持续疲软的经济学家得出结论，保险人的整体利润——核保业绩受到投资业绩的影响——是影响保险市场定价的重要因素。也许，传统上对核保周期的关注应该转移到综合净收入的周期性活动上，它通常是用营业利润率来衡量。营业利润（或亏损）比率是核保损益（综合赔付率）与投资损益（净投资比率）之和。如附件10－4所示，投资收益已经抵消了整个保险业的核保损失。

（一）核保周期的各个阶段

核保周期的各个阶段通常以财产责任保险行业的合计综合赔付率来衡量。综合赔付率（Combined ratio）是损失率（已发生的损失和损失调整费用除以已赚取的保费）和费用率（已发生的经营费用除以承保保费）的总和。综合赔付率大于100%意味着损失和费用已经超过保费收入，承保业务无利可图。

附件10－3显示了核保盈利能力如何定义核保周期。曲线基于综合赔付率（峰值和低谷）的两个极值，是核保周期的两个极端。在软市场中，保险人竞争激烈，表现为价格下跌，保险人盈利能力下降。在硬市场中，保险人竞争减少，而价格和盈利能力上升。

当保险业处于疲软市场时，保险人必须降低价格，否则就会失去市场份额。降价可能采取降低费率的形式，但通常还包括其他活动，如增加使用费率加分，扩大保险责任范围，放宽核保标准。保险人通常会持续降低价格，使其超过核保运作的盈亏平衡点。承保业务可以亏损，因为保险人的投资收益有助于保险人的整体盈利能力。此外，许多险类业务的亏损不会立即出现。

然而，在某种程度上，与保险产品定价过低相关的保险人损失被暴露，并导致承保周期发生转变。

与保险市场坚挺相关的市场竞争减少，意味着保险人可以提高价格，而不会把客户拱手让给竞争对手。价格的提高使保险人的盈利能力得以恢复。保险人盈利最终会导致市场疲软，因为保险人以牺牲盈利能力为代价寻求扩大市场份额。

在潜在利润的吸引下，新的竞争对手在市场疲软时期进入市场。由于保险监管根据其保单持有者盈余对保险人承保保费进行限制。较高的保费有效地限制了现有保险人承保的客户的数量。从新进入市场者或通过重新分配现有保险人的资源获得的额外资本，满足了市场需求，加剧了竞争，并导致承保周期转向。

附件10-4显示了1956—2000年美国财产责任保险行业的核保周期情况。

（二）影响核保周期的因素

保险人和其他机构研究了以下因素，以进一步解释承保周期的运行和变化。

- 投资收益；
- 承保能力；
- 净资产收益率；
- 现金流。

1. 投资收益

自20世纪70年代中期以来，保险人的投资收益是影响核保周期变化的关键因素。保险人作为金融中介机构的一员向众多投保人收取相对较少的保费，以补偿被保险人在保单期内遭受的损失。保险人用收到的保费进行投资，直到发生的损失得到赔偿。由于自20世纪70年代中期以来利率和股市表现良好，保险人的投资收入一直是保险人收入的重要组成部分。附件10-5显示了过去二十年来，投资收入是如何抵消核保损失的。保险业从核保运作中获得净收益的最后一年是1978年。

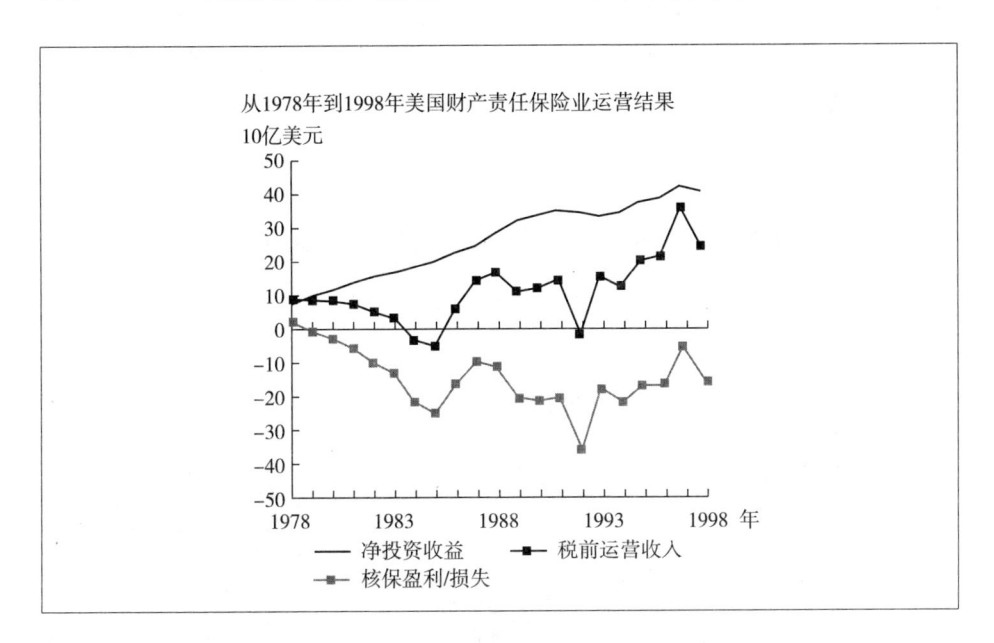

附件 10-5　美国财产责任保险业 1978—1998 年运营结果图

从1978年到1998年美国财产责任保险业运营结果（10亿美元）

净投资收益　　　税前运营收入　　　核保盈利/损失

每个保险人的投资收益金额受其承保业务的影响。保险人的投资结构与他们的债务期限相匹配。财产保险索赔的赔款准备金比责任保险赔款准备金小，因为财产索赔通常很快得到解决。保险人认识到快速赔付的必要性，将财产赔款准备金投资于流动性较强但收益较低的投资项目。然而，责任索赔比财产索赔需要更长的时间来解决。引起责任索赔的损害通常需要一段时间才能显现和解决。保险人可以将责任赔款准备金进行长期、高收益的投资。

依靠投资收益来抵消核保损失通常被称为现金流核保（Cash-flow underwriting）。现金流核保虽然大多数保险人都在一定程度上实行，但由于它削弱了核保纪律，因此，一般不受核保管理层的欢迎。由于投资收益可能掩盖糟糕的核保决策，核保经理通常强调无论核保周期阶段如何，都要坚持核保原则。坚持核保标准的保险人不太可能受到未来投资收益减少的伤害。

2. 承保能力

过分充裕的承保能力通常被认为是导致市场持续疲软的因素之一。承保能力（Capacity）是指保险人相对于其资本所愿意承担的风险金额。一般而言，衡量保险人承保能力的标准是承保保费与保单持有人盈余的比率。从监管角度来看，保费与盈余比率大于3:1（或300%）的保险人可能在财务上过度扩张，值得进一步审查。本书第一章描述了保险人如何使用比例（成数和溢额）再保险来降低这一比率（盈余缓释）。

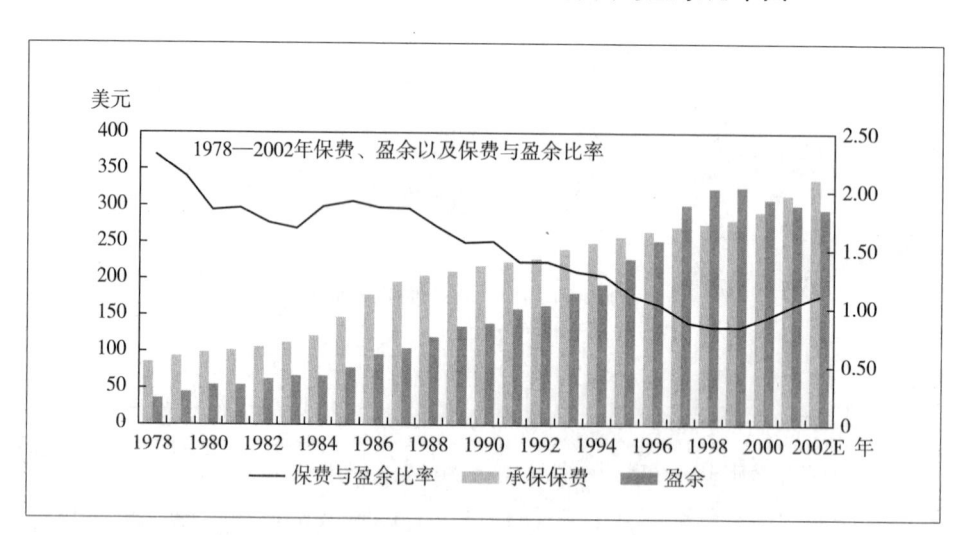

附件10-6　1978—2002年保费、盈余以及保费与盈余比率图

附件10-6显示了1978—2002年的行业保费、盈余和保费与盈余比率。保费与盈余比率从1978年的约2.5:1下降到2000年的约0.75:1。

每次重大灾难事故发生后，保险业分析师都会猜测，这场灾难是否会严重到足以导致核保周期转向。然而，足够的承保能力意味着保险行业可以在不发生周期转变的情况下吸收重大的灾难性损失。

3. 净资产收益率

只要预期回报超过保险人的净资产收益率（Return on equity）门槛，保险人就会使用其承保能力。在公认会计原则（GAAP）的基础上，净资产收益率的计算方法是净收入除以平均保单持有人的盈余。对保险人使用承保能力的建议，例如进入一个新的险类或扩展到一个新的区域，是根据保险人确定他们必须获得的最低净资产收益率进行评估的。股份制保险人通常采用这种方法来评估其承保能力的使用,因为其所有者使用同样的标准来评估他们是否应该继续拥有保险人的股票。

附件 10-7 显示了财产责任保险行业相对于其他行业的年回报率。许多投资者使用相对无风险的美国国债作为评估其他投资机会的标准。正如该附件所示,如果保险人的股东在其他地方投资,他们将获得更高的回报率。当保险人的回报率降得太低时,保险人通常必须以牺牲市场份额为代价提高价格,以使股东满意。当大多数保险人提高费率时,核保周期循环就会发生变化。

4. 现金流

净现金流(Net cash flow)是指从各种来源流入公司的现金量减去因各种原因流出公司的现金量。负现金流(支出超过收入)是另一个可能引发保险人定价变化或导致核保周期逆转的因素。

尽管整个保险业很少出现净现金流为负的情况,但确实会出现核保现金流为负的情况,即保费收入减去支出为负。在这种情况下,保险业依靠已实现的投资收益来填补缺口。这是一种潜在的危险策略,因为投资收益的下降同时可能会造成整体净现金流为负,对保险人的偿付能力产生严重影响。

附件 10-7 作为净资产的百分比的税后净收入年回报率表

单位:%

年回报率:作为净资产的百分比的税后净收入							
财产/损害保险业			其他行业[4]				美国国库券[6]
年份	法定会计[1]	GAAP 会计[2]	多元化金融[3]	商业银行	公共设施	世界500强[5]	
1989	9.1	10.5	13.0	13.6	12.4	15.0	8.12
1990	8.5	8.8	12.7	9.9	11.5	13.0	7.51
1991	8.9	9.6	13.9	11.9	11.5	10.2	5.42
1992	4.4	4.5	12.8	12.2	9.4	9.0	3.45

续表

年份	法定会计	GAAP会计	多元化金融	商业银行	供电和燃气设施	世界500强——综合工业和服务企业	
1993	10.6	11.0	17.1	14.9	11.1	11.9	3.02
1994	5.6	5.6	18.4	15.6	11.3	13.7	4.29
1995	9.0	8.7	18.2	15.6	11.9	14.0	5.51
1996	9.5	9.3	18.5	16.5	11.5	14.1	5.02
1997	11.9	11.6	14.9	16.9	10.4	13.9	5.07
1998	9.2	8.4	19.8	16.0	10.2	13.4	4.81
1999	6.6	6.4	21.0	18.0	11.9	15.4	4.66

1. 税后净收入除以保单持有人的年终盈余。由保险信息研究所根据 A. M. 贝茨公司数据计算。保险人在准备提交给监管机构的年度报表时使用。
2. 平均净资产回报率，来自保险服务局公司。
3. 以提供多元化金融服务为主要收入来源的公司。他们不是特许保险人、银行或储蓄机构、经纪或证券公司，尽管他们可能从这些来源获得收入。
4. 按公认会计准则计算的净资产回报率，来自《财富》杂志。
5. 《财富500强综合工业和服务企业》净资产回报率中位数。
6. 美国财政部。

注：摘自2001年事实手册（纽约：保险信息研究所），第30页，并包括来自 A. M. 贝茨公司、保险服务局、《财富》杂志和美国财政部的信息。

保险人通常通过清算投资来应对负现金流，以满足当前的现金需求。由于债券是保险人资产投资的主要组成部分，按其摊销价值持有，保险人可能会出售债券以筹集所需现金，但这也会招致重大的已实现资本损失。

产生负现金流通常是由于前几年赔款准备金不足造成的。保险人通常通过提高价格，以及采取费用削减措施和重新承保其整体业务来应对赔款准备金不足。

附件10-8显示了从1940年到2000年美国财产责任保险业核保现金流的情况。负现金流最初发生在20世纪80年代，90年代又重新开始。

附件 10-8　1940—2000 年美国财产责任保险业核保现金流

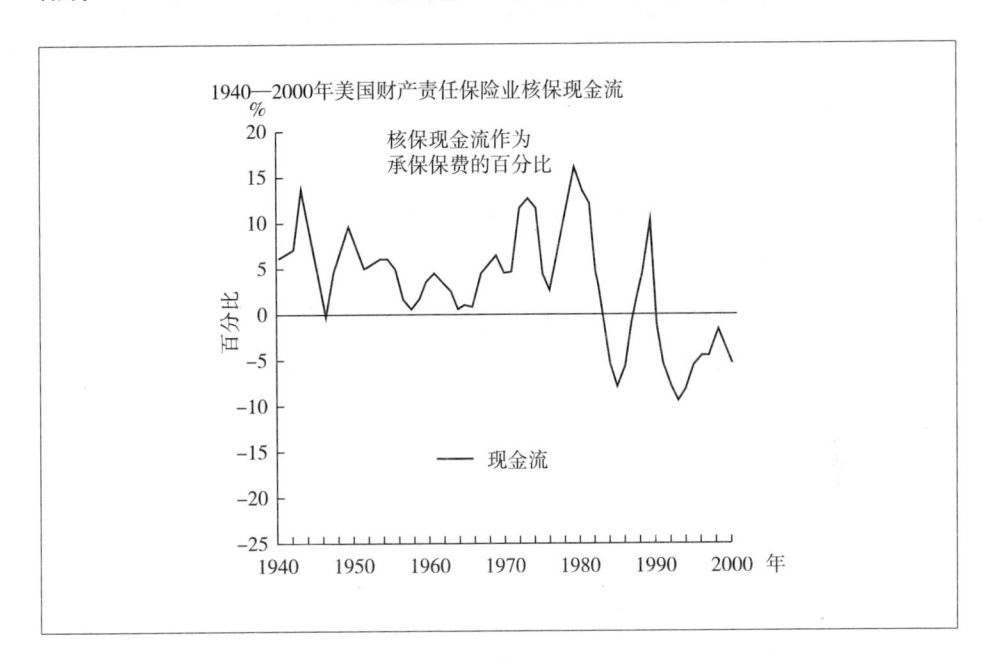

（三）核保周期与定价——供给与需求

附件 10-9　供需关系图

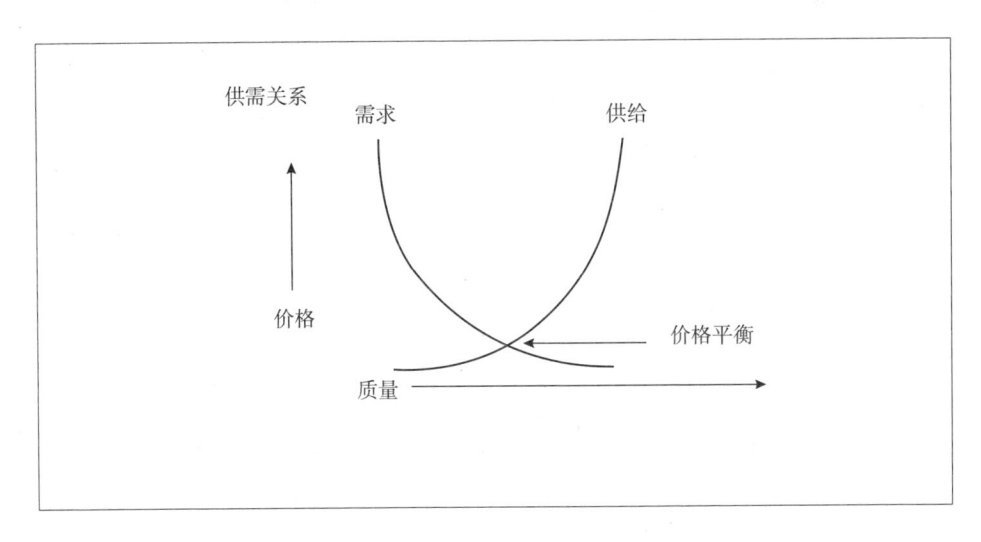

由于核保周期的变化是由保险价格的变化促成的，因此，许多保险业分析师研究了所有微观经济背景下的周期，从而确定供给和需求对价格的影响。这种对周期的解释包括了前一节中描述的因素，但认为核保周期是保险市场竞争的结果。

附件10-9说明了供给和需求的关系。随着价格的上涨，产品的供给也随之增加。例如，愿意以每台2000美元的价格生产和销售电视机的制造商多于愿意以每台200美元的价格生产和销售电视机的制造商。然而，随着价格的上涨，需求减少了。相比2000美元的电视机，消费者会更愿意购买200美元的电视机。供给曲线和需求曲线的交点是价格均衡点，此时买者和卖者都对价格感到满意。

附件 10-10　价格和需求的变化图

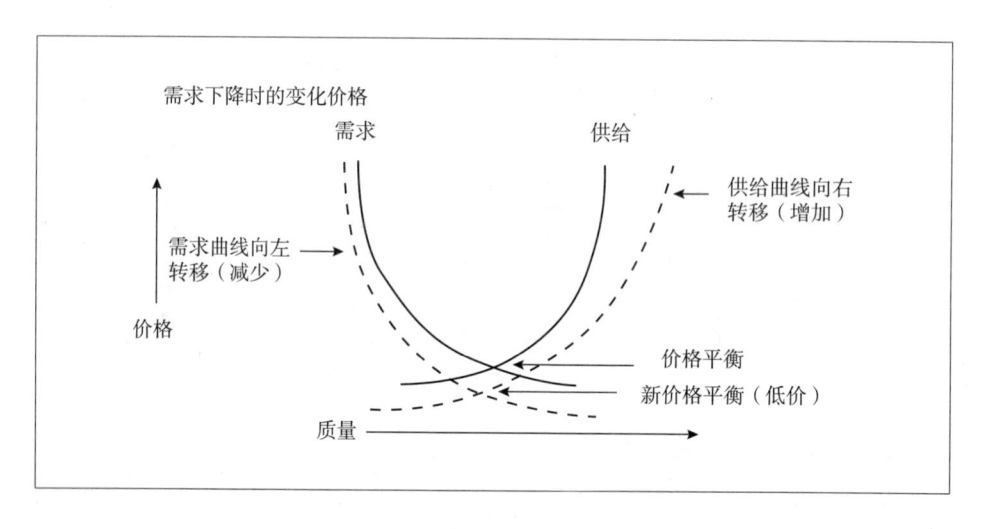

附件10-10显示了当潜在需求下降时产品价格的变化。需求曲线向左平移，表明在任何给定价格下，该产品的需求量都会减少。同样，当供给增加时，供给曲线向右移动，这意味着在任何给定价格下，可提供更多产品。净效应是建立一个新的、更低的价格均衡点。

1. 供应

有形产品的供给很容易理解。例如，在任何给定时间内以特定价格可供购买的汽车、电视机或盒装谷物的数量就是该产品的供应量。而保险是一种无形的产品。它是一种将来在发生约定的事件时支付赔款的合同义务。保险供给（也称为"承保能力"）是所有保险人在规定时间内承担风险的总意愿，而承保能力则是保险人的盈余及其管理层将这些资金用于承担风险意愿的作用。随着保险价格上涨，保险人变得更愿意接受风险。

影响财产责任保险人承保能力的因素包括以下几点：

- 再保险；
- 容易进入市场；
- 退出市场有难度；
- 专门的资本；
- 赔款准备金不足。

（1）再保险

购买再保险允许保险人增加毛承保保费来扩大其承保能力。通过允许更大程度的风险分散，并利用再保险人所具备的原保险人不熟悉险类中的核保专业知识，再保险使分出人能够接受本来要避免的风险。

（2）容易进入市场

与许多其他行业相比，成立一家保险公司所需的资金相对较少。例如，亚利桑那州要求股份制保险公司承保财产和责任保险的资本总额必须达到180万美元。在人们认为定价合适的时候，资本可以相对容易地进入该行业，以增加保险供应。

（3）退出市场有难度

保险业务开始后，退出市场是有一定困难的。在监管机构允许保险机构自愿停止运营之前，通常必须作出广泛而复杂的安排，以确保保单持有人和所有未来的索赔人获得应得的利益。例如，美国一些州要求，保险机构如果想退出该州的某一业务，就必须交出所有的许可证。因此，一旦资本投入保险业，它往往会保持不变，即使其所有者可能认为其他地方存在更有利可图的机会。退出市场的障碍增加了保险的供应。

（4）专门的资本

一些公司的结构使其只能在保险行业使用他们的资本。只注册承保风险的保险公司，除了利用其资本在保险业务上竞争外，几乎没有其他选择。相比之下，多产业集团可以随着其对可能机会的看法发生变化而将资金从一个子公司转移到另一个子公司。由于上述提到的保险公司不具有这种选择，他们将资本投入保险业而无法考虑其他机会，这种资本投入增加了供给。

（5）赔款准备金不足

保单持有者的盈余金额可以通过操纵赔款准备金来增加或减少。准备金不足将导致人为地夸大盈余，从而增加了承保能力。最终，保险人会通过提高价格和赔款准备金来解决准备金不足的问题。

2. 需求

需求是购买产品的意愿和能力，它受价格和其他保险来源的影响。

（1）需求的非弹性

当消费者愿意购买的产品数量随价格变化很大时，需求是有弹性的。例如，如果电视机每台几千美元，一般家庭可能只购买一台。但是如果电视机的价格降到每台几百美元，这个家庭可能会买几台。

对保险的需求是缺乏弹性的——也就是说，消费者不会仅因价格而购买更多的保险产品。不管保费多少，一般购买者不会购买两份汽车保险或两份财产保险。此外，有些保险保障是强制的，比如许多州的劳工补偿和机动车第三者责任。价格变化不会影响购买法律已经要求购买的保险。一些保险的购买可能会受到价格的影响，例如个人财产或特别安排的珠宝重置价值保险。但是，一般来说，保险人费率的变化不会导致所需保险金额的相应变化。

（2）替代资源

硬市场鼓励保险购买者寻求财产责任保险人以外的替代保障供应来源。自保公司、保险池、风险自留集团和各种形式的自我保险减少了保险需求。在其他条件相同的情况下，需求减少会降低自由市场的价格。

四、核保周期的影响

核保周期以不同方式影响保险业务的各个环节。保险人、经纪人和代理人以及超额保障市场（Surplus lines market）对硬周期和软周期的反应不同。

（一）保险人

除了影响定价决策外，核保周期还影响保险人的运营方式。在软市场中，保险人开发专门的保险产品，并培育细分市场，使其能够在价格竞争较少的情况下经营。如前所述，保险人通过压低产品价格来维持市场份额。随着盈利能力的削弱，保险人通常专注于通过自动化流程或减少员工数量等措施来减少费用。

随着市场变得坚挺，保险人通常会对他们愿意接受的客户更加挑剔。同样，保险人通常会限制代表他们的中介人的数量，除了那些能够为保险人的整体业务提供最好的客户的中介人之外。保险人的超选择性承保活动通常会导致市场混乱。这些市场混乱的特点是，在一段时间内，被保险人无法像以前那样容易或便宜地找到保险。同样，在一个坚挺的市场中，由于中介人无法提供保险人要求的高质量账户，他们可能会失去与保险人的代理关系。随着价格提高盈利能力增强，保险人加强了赔款准备金的提留。在这一阶段周期，保险人通常会增加员工来处理增加的工作量。

（二）代理人和经纪人

代理人和经纪人必须适应核保周期的变化。在疲软市场中，代理人和经纪人相对容易为客户找到承保市场。然而，与其他中介人争夺客户的竞争非常激烈。成功比率下降，即承保业务与报价业务的比率下降，意味着其所做的工作更多，但成功的机会更少。价格下降是疲软市场的特征，这意味着中介人的佣金收入减少。代理人和经纪人在为客户安排保险时也必须保持警惕。在疲软市场中，保险人更有可能资不抵债，从而增加了代理人和经纪人的职业责任风险暴露。

在硬市场中，代理人和经纪人必须积极地向保险人推销客户。因为保险价格在上涨，佣金收入也随之增加。许多保险人在这一周期阶段增加员工人数，试图在有利可图的情况下扩大市场份额。

(三) 非准入市场

保险人可分为准入市场和非准入市场保险人。准入保险人（Admitted insurer）被授权在被保险人所在的州开展业务。非准入保险人，在被保险人所在的州没有营业执照（未被授权）。超额保障保险（Surplus lines insurance）是指当消费者无法从准入保险人处购买财产责任保险时，从非准入保险人处获得的保险。

在软市场中，准入保险人愿意承保在硬市场中可能无法接受的业务。因此，保险人拒绝承保的被保险人较少，被保险人转向非准入保险人投保的可能性要小得多。为了在软市场期间维持收入，超额保障保险人及其中介机构经常开发新产品和新市场。

在市场不景气时，准入保险人往往会取消或不再续签其整体业务中较为危险的部分。非准入保险人通常通过为消费者提供所需的保险来应对坚挺的市场。非准入市场在硬市场中具有灵活性的主要原因是，州保险监管机构不会像监管准入市场中的保险人那样监管非准入保险人的费率和保险条款。超额保障保险人通常为大多数被保险人提供唯一的选择，并作为准入保险市场的安全阀。虽然超额保障险种的费率水平更高、保险责任可能更严格，但大多数被保险人可以在非准入市场找到其所需要的保险。

小结

保险人制定核保政策来指导个别和整体核保决策。保险人的核保政策通常与其使命宣言一致，核保政策的细节在保险人的核保指引中作了概述。核保指引通常按险类业务传达管理层对具体险种的立场。

通过描述保险人愿意或不愿意承保的业务，核保指引有效地描述了保险人在市场上实现盈利增长的策略。核保指引的确切内容因保险人而异，它们既可以是一套全面的程序，也可以是一系列禁止承保的风险。

核保指引至少应包含风险选择指引和线数授权指引。风险选择指引可能列出部分业务类别和核保管理层对承保这些业务的倾向。线数授权指引规定了一线核保人、核保管理人和分支公司经理在将投保申请提交给总部承保人审查之前接受承保客户的权力。

核保审计是定期进行的，以确保核保人遵守核保准则。决策核保人经常使用从核保审计中收集到的信息作为未来调整核保指引的基础。

财产责任保险周期影响保险的各个方面。保险业对周期的反应也会影响监管机构、立法者和公众对保险业的看法和反应。由于相对于承保保费，保险人拥有更大的投资收益，因此，他们可以承受更大、更长久的核保损失。这种情况通过扩大软市场和增加对保费收入的竞争来改变核保周期。

只有保险人的净资产回报率降至不可接受的水平，或者受到负现金流的威胁时，保险人才会改变核保和定价理念。当这种情况发生在整个保险业务上时，软市场就会转变为硬市场。同时，保险产品的潜在供需发生变化，改变了核保周期的持续时间和严重程度。

参考文献

1. 约瑟夫·F. 曼根：《核保原理》（Underwriting Principles）CPCU，美国保险协会，1992 年。

2. 康纳·M. 哈里森：《高级核保技术》（Advanced Underwriting Techniques）CPCU，AU，美国保险协会，1992 年。

3. 《商用机动车责任经验和表定定费计划》（Commercial Automobile Liability Experience and Schedule Rating Plan），ISO Commercial Lines Manual，美国保险服务局商业险类手册，2011 年。

4. 《综合定费计划》（Composite Rating Plan），ISO Commercial Lines Manual，美国保险服务局商业险类手册，2011 年。

5. J. 大卫·康明斯：《财产责任保险核保周期的国际分析》（An International Analysis of Underwriting Cycles in Property and Liability Insurance），《风险与保险杂志》（The Journal of Risk and Insurance），2004 年。

6. 苏珊娜·艾伯特：《从艺术到科学：商业财产保险核保的未来》（The Future of Underwriting in Commercial P&C insurance），2019 年。

7. 阿蒂伯·康拉德：《机动车保险的核保过程》（The Underwriting Process of Motor Vehicle Insurance），《企业所有权与控制》（Corporate Ownership and Control），2009 年。

8. 《商业财产核保指引》（Commercial Property Underwriting Guide），皇家和太阳联合保险公司（Royal and Sunalliance），2003 年。